청소년 및 성인학습자를 위한
유비쿼터스 러닝 시대의 통합적

평생교육방법론

권양이 저

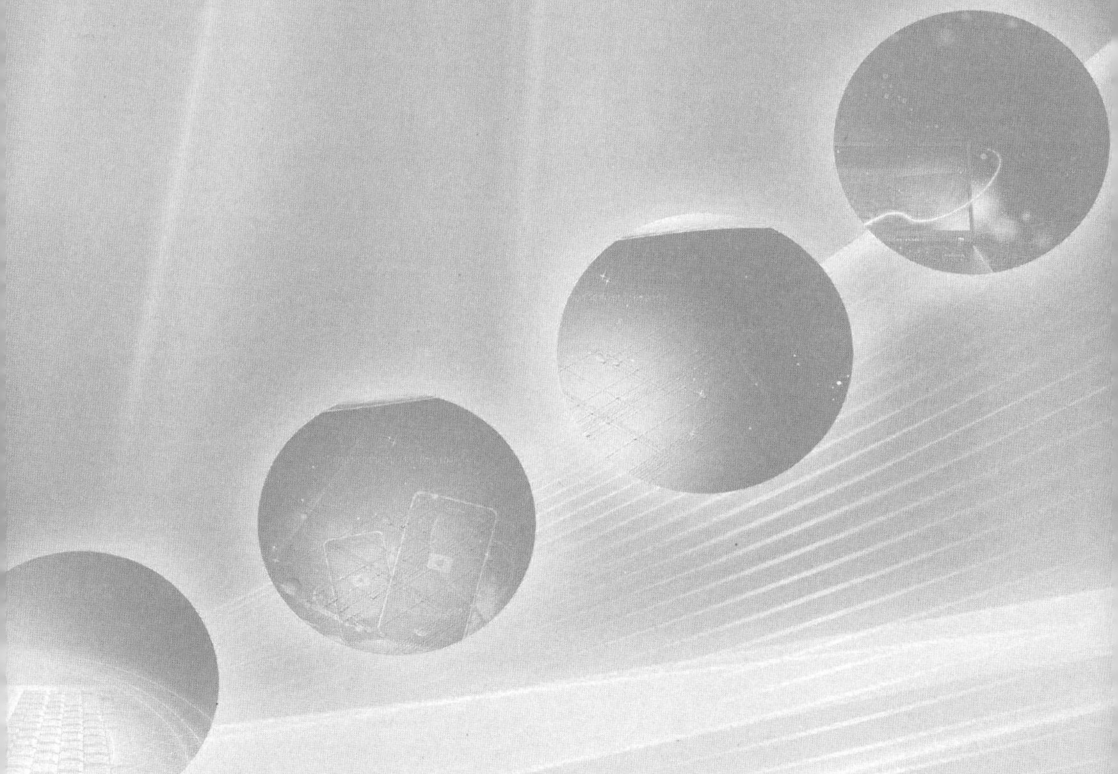

도서출판 원미사

□ □ □ 책을 내면서

최근 들어 과학기술의 발달로 교육방법이 획기적인 변화를 거듭하고 있다. 사회의 변화에 유연하게 대처해야 하는 평생교육 영역은 더욱 그 변화를 받아들여야만 하는 시대적 과제를 갖고 있다. 이러한 테크놀러지의 발달뿐만 아니라 Net세대 및 밀레니엄 세대의 등장으로 인해 교실에서의 전통적 수업실천방식에 익숙해 있던 교수자들은 감당하기 힘들 정도의 변화를 경험하고 있다.

Tapscott(1998)에 따르면 Net 세대들은 이미 대학과 사회에서 활발히 활동하고 있다. 여기서 Net 세대들은 1977년부터 1997년 사이에 태어난 세대로 디지털 기술과 함께 성장해서 디지털 기기를 능숙하게 다룰 줄 아는 디지털 문명 세대를 말한다. 이들은 전통적 교육을 행하던 그들의 부모와 교사세대와는 완전히 달라 공부, 일로부터 시작하여 오락과 의사소통에 이르기까지 거의 모든 일상 활동에서 컴퓨터, 모바일 폰, 비디오 등을 사용하면서 이러한 기기들의 발달과 더불어 성장한 세대들이다. 이러한 Net 세대들이 평생교육현장에 성인학습자로 침투해 있는 이상 그들이 바꾸어 놓은 교실혁명에 맞는 새로운 평생교육방법론을 제시하지 안 될 상황에 처해있다. 따라서 이 책은 지난 4년간의 평생교육방법론 강의록과 강의에서 필자가 절실히 느끼고 고민하였던 것에 기반하여 집필되었다. 이에 본서는 전통적 교육방법에 토대를 두되 웹 기반 수업, 온라인 러닝, 이러닝, 모바일 러닝 등 학습자 중심의 자기주도적 학습을 더욱 강조하는 측면이 있음을 미리 밝혀둔다. 아울러 평생교육의 대상과 영역은 실로 방대하기에 평생교육방법의 적용대상이 오직 성인학습자에 국한된다고 보는 시각은 매우 소극적이고 제한된 생각이 아닐 수 없다. 따라서 다양한 평생교육현장에서 청소년 및 성인학습자를 지도해야 하는 평생교육사를 비롯하여 교육방법을 처음 접해보는 일반인들도 쉽게 이해하고 현장에서 활용할 수 있도록 구성하였다.

이 책의 내용은 크게 3부로 구성되었다. 제1부는 평생교육방법의 기초로서 교수학습 원리, 교육과정 설계, 교육방법의 역사를 다루고 있다. 제2부는 평생교육의 종류와 활용으로서 각각 교수자 및 집단중심 평생교육방법과 협동·체험중심 평생교육방법을 다루고 있다. 교수자 중심 교육방법은 강의법과 문답법 내용이고 집단중심 교육방법은 토의법과 사례연구법, 협동학습 중심 교육방법은 문제해결법, 프로젝트법을 다뤘으며 체험학습 중심 교육방법은 역할연기법, 실습, 게임법을 다뤘다. 제3부는 원격교육방법으로서의 평생교육방법으로서 이러닝, 유비쿼터스 러닝, 모바일 러닝을 다루고 있다. 각각의 교육방법에서 교실수업에서의 교육방법뿐만 아니라 온라인 기반에서의 교육방법을 비교적 최근 자료에 의거하여 소개하고 있는 것이 이 책의 특징이라고 할 수 있다.

다른 모든 분야가 그러하지만 평생교육방법 분야는 매우 빠르게 변화하는 분야이기 때문에 이 책이 출판되는 순간에 진일보된 방법이 나와 이 책은 진부한 내용이 될 지도 모른다. 책을 탈고하는 시점이 되다보니 이러한 두려움과 좀 더 심혈을 기울여 집필할 걸 하는 아쉬운 마음이 들기도 한다. 여러 가지로 부족하고 미진한 부분은 다음 기회에 업그레이드해야 할 과제로 남기고 평생교육에 관심 있는 모든 분들에게 이 책이 조금이나마 도움이 되었으면 하는 바램이다.

이 자리를 빌어 방대한 자료수집에 많은 도움을 주신 서울여자대학교 김선요 교수님, 출판을 흔쾌히 허락해주시고 격려해주신 원미사 박준식 사장님과 편집실 조현하님께 깊은 감사의 말씀을 전한다.

2012년 8월

권양이

□ □ □ 목 차

제 3 장 평생교육방법의 역사 • 65

제 4 장 평생교육방법의 기초 • 73

제 2 부
평생교육방법의 종류와 활용

제 1 부

평생교육방법의 기초

CHAPTER 1

평생교육 교수학습의 이론적 기초

제 1 절 교수학습의 원리

1. 학습이론

학습은 “연습 또는 경험의 결과 일어나는 비교적 영속적인 행동의 변화”로 정의할 수 있으며, 다음의 3가지 측면에서 고려될 수 있다. 학습은 행동의 변화를 의미한다. 그러나 늘 외현적으로 표현되는 것은 아니다. 현재 외현적 행동으로 나타나지 않더라도 동기화되면 언제든지 수행될 수 있는 잠재력의 변화도 학습에 포함된다. 또한 학습은 연습 또는 경험의 결과이다. 단순한 반사행동과, 성숙에 의한 행동의 변화는 학습에 포함되지 않으며 학습은 비교적 영속적 변화이다. 약물중독이나 피로에 의한 행동의 변화처럼 상황이 바뀌면 즉시 사라지는 것은 학습에서 제외된다. 교육활동을 성공적으로 수행하기 위해서는 교수학습이론과 관련된 원리에 대한 이해가 필요하다.

1. 행동주의 학습이론

행동주의 학습이론은 다윈(Darwin)의 진화론에 영향을 받아 손다이크(Thorndike, 1913)와 파블로프(Pavlov, 1027)에 의해 20세기에 시작되었다. 행동주의 이론에서 학습은 경험의 결과로 나타나는 행동의 비교적 영속적인 변화로 정의하고 있다(백영균 외, 2010). 행동주의 학습이론은 내적행동을 제외하고 관찰 가능한 외적 행동만을 연구대상으로 삼아 자극과 반응의 연합을 시도한다.

1) Thorndike의 시행착오설

(1) 개요

비교적 막연한 가운데 시행과 착오를 되풀이 하다가 우연히 목표에 도달한다. 효과의 법칙에 따라 실패반응은 약화되고 성공반응은 강화되어 학습이 성립된다고 한다.

(2) 주요법칙

① 연습의 법칙(빈도 · 계속성법칙): 연습의 횟수가 많을수록 결합은 강화된다. 처음에 자극-반응이론이 결합 즉 시행착오적인 반응의 반복으로서 연습만으로 이루어진다고 믿었으나 후에 자극-반응연합을 위해서는 연습 외에도 보상이 필요하다고 자기이론을 수정하였다.

② 효과의 법칙: 결과에 대한 만족감이 클수록 결합은 강화된다 - 학습과정에서 만족한 경험이 있어야 학습이 촉진된다. 특정 반응이 만족스러우면 이 반응은 각인되고 선택되어 현재의 자극상황과 결합하게 된다.

③ 준비성의 법칙: 학습할 준비나 자세가 되어 있을수록 결합이 용이하다.

2) Pavlov의 고전적 조건형성설

(1) 개 요

러시아의 생리학자인 Pavlov에 의해서 주장된 이론으로서 모든 학습과정은 자극 사태와 거기에 대한 반응행동 사이에서 이루어지는 조건형성의 과정이라고 본다.

Pavlov - 조건반사설 "개의 타액실험"

조건형성 전: 고기(무조건자극 UCS)→ 침(무조건반응 UCR)
조건형성 중: ┌종소리(조건자극 CS) → 침(무조건반응 UCR)
└고기(무조건자극 UCS)→ 침(무조건반응 UCR)
조건형성 후: 종소리(조건자극 CS) → 침(조건반응 CR)

(2) 주요법칙

강화는 조건자극과 무조건 자극을 함께 주는 것을 강화라 한다. 소거는 일단 획득된 조건반응도 조건자극이 무조건 자극과 결합되지 않은 채 중성 자극인 조건자극만 계속 단독으로 제시되면, 학습된 조건반응은 희미해져 결국 사라져 버리는 데 이를 소거(extinction)라 한다. 한편 이를 새로운 학습으로 보기도 한다.

① 일관성의 원리: 조건자극은 일관되게 제시되어야 한다.
② 시간성의 원리: 종소리(CS)는 음식물(UCS)보다 시간적으로 앞서거나 그 동시에 줄 때 효과적이다.
③ 계속성의 원리: 반복된 횟수가 많을수록 조건화가 잘된다.
④ 강도의 원리: 조건자극이나 무조건자극이 강해야 효과적이다.

3) Skinner의 조작적 조건형성설(작동적 조건화)

(1) 개 요

Skinner는 모든 행동을 반응적 행동과 조작적 행동의 두 가지로 나누어 설명한다. 반응적 행동은 Pavlov의 고전적 조건화와 같이 자극에 의해 반응이 유발되는 경우이다. Skinner는 인간행동이 대부분 조작행동이며 이 행동은 결과에 의해 통제된다고 설명하였다. Skinner상자를 이용하여 유기체가 스스로 반응하여 그 결과가 긍정적이면 같은 반응을 할 확률이 높아지고, 부정적인 결과를 경험하면 같은 반응을 할 확률이 감소된다. 결국 조작적 조건형성은 강화에 의한 습관형성을 학습으로 본다.

(2) 강화이론

강화는 반응빈도가 증가하는 것을 의미한다.

① 정적 강화: 바람직한 행동에 대한 보상(칭찬, 자유시간, 사탕 등)을 통해 반응 비율을 높이는 것을 말한다.

② 부적 강화: 바람직한 행동을 위해 학습자가 싫어하는 것을 제거시켜 줌으로써(수학문제 5문제 풀면 화장실 청소 면제) 반응비율을 높이는 것을 말한다.

③ 1차적 벌: 싫어하는 것(불쾌, 고통)을 주어서 문제행동을 감소시키는 방법(처벌과 매)이다. 그러나 벌은 행동을 촉진하기보다 소멸의 역할을 한다.

④ 2차적 벌: 좋아하는 것을 빼앗음으로써(성적이 나쁘면 장학금 지급 정지) 문제행동을 감소시키는 방법이다.

	제공되거나 박탈되는 자극의 유형	
	긍정적 자극	부정적 자극
반응 후에 무엇이 **제공**되는 경우	정적 강화	1차적 벌(수여성 벌)
반응 후에 무엇이 **박탈**되는 경우	2차적 벌(박탈성 벌)	부적 강화

<그림 1-1> 강화와 벌의 유형

(3) 교육의 시사점

① 처음부터 벌을 주는 것은 바람직하지 않다. 처음에는 강화로 시작하나 학습자들이 행동변화를 전혀 보이지 않을 때 바람직하지 못한 행동의 소거를 위해 벌을 사용한다.

② 벌을 주기 전에 부적절한 행동을 야기하는 상황을 제거한다든지, 적절한 다른 대안을 제시하는 것도 한 방법이다.

③ 프리맥원리(Premack Principle)를 사용한다. 프리맥원리에 따르면 빈도가 높은 행동은 빈도가 낮은 행동에 대하여 강화력을 갖는다(예: 제일 하기 싫어하는 산수를 30분 공부하면 좋아하는 축구를 할 수 있도록 하는 것).

④ 행동형성(shaping)원리를 사용한다. 즉, 목표행동을 세분화하여 점진적으로 강화함으로써 새로운 행동을 형성하는 것이다.

2. 인지주의 학습이론

1) Köhler의 통찰설

(1) 개 요

퀼러(Köhler)는 침팬지의 지적인 재능에 대한 광범위한 연구를 통해 동물도 지적인 활동을 할 수 있다고 믿었다. 퀼러는 침팬지를 폐쇄된 놀이터에 가두어 놓고 손이 닿지 않는 곳에 바나나를 매달아 놓았다. 침팬지는 바나나를 먹기 위해 손을 뻗거나 발돋움을 하거나 뛰어오르는 행동을 했다. 이러한 시도가 실패하자 침팬지는 주변을 주의 깊게 살폈으며 결국 막대기를 이용하여 바나나를 따거나 상자를 발판으로 삼아 바나나를 땄다. 실험에서 침팬지는 시행착오과정을 거치지 않고 바나나, 사태, 도구와의 관계를 발견하여 문제를 해결했다. 퀼러는 이러한 과정을 통찰이라고 보았다(백영균 외, 2010, p.121). 즉, 학습은 S-R연합으로 이루어지는 것이 아니라 통찰에 의하여 전체적인 관계를 파악함으로써 이루어지며 문제의 해결은 단순한 과거경험의 집적이 아니라 경험을 재구성하는 인지구조 변화의 과정이다.

(2) 학습과정

통찰은 쾰러(Köhler)의 침팬지 실험에서와 같이 탐색적 과정을 통해서 이루어지며, 우연한 시행착오와는 대비된다. 즉, 통찰은 실험장면에 의해서 좌우되며 학습의 과정은 전체-분석-종합의 단계를 거친다.

2) Lewin의 장이론(field theory)

(1) 개 요

사물의 지각은 그 사물이 포함되어 있는 전체적인 장에 있어서 역학적인 관계로서 결정된다. 장이란 생활공간이란 말과 동일하게 쓰인다. 행동은 개인이 경험하는 심리적 사실에 영향을 받으며, 심리적 사실들은 개인의 전체적인 상황으로서 생활공간을 이룬다. 생활공간은 유기체의 행동을 결정하는 모든 요인의 복합적인 상황을 의미한다.

(2) 학습과정

개인과 심리적 사실의 상호작용을 통해 생활의 장에 대한 인식의 변화가 생기면 행동이 변화한다. 학습은 생활공간(장)에 대한 인식의 변화 즉, 인지구조의 구조화와 재구조화를 통한 인지구조의 변화이다.

3) Bandura의 관찰학습 이론(사회학습이론)

(1) 개 요

인간은 타인의 행동을 관찰함으로써 학습하는 능력이 있다. Bandura는 3가지 측면에서 관찰자에게 영향을 준다고 보았다.

첫째, 새로운 반응을 학습할 수 있다.

둘째, 특정한 행동을 억제하거나 피하게 되는 수가 있다.

셋째, 행동촉진 작용을 한다.

(2) 관찰학습의 과정

① 주의집중과정: 모델의 행동에서 중요한 특성을 주목하고 정확히 지각해야 한다.

② 파지과정: 관찰한 내용이 상징적 형태로 기억되어야 행동으로 나타날 수 있다. 주로 심상과 언어로 저장된다.

③ 운동재생과정: 기억된 상징적 형태가 행동으로 수행되는 과정이다. 운동동작의 계속적인 실천과 자기수정적 조정이 필수적이다.

④ 동기화과정: 학습과 수행은 구분된다. 따라서 동기화 과정이 필요하다.

모방 대상 ⇒ [주의 집중] ⇒ [파지 과정] ⇒ [운동 재생] ⇒ [동기화] ⇒ 수행

<그림 1-2> 관찰학습의 과정

(3) 관찰학습과 강화

대리강화는 모델의 행동을 모방했을 때 어떤 결과를 갖고 오는지 모델의 행한 결과를 보고 예견하는 것이다. 자기강화는 사람은 자신의 행동 결과를 예측할 수 있고 피드백에 의한 자기 평가가 가능하므로 외부의 영향 없이 스스로 행위를 강화할 수 있다.

3. 구성주의 교수-학습이론

1) 구성주의 교수-학습원리

(1) 체험학습(learning by doing)

학습자가 지식을 구성하고 공유할 수 있는 학습환경을 제공한다. 학습의 주체자로서의 학습자의 역할을 중시한다.

(2) 자아성찰적 사고(learning by reflection)

학습자의 기존 지식과 개념을 활용할 수 있는 학습환경을 제공한다. 자신의 경험내용에 대해 무심코 지나치지 않고 사건과 경험의 의미와 중요성에 대해 항상 의문과 분석을 하는 인지적 습관을 말한다.

(3) 협동학습(learning by collaboration)

구성주의의 지식구성은 사회적 요소와 개인적 요소의 통합을 통해 이루어지므로 학습자가 속해있는 협동학습을 전제로 이루어진다는 것을 의미한다. 협동학습은 학습자들간의 토론, 대화, 상호작용을 통해 성찰적 학습기회를 촉진한다.

(4) 실제적 성격의 과제중심의 학습(learning by authentic task)

교육과 실생활과의 연계성을 중시하는 한편 실제생활의 문제를 풀어가는 구체적 상황이 전제되어야 한다.

(5) 교사역할은 조력자(facilitator), 동료학습자(co-learner)

교사의 역할이 학생에게 이양, 교사의 역할 변화가 있어야 한다.

2) 객관주의와 구성주의 비교

표 1-1 객관주의와 구성주의 비교

구분	객관주의	구성주의
지식의 정의	고정되어 있고 확인될 수 있는 현상, 개체	개인의 사회적 경험을 바탕으로 개인의 인지적 작용에 의해 구성, 재구성 되어지는 것
최종목표	절대적 진리와 지식의 추구	개인에게 의미있고 타당하고 적합한 것이 곧 진리
지식의 특징	초역사적, 우주적, 초공간적	상황적, 사회적, 문화적, 역사적
주요용어	발견(discovery/find), 일치(correspondence)	창조(creation), 구성(construction)
교육목표	진리와 일치되는 지식의 습득	개인에 의한 개별적 의미형성의 사회적 적합성과 융화성
현실의 특성	규칙으로 규명가능하며 통제와 예측가능	불확실성, 복잡성, 독특성, 가치들간의 충돌
교수-학습 원칙	1. 추상적인 지식과 상황에 관계없이 적용될 수 있는 지식제공	1. 구체적인 상황을 배경으로 한 지식
	2. 수업전 계획에 따라 구조화, 순서화, 체계화 하여 제시	2. 현실의 복잡함을 그대로 제시하여 인지적 도전 유도
	3. 교사와 학생은 지식전달자와 습득자	3. 교사는 학생의 학습을 도와주는 조언자, 촉매자, 학생은 적극적이고 책임감있는 학습의 주체자
	4. 개별적 학습환경:개인과제, 개인활동, 개인의 성취 중시	4. 모든 지식과 과제는 실제적 상황을 전제로 전개, 다루는 과제는 실제 사회에서 대면하게 될 특성을 지닌 것 제시
	5. 지식의 암기와 축적	
설계와 분석	1. 누가:수업설계자 / 교사	1. 학생 개개인 스스로
	2. 언제:수업전	2. 수업 과정 중 지속적
	3. 어느 정도:세분화, 순서화, 연계화	3. 전체적으로 학습목표만 설정

수업 평가	1. 누가:수업설계자/교사	1. 학생본인, 동료학생, 교사
	2. 언제:학습목표설정시 계획·수업 후 실시	2. 수업과정 중에 지속적으로 실시
	3. 객관적 평가	3. 다양한 형태(객관식, 주관식, 관찰, 포트폴리오, 프로젝트 등)

출처: 변영계 외(2010). p. 175-176. 참조.

3) 구성주의 유형

구성주의는 크게 인지적 구성주의와 사회(문화)적 구성주의로 구분할 수 있다. 인지적 구성주의 관점에서는 교수자가 인지적 갈등을 유발하는 경험을 제공해서 학습자가 경험에 더 잘 적응할 수 있는 새로운 스키마를 개발하도록 하는데 중점을 둔다. 따라서 지식의 구성과 습득은 개인의 인지적 작용이다. 집단토의에서 제시된 실용적인 활동들은 교육학적 연습의 핵심을 형성한다. 한편, 사회적 구성주의자들은 지식이란 개인이 사회적으로 공유하는 문제나 과제에 관해서 말하고 행동할 때 형성된다고 생각한다. 의미를 만드는 것은 사람들 간의 대화과정이고 학습은 사회적 접촉을 통해 하나의 문화 속에 동화되는 과정이라고 본다. 따라서 구성주의자의 입장은 성인학습이론의 많은 부분에서 공감되고 있다(조성연 외, 2010).

이렇듯 구성주의는 성인학습자가 그들 자신의 경험과 지식을 바탕으로 하여 새로운 지식을 재구성할 때 유용하게 사용되는 교수학습이론이다.

표 1-2 인지적 구성주의와 사회적 구성주의 비교

	인지적 구성주의	사회적 구성주의
이론적 근거	Piaget의 인지발달이론	Vygotsky의 사회발달이론
인지적 발달 기원	머리로부터 발달되고 지식의 구성과 습득은 개인의 인지적 작용임	사회관계에 참여하는 개인으로 사회적 상호관계는 개인의 인지적 발달뿐만 아니라 지식을 구성하는 중요한 요소임
학습이란?	적극적인 인지구조의 재편성	관련공동체에서의 문화적 동화
최종목표	개인경험의 사회·문화적 타당성 검증	개인들간의 활발한 상호작용에 의한 사회·문화적 관습습득
이론적 관심	개인의 인지적 발달과정	사회·문화적 동화과정
분석내용	사회적 상황에 의거한 인지적 재구성과정	관련공동체의 참여를 통한 사회문화적 행동양식 습득 및 동화과정
수업환경	교사와 학생간의 문화조사	공동체의 문화를 반영하는 학습교육의 실태조사

출처: 한정선 외(2010). p. 141. 참조.

4) 구성주의 교수-학습 모형

(1) 인지적 도제모델

인지적 도제(cognitive apprenticeship)는 전통적 의미의 도제 원리를 통해 전문가의 수행의 성격을 밝히고, 그러한 수행을 적절히 학습할 수 있는 방법을 고안해 보려는 데서 비롯, 특정 사회집단의 전문가들이 지닌 지식과 사고과정을 학습하는 것이다.

표 1-3 인지적 도제 학습절차

단계	내용
모델링 (modeling)	전문가인 교사가 시범을 보이면 초보자인 학습자는 전문가의 과제수행의 과정을 살펴봄
⇓	
코칭 (coaching)	학생들이 스스로 문제를 해결하도록 교사는 문제를 풀어 나가는 자신의 사고과정에 대해 단계, 단계 자세히 설명함.
⇓	
교수적 도움 (scaffolding)	교사는 학습자와 공동으로 과제를 수행하며 학습에 도움을 주는 디딤돌 역할을 함.
⇓	
교수지원중단 (fading)	학습자가 문제를 스스로 해결할 수 있도록 교수적 도움을 점차 줄여나감.
⇓	
명료화 (articulation)	학습자 스스로 자신이 구성한 지식과 수행 기능을 설명하도록 하며, 지식, 기능, 이해, 사고 등을 종합적으로 연계하게 함.
⇓	
반성적 사고 (reflection)	학습자는 자신이 수행하고 있는 문제해결과정을 전문가인 교사가 수행한 것과 비교하며 반성적으로 검토함.
⇓	
탐구 (exploration)	배운 것을 적용할 수 있는 새로운 방식을 탐구해 보도록 함.

(2) 인지적 유연성(융통성) 이론

인지적 유연성이란 여러 지식의 범주를 넘나들며 다양한 방법으로 연결하는, 상황적 요구에 적응력있게 대처하는 능력을 의미한다. 이 이론은 지식의 단순화, 세분화, 일반화된 형태로 접근하려는 전통적 교수-학습법을 극복하기 위해 1990년대 Spiro에 의해 제시되었다. 초보적 지식과 고차적 지식을 습득할 때의 교수-학습전략이 결코 같을 수 없다는 점을 기본 전제로 하였다.

인지적 유연성 이론의 학습원리는 다음과 같다(백영균 외, 2010).

① 주제중심의 학습을 한다.

② 지식은 단순한 일차원적 개념이 아니라 복잡하고 다원적 개념으로 형성되어 있기 때문에 학습자가 충분히 다룰 수 있는 정도의 복잡성을 지닌 과제로 작게 세분화한다.

③ 고차적 지식은 비구조화 되어 있으므로 실제세계의 복잡성의 속성에 초점을 두고 다양한 사례적 특수성을 고려하여 이해해야 한다. 다양한 소규모의 예를 제시하는 것이다.

(3) 상황학습이론

상황학습이론(Situated Learning Theory)이란 인간의 학습은 학습이 발생하는 구체적인 맥락에 의해 결정된다고 보는 이론이다. 현실상황에서 활용 가능한 문제해결력을 증진시키는데 도움을 주고자 시작되었다. Brown 외(1989)에 따르면 상황학습이론은 학교교육내용이 유의미하게 실생활에 전이되기 위해서는 실제 생활환경과 같은 맥락에서 실제적인 문제를 가지고 학습할 수 있는 환경을 제공해 주어야 한다고 주장한다(변영계 외, 2010, p. 181 재인용). 지식은 학습이 일어나는 외부에 존재하는 것이 아니라 학습이 일어나고 지식이 개발되는 상황 내에 통합된 부분인 것이다.

(4) 정착학습

정착학습(anchored learning)이란 거시적 맥락 속에서 교사나 학습자가 상호작용을 통해서 공통의 이해를 개발해 나가는 것을 의미하며 교사와 학습들로 하여금 복합적이고 실제적인 문제들을 설정하고 해결하는 것을 북돋우는 교수-학습방법이다.

① 원리

- 교수-학습활동은 이야기, 사례, 학생들의 관심사와 관련된 주제 또는 문제 등과 같은 정황을 중심으로 설계된다.
- 교육과정자료는 학습자에 의해 그들의 문제를 탐구할 수 있어야 하는데, 특히 이 교수이론에서는 비디오 자료들이 모든 교수-학습을 위한 하나의 거대한 정황으로 주어진다. 이 비디오 자료들은 일반적인 비디오와는 달리 학생들로 하여금 새로운 지식을 구성할 수 있도록 고안된다. 따라서 단순한 강의형식이 아니라 하나의 이야기로 주어진다. 학생들은 이야기 형식으로 주어진 비디오를 통해 탐험할 수 있도록 하는 것이다.

② 수업모형 단계

- 비디오 상영을 통해 학습동기를 촉진하고 문제상황을 제시
- 문제는 실제적 과제를 통해 이해하기 쉽게 이야기식으로 제시하여 문제해결을 위한 상황을 창안
- 문제해결을 위해 학습자의 적극적 참여를 유도, 창안학습 환경을 조성
- 여러 가지 사실적 학습자료를 함축적으로 제시
- 복잡한 문제를 해결하고 활용할 수 있는 기회를 제공
- 학습하고자 하는 개념이 어떻게 구체적인 상황에서 활용될 수 있는지를 제시하고 여러 가지 유사한 문제를 해결하게

하여 학습의 전이를 높임

- 다른 과목과 통합된 복합적인 문제를 제시하여 교육과정과 연계함

(5) 문제중심학습

문제중심학습(PBL: Problem Based Learning)은 1969년 McMaster 의과대 교수 Barrows에 의해서 제시되었다. Barrows는 의과대학 학생들이 학부 때부터 어렵고 힘든 교육을 받으면서도 의사가 된 이후에 실제 환자들을 진단하는 데 애를 먹는 모습을 보면서 기존 의과대학 교육방법에 문제가 있다고 판단하여 시작되었다. 즉, 학생들이 구체적인 상황 속에서의 실제적인 문제를 해결해 나가는 과정을 통해 나름대로의 인지적 틀을 형성할 수 있도록 하기 위해 고안되었다. 학습자로 하여금 어떤 문제나 과제에 대한 해결안 혹은 자신의 견해나 입장을 전개(develop)하여 제시(present)하고, 설명(explain)하며, 나아가 옹호(defense)할 수 있어야 한다(최정임 · 장경원, 2011). 문제중심학습의 특징은 관련분야에 실재하는 복잡하고 비구조적인 문제를 풀어나간다. 학습자중심의 협동학습, 교사의 역할을 축소하는 자율적 학습, 자기주도적 학습 능력을 강조한다.

(6) 조나센(Jonnassen)의 구성주의 학습환경설계 모형

'교수설계' 대신에 '학습환경설계'라는 용어를 사용하는 이유는 구성주의 이론에서는 전통적인 의미의 교수 · 수업 설계의 비중이 약화되고 학습자 중심의 학습지원 환경의 설계가 보다 강조됨을 알 수 있다. Jonassen(1999)은 구성주의 학습환경 설계에서 고려해야 할 요소로 문제 · 프로젝트, 관련사례, 정보자원, 인지구조, 대화 · 협력도구, 사회적 · 맥락적 지원 등 6가지로 설명했다.

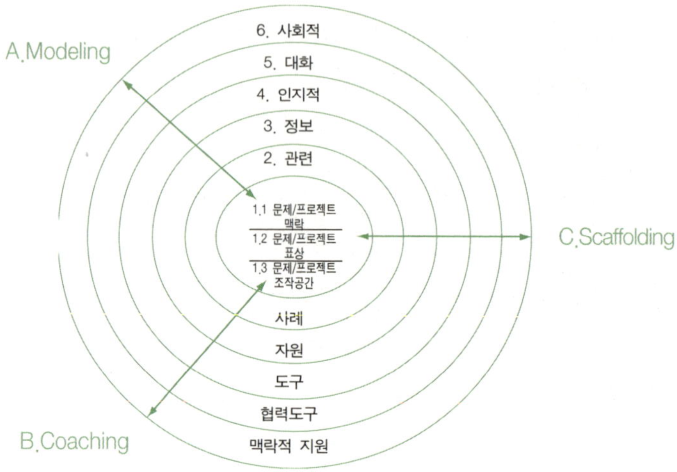

<그림 1-3> 구성주의 학습환경의 설계

표 1-4 구성주의 학습환경

문제 · 프로젝트	· 문제 혹은 질문은 학습자가 이미 학습한 내용을 확인하는 성격이 아니라 새로운 학습을 유발하는 성격을 지니고 있음 · 문제를 해결하는 과정에서 그 문제와 관련된 영역의 지식을 새로 학습하게 됨
관련사례	· 학습자의 지적 모형이나 경험이 부족할 경우에 학습자를 도와줌 · 제공된 관련 사례를 통해 제시된 문제에 포함된 쟁점들을 보다 명확히 파악함
정보자원	· 학습자가 문제를 규정하고 가설을 설정하기 위해 매우 중요한 기능을 함 · 풍부한 자료를 준비함으로써 학습자가 필요할 때는 언제든지 활용할 수 있도록 해야 함
인지적 도구	· 실제 문제를 해결해 가는 인지과정을 지원하고 촉진하는 역할을 함

대화·협력도구	· 학습자 상호간에 이루어지는 학습활동을 지원하는 수단임 · 다양한 유형의 컴퓨터 매개 통신 수단을 통해 학습자들은 각자의 지식과 정보를 서로 교환하고 협동적인 활동을 수행하면서 지식을 구성해감
사회적·맥락적 지원	· 참여 교사들에 대한 지원체제나 학생들에 대한 안내체제 등이 해당됨

구성주의에서의 교수자-학습자 활동을 비교하면 다음 표와 같다. 〈표 1-5〉는 학습자의 주요활동이다.

표 1-5 구성주의 학습환경에서 학습자의 주요 활동

탐구(Exploration)	목표를 세우고 자신의 수행을 관리하는 활동을 설명함
의미의 명료화(articulation), 성찰(reflection)	수행과정에서 학습자가 자신의 활동을 명확히 이해하고, 이를 반추함으로써 수행을 발전시키는 것을 의미함

다음의 〈표 1-6〉은 교수자의 주요 활동이다.

표 1-6 구성주의 학습환경의 정교화 방안 - 교수자의 주요 활동

모델링 (modeling)	학습자 수행을 지원하는 방안으로 모델링이 있다. 유형으로는 기대되는 수행을 외현적으로 보여주는 '행동 모델링'과 문제 해결과정의 내면적인 추론과정, 의사결정과정을 설명해주는 '추론 명료화' 방법이 있다.
코칭 (coaching)	학습자 수행의 각 세부 단계는 코칭에 의해 구체적으로 향상될 수 있다. 좋은 코치는 학습자의 동기를 향상시키고, 학습자의 수행을 모니터하고 조절하며, 성찰을 야기하며 잘못된 정신적 모형의 수정할 수 있도록 적절한 질문을 던진다.

스캐폴딩 (scaffolding)	모델링이 전문가의 수행을 보여주는 것에 초점을 두고, 코칭이 학습의 수행을 조절하는데 초점을 두고 있다면 스캐폴딩은 학습자가 수행하는 과제에 초점을 두고 있다. 이는 학습자가 자신의 능력이상의 학습과 수행을 할 수 있도록 임시적인 틀을 제공하는 것이다. 스캐폴딩의 구체적인 방법으로는 문제난이도 조절, 과제의 재구조화, 대안적인 평가의 제공 등이 있다.

출처: 한정선 외(2010). p. 167. 참조.

(7) 자원기반학습

자원기반학습(RBL: Resource Based Learning)은 다양한 학습자원과 직접적인 상호작용이 가능한 ICT와 교수-학습매체가 통합된 학습환경에서 학습자가 자신의 학습스타일, 학습능력에 따라 필요한 자원을 검색하고 활용하여 학습목표를 달성하도록 설계된 학습으로서 자원의 역할과 활용이 교수-학습체제에서 주요한 교수변인으로 고려되는 학습 형태를 말한다. 20세기 중반부터 빠르게 진행되고 있는 인간의 의사소통을 위한 정보통신기술의 획기적 발달과 함께 교수-학습을 위한 자원이 디지털화되면서 그 중요성이 강조되었다.

자원기반학습환경에서 학습자는 자신의 필요를 반영하여 학습의 목적을 설정, 이에 적합한 학습방법을 선택, 이를 보조해주는 학습 매체와 지원도구를 선택할 수 있음은 물론 정보를 탐색, 조직, 개발, 공유하는 활동까지도 포함한다. 학습자는 능동적으로 필요한 지식을 구성하는 주체자가 되고, 교수자는 학습촉진자, 조언자, 안내자의 역할을 한다.

① 자원기반학습의 교수-학습 모형

'정보탐색과정모형', 'Big6 정보리터러시 모델', '탐구학습모형', 'Pathways to Knowledge Model', 'Research Process Model', '정보리터러시 통합수업모형' 등이 있다. 각 모형마다 절차가 다소 차이가 있으나 대체로 '정보확인, 정보탐색, 정보 사용 및 조직, 결과발표, 평가'의 과정을 포함하고 있다.

표 1-7 자원기반학습의 교수-학습 모형

정보탐색과정모형	1. 시작 → 2. 선택 → 3. 탐색 → 4. 형성 → 5. 수집 → 6. 제시
Big6 정보리터러시 모델	1. 과제정의 → 2. 정보탐색전략 → 3. 소재파악과 접근 → 4. 정보활용 → 5. 통합정리 → 6. 평가
탐구학습모형	1. 문제상황에의 직면 → 2. 정보수집과 규명 → 3. 정보검증 → 4. 정보조직, 형성, 설명 → 5. 탐구과정의 분석
Pathways to Knowledge Model	1. 정보감상 → 2. 사전탐색 → 3. 정보탐색 → 4. 정보해석 → 5. 의사소통 → 6. 평가
Research Process Model	1. 주제선정 → 2. 탐색전략개발 → 3. 정보수집 → 4. 최종결과물 작성 → 5. 평가
정보리터러시 통합수업모형	1. 주제에 필요한 정보 확인 → 2. 정보자원탐색 → 3. 관련 정보 선별 및 기록 → 4. 정보의 조직 → 5. 결과발표 → 6. 평가

4. 동기이론

1) 인본주의이론

(1) Maslow의 욕구위계이론

Maslow는 인간은 충족되지 못한 욕구 때문에 항상 동기화 되어 있으며 이 욕구는 충족되어야 할 순서에 따라 위계화 되어 있다고 하였다. 이와 같이 위계적으로 이루어져 있어 선행욕구가 충족이 되어야 다음 욕구의 강도가 높아진다. 이렇듯 생리적 욕구에서 출발하여 자아실현의 요구로 이전하여 간다. 생리적 욕구는 인간이 생존을 위해 필수불가결한 식욕, 성욕, 수면욕 등에 관한 욕구이다. 이러한 기본적인 욕구가 충족되지 않는 한 다른 욕구는 동기화되지 않는다. 생리적 욕구가 만족되면 다음 단계인 안전의 욕구의 강도가 높아진다. 이것이 만족되면 사회적 욕구인 애정 · 소속의 욕구가 강해지고 이러한 순서대로 요구충족을 이루게 된다. 충족욕구의 위계는 결핍욕구와 성장욕구로 나누며 상위욕구가 단순한 생리적 욕구의 충족이 아니라 성장을 지향하는 자아실현이라는 점이다. 자아실현 욕구는 지적욕구와 심미적 욕구, 자아실현 욕구로 나뉜다. 모든 수준의 욕구는 자아실현의 욕구로 귀결되므로 인간의 성장욕구는 바로 자아실현의 욕구이고 그 외의 욕구는 기본욕구인 결핍욕구이다.

<그림 1-4> 매슬로우(Maslow)의 욕구위계

① 생리적 욕구: 기아, 맛, 수면, 갈증, 성 등 인간의 기본적 욕구

② 안전의 욕구: 위기와 위험으로부터 보호, 공포, 불안, 무질서로부터의 자유, 구조, 질서, 법, 제약, 안전에 대한 욕구

③ 애정, 소속감 등 사회적 욕구: 타인과의 만족스러운 관계, 집단에의 소속, 우정과 애정의 교환 등의 욕구
④ 자존(존경)의 욕구: 자기 존중(능력, 자신감)과 타인에 의한 존중(지위, 인정, 존엄성)
⑤ 앎의(인지적) 욕구: 아는 것과 이해하는 것(인지적)에 대한 욕구이다. 호기심, 탐구심 등 더 알고 싶은 욕구
⑥ 심미적 욕구: 안전성, 질서, 아름다움에 대한 욕구
⑦ 자아실현의 욕구: 잠재적 성취, 최대의 자기 발전, 창의성과 자기표현의 욕구

Maslow에 따르면 학습은 자신의 잠재력을 성취하고 자기 주변 세계를 알고 이해하려 하는 성장 동기, 개인의 본성이 갖고 있는 가능성을 충분히 발휘하는 자기실현의 목표와 이를 달성하기 위한 읽기, 쓰기 등의 2차적 기술 습득의 목표가 수반되어 이루어진다(이무근 외, 2012).

2) 인지이론

(1) Weiner의 귀인이론

귀인이론(attribution theory)에서는 인간은 어떤 일의 결과에 대해 원인을 추리하는 경향이 있으며 개인이 어떻게 귀인하느냐에 따라 후속행동에 영향을 준다고 보았다. 나쁜 성적에 대한 원인을 자신의 노력부족으로 보는 학생은 다음 시험 때 시험공부를 위해 노력할 확률이 높아지나 능력부족으로 보는 학생은 노력하기보다 무력감에 빠질 수도 있다. Weiner는 연구결과를 종합하여 사람들이 가장 일반적으로 귀인하는 요인에는 능력, 노력, 과제의 난이도, 운의 4가지를 제시하고 원인의 소재, 안정성, 통제 가능성의 3가지 차원에서 그 특성을 설명하였다.

표 1-8 귀인과 각 차원과의 관계

귀인요인	원인의 소재	안정성	통제가능성
능력	내적	안정적	통제불가
노력	내적	불안정적	통제가능
운	외적	불안정적	통제불가
과제의 난이도	외적	안정적	통제불가

(2) 자기결정이론

자기결정이론(self-determination theory)이란 Deci와 Ryan이 제시한 이론으로, 자기결정이란 자신의 행동과 운명을 자율적으로 선택할 수 있다는 믿음을 말한다.

① 자기결정력을 가질 때, 장시간 과제 참여가 가능하고, 유의미하고 창의적인 사고가 가능하며, 활동에 즐겁게 참여하고 높은 수준의 성취를 이룬다.

② 자기결정력을 갖지 못할 때, 삶의 과정을 결정할 때 소극적이고, 내적동기보다 외적 동기에 따르기 쉽다.

3) 행동주의 동기이론

(1) Hull의 충동감소이론(drive reduction theory:동인해소설)

사람들의 모든 행동은 욕구나 충동으로 인한 긴장을 감소시키는 방향으로 진행된다. 이러한 반응경향성은 충동과 습관강도의 함수관계로 설명한다.

반응경향성 = 충동 × 습관강도

① 습관강도(habit strength) = 자극과 반응간의 짝지어지는 정도, 충동에 의해서 생겨난 긴장을 경감시킬 수 있었던 경험에 의하여 형성된다.

② 충동(drive) = 생리적 욕구상태

이러한 공식은 동기가 과거 경험에만 의존한다는 비판이 있었다. 이에 Hull은 유인을 추가하여 공식을 수정하였다. 여기서 유인(incentive)은 잠재적인 보상의 크기 또는 매력이다.

동기 = 충동(D) × 습관강도(H) × 유인(I)

2. 학습동기

학습결과에 대해 알려주고 과열되지만 않는다면 학급집단의 경쟁적 분위기를 조성하는 것도 고려해 볼만 하다. 또한 학습 성공감, 학습의 목적의식, 책임감을 고취시키고 학습참여 기회를 균등히 제공하고 본 절에서 제시했듯이 교수학습 이론 및 다양한 강화원리를 이용하여 적절하게 상, 벌을 제공하면 학습동기 유발에 효과적이다.

제 2 절 성인학습 이론

1. 성인학습 이론

사실 성인학습 이론의 범위를 어디까지로 볼 것인가의 문제는 논란거리다. 그 이유는 성인학습이 여타의 학습과 어느 정도로 확실하게 구분이 되지 않고 다른 한편으로 성인학습의 원리가 이론이라기보다는 단순한 원리쯤으로 받아들여지는 경우도 있기 때문이다. 그럼에도 불구하고 성인학습을 담당하는 대학교수나 그 외 교수자들이 학습의 전제를 재검토하고 몇 가지 관점을 조정한다면 교육에 영향을 미치는 성인학습에 관한 몇 가지 명제를 도출할 수 있을 것이다. 성인학습 이론은 실제로 연령, 공부양식, 인종적 · 경제적 · 교육적 배경 등에서 다양한 학습자가 크게 증가함에 따라 등장한 이론이다 (Fry 외, 2011).

1. 안드라고지와 페다고지

1833년의 독일 교사 Alexander Kapp가 처음 만든 용어이다. 미국에는 Edward Lindeman에 의해 1927년 최초로 소개되었으나 널리 사용되지 못하였다. 페다고지의 원리 및 실천이 성인교육에는 적절하지 못하다는 차원에서 등장하였다. Knowles(1970)는 페다고지는 전형적으로 아동을 위한 것이며 안드라고지는 전형적으로 성인을 위한 것이라고 명확히 구분하여 이분법적으로 설명하였다. 그로 인해 안드라고지를 널리 알리게 되었지만 많은 비평이 있었다. 왜냐하면 이분법적인 대조가 너무 과잉 단순화되었으며 안드라고지가 아동교육에서도 적용가능하기 때문이다.

1) 안드라고지(andragogy)의 기본 가정

안드라고지적 교수방법은 성인학습자들의 자긍심을 높이는 데에도 많은 도움이 된다고 본다. 안드라고지의 기본 가정은 다음과 같다.

(1) 알고자 하는 욕구(The need to know): 학습하기 전에 왜 그것을 학습할 필요가 있는지를 알고자 한다. 성인학습 활동의 자발적 성격은 안드라고지의 핵심적 가정의 하나이다.

(2) 학습자의 자아개념(The learner's self-concept): 성인들은

자기 자신의 결정과 삶에 책임을 진다는 자아개념이다.

(3) 경험의 역할(The role of learner's experience): 성인들은 청소년들에 비하여 질적으로나 양적으로 훨씬 풍부한 경험을 가지고 교육활동에 참여한다.

(4) 학습준비도(Readiness to learn): 알고자 하는 욕구가 있는 것들에 대해 학습할 준비가 되어 있고 특히 발달과업에 관련된 것을 학습할 준비가 되어 있다.

(5) 학습 성향(Orientation to learning): 교과 중심적 성향과는 대조적으로 성인들은 학습 성향이 생활 중심적, 과업 중심적, 문제 중심적이다.

(6) 동기(Motivation): 내재적 동기(직무 만족, 자아존중감 증진, 삶의 질 향상 등)에 의해 동기화된다.

2) 페다고지(pedagogy)의 기본 가정

(1) 알고자 하는 욕구(The Need to know): '학습자는 시험 합격 혹은 진급하기 위해서' 교사가 가르치는 것을 학습해야만 한다고 생각, 그들이 학습한 내용이 생활에 어떻게 적용될 것인지를 알 필요가 없다.

(2) 학습자의 자아개념(The Learner's self-concept): 의존적 성격의 개념이다.

(3) 경험의 역할(The Role of learner's experience): 학습자의 경험은 학습자원으로서 거의 가치가 없고 학습자원에 포함되는 경험은 교사, 교재집필자, 시청각 보조물 제작자의 경험이다. 따라서 강의나 책읽기와 같은 전달식 기법이 페다고지 모델의 기본이 된다.

(4) 학습준비도(Readiness to learn): 교사가 그들에게 학습하

도록 강요하는 것들을 학습할 준비가 되어 있다.

(5) 학습성향(Orientation to learning): 교과 중심적 성향을 띠고 학습을 교재내용 습득으로 본다.

(6) 동기(Motivation): 외재적 동기(점수, 교사의 인정 혹은 불인정, 부모의 압력 등)에 의해 학습이 동기화된다.

표 1-9 페다고지와 안드라고지 비교

기본가정	안드라고지	페다고지
알고자 하는 욕구	학습할 필요에 대해 알고자함	교사가 가르치는 것을 알고자 함
학습자의 자아개념	성인학습자들은 자기 자신의 결정과 삶에 책임을 진다는 독립적 자아개념을 가지고 있다.	교사의 학습자에 대한 개념은 의존적인 성격의 개념이다. 따라서 학습자의 자아개념 역시 결과적으로 의존적 성격의 개념이 된다.
경험의 역할	성인학습자들은 청소년들에 비해 현업 및 사회경험이 풍부하고 그러한 경험은 수업장면에서 학습자원으로 가치가 있다.	학습자들의 경험은 학습자원으로서 거의 가치가 없다. 학습자원에 포함되는 경험은 교사, 교재집필자, 시청각 보조물 제작자의 경험이다.
학습준비도	성인은 자신의 실제생활 상황에 자발적이면서 효율적으로 대처할 수 있고 또 그들이 알고자 하고 현업에서 즉각 활용할 수 있는 것에 대해서는 학습할 준비가 되어 있다.	학습자는 교사가 그들에게 학습하도록 강요하는 것을 학습할 준비가 되어있다.
학습성향	성인들은 학습성향이 실생활 중심적, 과업 중심적, 문제 중심적이다.	학습자는 학습에 대하여 교과 중심적 성향을 가지고 있다. 그들은 학습을 교재내용의 습득으로 간주한다.
동기	학습자들은 내재적 동기에 의해 보다 더 반응한다. 내재적 동기란 직무 만족, 자아실현, 자아존중감, 삶의 질 향상 등이다.	학습자들은 외재적 동기에 의해 유발된다. 시험, 벌, 보상, 승진 등에 의한 것이다.

출처: Knowles et al.(2005).

2. 자기주도학습

자기주도학습은 학습자가 자신의 학습요구를 진단하고 학습활동을 계획하여 실행하고 평가까지 하는 학습으로서 학습자 자신이 1차적인 책임을 지고 학습에 있어 주도권을 갖는 학습이다.

(1) 일반적 개념: 스스로 문제를 해결하고 창의적 생산을 할 수 있는 능력을 기르는 학습체제이다.
(2) 학습과정에 초점을 둔 개념: 학습과정에서 계획, 목표 설정, 요구진단, 자원탐색, 학습전략 선택, 학습평가 등에 있어서 학습자 자신이 주도권을 갖는 과정이다.
(3) 개인적 특성에 초점을 둔 개념: 개별학습자는 자신의 개인적 특성을 고려하여 학습과 관련한 다양한 결정에 대해 보다 많은 책임을 지는 권한을 부여받는다.

1) 자기주도학습의 특징

(1) 자기주도학습의 본질은 모든 학습이 다른 사람들과 고립된 상태에서 이루어지는 것이 아니라 교사, 강사, 개인교사, 지도자, 자원인사, 동료, 교재, 교육기관, 네트웍 등 다양한 형태의 조력자들(helpers)과의 협력 하에 이루어지는 것이다. 학습자 자신이 자신의 학습 전체의 기획·실행 및 평가 등의 일련의 프로세스에 일차적인 책임을 지는 것이 특징이다.
(2) 자기주도학습의 신장은 '학습하는 방법의 학습'을 통해 이루어진다. 자기주도학습자는 지식과 학습기술의 측면에서 학습을 한 상황에서 다른 상황으로 전이(transfer)할 수 있다.

(3) 자기주도적 학습력이 학교교육 현장 등 교육 현장에 강조되고 있는 이유는 급변하는 사회 속에서 기존의 방식을 수동적으로 답습하는 능력보다는 비판적이고 창의적으로 사고하고 자기 주도적으로 변화에 대처하고 변화를 가치롭게 창출하는 능력이 강조되기 때문이다.

(4) 자기주도학습은 자기안내적 독서(self-guided reading), 학습집단에의 참여, 인턴십, 전자매체를 통한 대화(electronic dialogue), 성찰일지 작성(reflective writing)과 같은 다양한 활동 및 자원을 포함할 수 있다(차갑부, 2009).

3. 경험학습

경험학습이란 경험에 의한 학습 또는 경험을 통한 학습이라고 할 수 있다. 경험학습은 구체적으로 경험한 경험의 의미를 어떻게 규정하는가에 따라서 매우 다양하게 이해될 수 있다. 경험학습은 평생교육의 맥락에서는 특정한 교육목표를 달성하기 위한 효과적인 교육방법을 위한 이론적 기반으로서 형식으로 경험학습을 이해하는 전통적인 입장과는 구별되는 측면이 있다. 즉, 체험학습이나 실천학습의 현상을 포괄하는 개념으로서 객관적 실재에 대한 개인의 지각으로 인해서 획득하게 되는 산물로 경험을 바탕으로 이루어지는 인간의 변화 및 성장과정으로서 이해될 수 있다(김지자 · 정지웅, 2001). 삶, 교육, 일을 통해 얻은 경험은 학습과정에서 중요한 역할을 한다. 이러한 경험의 변혁을 통하여 지식이 재창조되는 것이다.

경험학습 이론 중 가장 대표적인 것은 Kolb(1984)의 이론이다. Kolb의 학습 사이클은 순환적 학습 모형이다. 첫째, 학습자는 새로운 경험에 충분히 자유롭게 참여하여야 한다. 둘째, 학습자는 다양한 관점에서 자신의 경험을 반성할 수 있는 시간과 공간을 확보해야 한다. 셋째, 학습자는 아이디어를 재구성, 처리하여 자신의 것으로 만들고 새로운 아이디어를 건전하고 논리적인 이론으로 통합할 수 있어야 한다. 넷째, 학습자는 자신의 이해를 활용하여 의사결정과 문제해결을 시도하고 새로운 상황에서 가설을 검증하는 네 번째 요소로 이동하게 되는데 이 과정에서 생성된 자료는 다시 구체적 경험으로 이어진다(Fry 외, 2006).

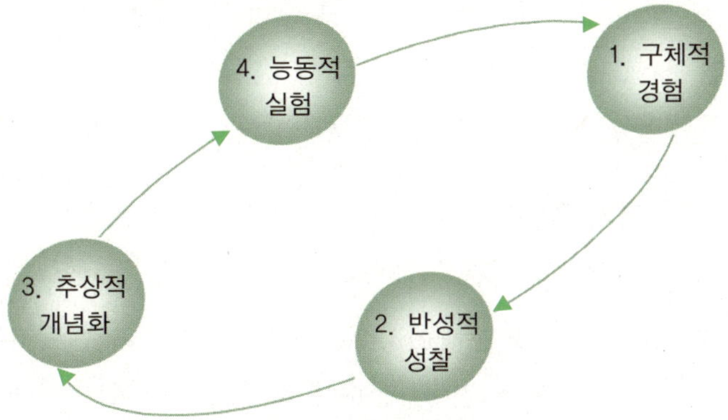

<그림 1-5> Kolb의 경험학습이론

출처: Kolb(1984). p. 33.

4. 전환 학습

사람의 관점, 세계관, 전망 등을 전환시킴으로서 포용적이고, 열린 관점을 지니고, 통합적인 세계관을 갖도록 하는 성인학습이론이다. 새롭거나 또는 수정된 경험의 의미에 대한 해석을 설명하거나 적합하게 하는 사회적인 과정으로 사람(세계관)의 관점 변화 즉 학습자의 의식을 전환하는 과정이다.

전환학습의 3가지 핵심개념은 인생 경험, 비판적 반성(성찰),

반성적 담화이다. 구체적인 인생 경험은 학습에 필수적인 요소이고 비판적으로 성찰할 수 있는 능력은 전환을 하는데 필수적인 요소이며 그 자체가 발달적이다. 이렇듯 관점전환은 의미구조의 근본적 변화를 위해 경험의 의미를 재해석하고 새로운 의미를 만들어 가는 것이다(Taylor, 2001).

2. 성인학습 참여동기

성인학습자의 교육참여 동기를 설명하는 모형 중 동기지향 모형은 Houle(1961)의 연구에서부터 관심을 끌기 시작하였다. 학습목표지향형, 목표지향형, 활동지향형으로 분류할 수 있다

1. 학습목표지향형(learning goal)

학습자체를 추구하는 사람들을 의미한다. 이러한 부류의 성인학습자들은 학습을 통하여 알고 성장하려하고 학습을 하는 과정에서 삶의 재미를 느낀다. 실수나 서투르게 보이는 것에 관계없이 학습과 향상에 초점을 두고 과제의 숙달에만 관심을 갖는 '과제 개입형' 학습자이다. 이들은 남과 비교되거나 평가되는 것 보다 적절한 도움 구하기, 심층적인 인지전략의 사용, 학습과제에 자신감을 갖고 접근하는 경향 등을 나타낸다.

2. 목표지향형

목표지향적인 성인학습자들은 다른 목적을 위해 교육을 수단으로 이용하고자 하는 학습자들이다. 이들은 이직, 승진이나 자격증 획득을 위한 시험을 위하여 학습하고자 하는 부류로서 학습에 있어서 대개는 분명한 목표가 존재한다. 따라서 무엇을 학습

하는가 보다는 타인들의 객관적인 평가가 중요하다. 자신에 몰두하기 때문에 '자아개입형' 학습자로 불린다.

3. 활동지향형

활동지향적인 사람들은 학습활동 그 자체 그리고 사회적 친목이나 교제를 위하여 교육에 참여하는 학습자들로서 특정 목표를 획득하거나 어떤 기술이나 정보를 습득하기 위해서라기보다는 학습모임에 참여함으로써 소속감을 획득하고 사회적 교류를 나누고 싶어하는 특징을 가지고 있다.

CHAPTER 2

평생교육과정의 설계

제 1 절 교수설계

1. 교수설계의 역사

교수설계분야는 1930년대에 Tyler와 그 후의 Mager에 의한 교육목표와 형성평가에 의해 비롯되었고 1950년대에 Skinner가 프로그램수업을 고안하고 군대훈련을 통해 과제분석이라는 개념이 대두되면서 교수설계분석 및 개발의 개념이 발전되었다(한정선 외, 2011).

체계적인 교수체제개발은 제 2차 세계대전부터 유래되었다고 볼 수 있다. 최근 오바마 대통령이 2011년 연두 국정연설에서 지금은 '스푸트니크의 모멘트' 라고 했다. 스푸트니크는 옛 소련이 먼저 인류 최초로 쏘아올린 인공위성으로 '동반자' 라는 뜻이 있다. 스푸트니크의 성공적인 발사로 미국과 서방 세계는 소련에 대한 위기의식을 불러 일으켰고 강대국들이 우주 진출의 시발점이 되었다. 스푸트니크는 하나의 충격이었으며 이러한 상황을 스프트닉 충격이라는 말로 설명하였다. 구소련의 과학기술의 발전에 뒤진 미국과 서방진영은 그 원인이 무엇인지를 밝히고자 많은 연구결과와 보고서가 제출되었고 그 결과 교육이 이러한 과학 기술의 부진한 발전의 원인 가운데 하나라고 지목되었다. 이러한 연구결과에 따라 미국에서는 산업교육계에서도 보다 효과적이고 효율적인 훈련 프로그램의 개발과 운영을 위하여 군대에서 많이 사용되었던 교수체제설계 및 개발 모형을 산업체의 훈련에도 적용하기 시작하였다(권대봉, 2003).

1960년대는 교수체제라는 용어가 적용되면서 체제적 관점에서 교수의 구성요소가 확인되고 개발되었으며 Glaser와 Gagne-Briggs 등이 교수체제개념을 바탕으로 한 군대훈련 프로그램을 개발하여 교수설계분야의 발전에 기여하기 시작했다(한정선 외, 2011).

2. 교수설계의 개념

Gustafson과 Tillman(1991)에 따르면 교수설계(Instructional Design)는 교수체제설계의 의미로 호환하여 사용하기도 한다. 교수체제설계(Instructional Systems Design)는 교수-학습과정을 체제로 인식하고, 효과적이고 효율적인 학습환경을 설계하기 위한 것이다. 여기에서 교육체제란 학생, 교사, 교육, 내용, 환경을 지칭한다.

광의의 수준에서의 교수체제설계는 교수-학습 활동이 보다 효과적이고 효율적으로 이루어질 수 있도록 교육프로그램 혹은 교수체제를 분석 및 설계, 개발, 활용, 관리, 평가하는 것이다. 또한 협의의 수준에서의 교수체제설계는 특히, 개발활동에 초점을 둔 것으로 교수자료, 강의 노트, 교수 계획들이 교수-학습을 위해 활용될 수 있을 만큼 실물화의 형태로 구현되는 것이다.

그러므로 넓은 의미의 교수설계란 ISD 모델의 모든 단계를 포함하는 것일 수 있다.

제 2 절 교수체제설계 모형

1. 대표적 교수체제설계 모형

1. 글레이져(Glaser)의 수업과정모형

이모형은 1세대 모형에 가까운 모형으로 다른 2, 3세대 모형에 비해 매우 단순하게 이루어진 것을 알 수 있다. 사전(진단)평가 및 사후평가가 있는 것이 이 모형의 특징이다.

1) 절 차

Glaser(1962)는 교수-학습과정의 요소를 다음과 같이 네 가지로 나누었다.

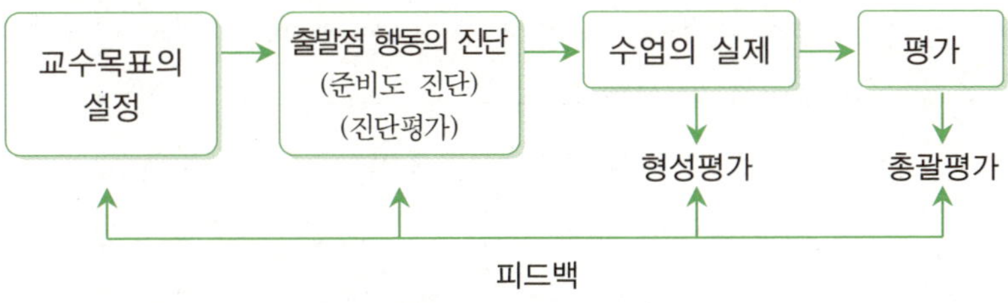

<그림 2-1> 글레이져(Glaser)의 교수-학습과정의 요소

2) 수업모형의 특징

① 개별화 원리 적용

② 학습자 스스로 알맞게 조정 가능

③ 자발성의 원리

④ 수업목표 내용 사실을 구체적 세분 조직화

⑤ 4가지 과정이 상호작용할 때 큰 학습성취효과 습득 가능

3) 수업단계의 특징

① 수업목표 설정(specification of learning outcomes): 교수-학습과정을 통해 학습자가 달성해야 할 것을 구체적으로 세분해 놓은 것으로, 수업목표는 도착점 행동(terminal behavior)과 같다.

- 교사가 설정
- 학생수준에 알맞게
- 수업을 통해서 변화된 학생의 행동특성 상태
- 구체적 명확히 설정

② 출발점행동(entry behavior): 학습에 임하는 학습자의 현재 상태로, 학습자의 지능·적성·흥미·이전 학습에서 어느 정도를 성취했는가, 지금 배울 내용에 대해서는 얼마나 아는가에 대한 것이다.

- 학습의 경향성, 준비성 고려
- 선수학습의 성취상태파악
- 학습성취의 가능성, 자신, 흥미감, 동기유발촉진
- 학습의 장애나 결손요인 파악 적절 제거 보충

③ 수업의 실제(instructional alternatives): 수업목표를 학습자에게 어떤 순서에 따라 어떤 방법으로 가르칠 것인가의 문제를 다룬다.

- 구체적 수업목표 달성을 위해 구체적 교수활동 전개
- 학생에게 적극적 학습동기 유발 촉진
- 완전학습 위해 가장 중요한 단계
- 형성평가: 수업전개 과정의 일부로서 교육목표 달성도를 파악하는 것

④ 평가(evaluation): 교수-학습이 바르게 진행되었는가를 확인하는 것으로, 수업이 끝난 후 설정된 수업목표에 근거하여 학습 성과를 평가하며, 평가결과는 다음 단위의 수업과정 설계의 시초자료로 이용되어 계속적인 피드백이 이루어진다.

2. 딕(W. Dick)과 캐리(L. Carey)의 체제적 교수설계모형

1) 모형의 특징

Dick & Carey의 교수체제설계 모형은 체제 접근에 입각하여 교수설계, 교수 개발, 교수 실행, 교수 평가의 과정을 제시하는 대표적인 모형이다. 이 모형은 2세대 모형으로 가장 유명한 모형으로 70년대부터 현재까지 활용되고 있는 모형으로서 세밀화된 과정과 체계적 사고의 적용이 가장 강조되는 모형이다. 이렇듯 2세대 모형은 현재까지 사용되고 있는 모형으로 너무 기계적이고 비탄력적인 과정에 의해서 과정개발이 이루어졌다(권대봉, 2003).

2) 구성요소 설명

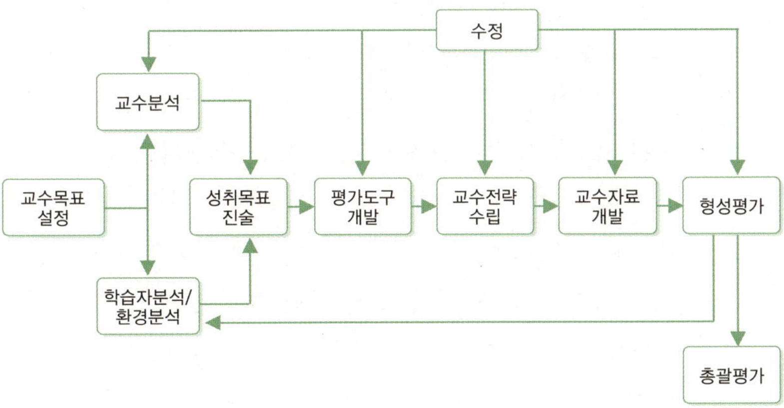

<그림 2-2> Dick & Carey의 체제적 교수설계모형

(1) 교수목표는 학습자가 학습 완결 후 결과로서 무엇을 기대할 수 있는가는 결정하는 과정이다. 최종 교수 목표는 교과의 학습 목표나 또는 요구분석의 결과 등으로부터 추출된다.

(2) 교수분석은 교수 목표가 정해진 뒤에 그 목표가 어떤 유형의 학습인가를 결정하는 과정이며 그 목표를 성공적으로 학습하기 위해서 학습자가 학습해야 하는 하위 기능을 분석하는 것이다. 교수분석의 단계는 우선 그 목표가 어떤 학습 영역에 속하는지를 분류하는 것이다. 그 목표는 지적 기능(intellectual skills), 언어적 정보(verbal information), 인지적 전략(cognitive strategy), 운동 기능(psychomotor skills), 태도(attitudes) 중 하나이다. 첫째, 지적 기능은 학습자가 하나의 문제를 해결할 수 있어야 하고 생소한 정보나 예를 가지고 하나의 활동을 할 수 있는 인지적 활동을 요구하는 기능이다. 여기에는 두 가지 사물이 같은지 다른지를 구분할 수 있는 기능이자 가장 하위 기능인 변별(discriminations), 이름이나 특징에 따라 사물을 분류할 수 있는 기능인 개념(concepts), 여러 개념들이 모여 이루어진 원리(principles)나 규칙(rules), 이를 적용하는 문제 해결(problem solving) 등 네 가지 기능이 위계적으로 존재한다. 둘째, 언어적 정보는 특정 자극에 대해 회상하는 것으로 정의 혹은 기술할 수 있는 목표이다. 셋째, 근육 운동을 수행해야 하는 운동 기능 목표가 있다. 넷째, 어떤 행동을 선택하는 것을 진술한 태도 목표가 있다. 하위 기능 분석은 목표를 성취하기 위해 요구되는 하위 기능을 분석하는 것을 말한다. 하위 기능 분석 방법에는 위계적 분석, 절차적

분석, 군집분석, 통합적 교수 기법 등이 있다. 하위 기능 자체는 상위 기능을 학습하기 위해 반드시 필요한 기능으로 목표 영역 특성에 따라 분석 방법이 다르다. 첫째, 지적 기능의 하위 기능인 변별, 개념, 원리를 분석하는 위계적 분석이 있다.

둘째, 단계로 이루어진 운동 기능을 분석하는 절차적 분석이 있다. 셋째, 언어정보를 군집적 분석이 있다. 넷째, 태도 영역은 위의 분석 방법을 통합적으로 적용한다.

(3) 학습자 및 환경 분석은 교수 활동 설계에 중요하게 고려되어야 할 사항인 학습자들의 역량이나 구체적인 특성을 살펴보는 과정이다.

(4) 성취 목표 진술은 교수 프로그램의 학습 결과로서 학습자가 행동으로 보여줄 수 있는 것이 무엇인가를 구체적으로 진술하는 과정이다. 이렇게 진술된 성취목표는 나중에 평가를 위한 준거 기준이 된다.

(5) 평가 도구 개발은 학습자가 최종목표에 얼마나 도달하였는가를 측정할 수 있는 검사 문항을 개발하는 과정으로 검사 문항과 최종목표에서 진술한 성취 행동이 반드시 일치하고 있어야 한다.

(6) 수업 전략 수립은 최종 목표를 성취하기 위해 학습의 전달 방법과 전달 매체를 결정하고 특히 제시되어야 할 학습 사태를 결정하는 것이다.

(7) 수업 자료 개발은 앞서 고안한 교수사태를 가장 효과적으로 전달하기 위한 교수 자료를 제작하거나 기존의 자료를 선택하는 과정이다. 여기서 교수 자료란 메뉴얼, 평가 자료, 교사 지침서 등을 포함한다.

(8) 형성 평가 설계 및 실행은 교수 프로그램의 초고가 완성되면, 교육 프로그램의 질을 개선하기 위한 일련의 평가가 실시된다. 일대일 평가, 소집단 평가, 현장 평가와 같은 유형의 평가가 실시되어 설계한 교수 프로그램을 개선하는데 사용될 수 있는 다양한 정보를 확보하게 된다.

(9) 교수 프로그램 수정은 형성 평가의 결과를 토대로 교수 프로그램을 재검토하여 대다수의 학습자에게 최적화된 완벽한 프로그램을 제공하는 것을 목표로 하고 있다.

(10) 총괄 평가 설계 및 실행은 교수 프로그램의 효과를 총체적으로 알아보는 평가 과정으로 교수 프로그램의 절대적 혹은 상대적 가치를 평가한다.

3. ADDIE 모형

1) 모형의 특징

실제 교수체제 설계를 위해 쓰이는 가장 대표적이고 일반적인 모형으로 3세대 모형에 해당한다. 1980년대부터 현재까지 활용되는 모형이다(권대봉, 2003). ADDIE 모형은 분석(Analysis), 설계(Design), 개발(Development), 실행(Implementation), 평가(Evaluation)의 앞 글자를 따서 만든 것으로 요구에 입각하여 투입의 최소화와 성과의 최대화를 모색하는 절차적 모형이다.

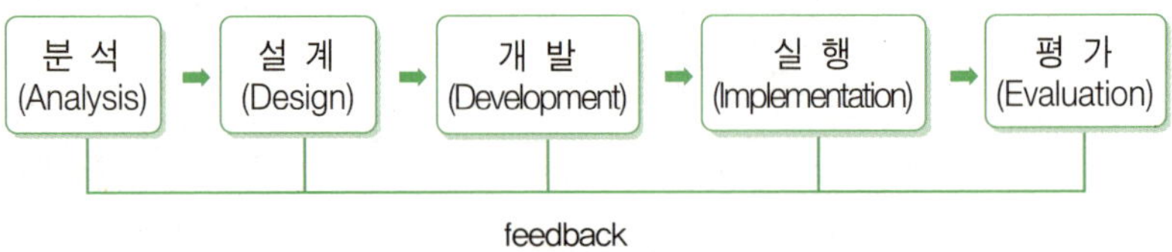

<그림 2-3> ADDIE 모형에 의한 교수설계 절차

(1) 분석(Analysis): 설계를 위한 조직적인 계획을 결정해야 하는 단계로 요구분석, 교육을 통해 문제해결 가능여부 분석, 학습자 분석, 환경분석(교수-학습 상황과 조건, 가용자원 등), 직무 및 과제 분석(교수내용에 관한 정보를 제공해주기위해 가르쳐야할 모든 종류의 지식이나 기능을 분석하는 과정-가네의 분석: 언어정보, 지적기능, 인지전략, 태도, 운동기능-위계, 군집, 통합분석)을 하는 단계이다.

(2) 설계(Design): 효과적이고 효율적인 교육훈련 프로그램을 개발하기 위하여 분석 과정에서 나온 산출물을 창조적으로 종합하는 일. 이 단계에서는 수행 목표의 명세화, 평가 도구의 개발, 계열화, 교수전략과 매체의 선정을 통하여 교육훈련의 전체 모습, 즉 청사진 또는 설계 명세서를 만들어 낸다.

(3) 개발(Development): 분석과 설계 단계에서 만들어진 청사진에 따라 수업에 사용될 교수자료를 실제로 개발하고 제작 및 수정한다.

(4) 실행(Implementation): 설계되고 개발된 교육 프로그램을 실제 현장에 사용하고, 이를 교육 과정에 반영하며 계속 유지, 관리하는 활동이다.

(5) 평가(Evaluation): 가치나 유용성을 평가함. 평가방법은 주로 준거지향 검사, 학생 설문지, 학생 면접 등을 이용하여 교수설계 과정의 효율성을 평가하고 교수 내용이 효과적으로 전달되었는가를 평가한다.

2. 교수설계의 요소

(1) 교수상황은 교수조건과 교수성과로 구분된다. 교수조건이란 학습내용, 학습자특성, 학습환경, 제한조건을 의미. 교수성과는 효과성, 효율성, 매력성으로 구분된다.

(2) 교수방법은 조직전략, 전달전략, 관리전략으로 구분된다. Reigeluth : 교수조건(학습자특성)-교수방법(전략)-교수성과(효과성, 효율성, 매력성)

3. 기타 교수설계모형

1. 가네(Gagné)의 교수설계모형

1) 5가지 학습영역

① 지적기능: 읽기, 쓰기, 구분, 결합, 분류, 수량화 등의 상징의 사용. 방법을 아는 것. 즉, 절차적 지식 인지적 활동

② 언어정보: 사실이나 사태 혹은 생각을 말로 표현할 수 있는 학습된 능력 특정자극에 대한 회상

③ 인지전략: 자기 나름의 학습된 학습방법, 기억방법, 사고방법

- 학습이나 사고에 대한 통제 및 관리 능력이다.
- 다양한 상황에서의 문제해결 경험을 통해 개발된다.
- 비교적 오랜 기간에 걸쳐 습득되는 창조적 능력이다.

④ 운동기능: 공던지기, 운전 등과 같이 조직된 운동행위를 시행하는 움직임

⑤ 태도: 행동선택

2) 8가지 학습위계

① 신호학습: 파블로브의 고전적 조건화 학습

② 자극-반응학습: 스키너의 조작적 조건화, 임의의 행동이 강화로써 형성

③ 연쇄학습: 자극-반응학습에서 습득한 개별 행동들이 연속적으로 질서있게 이루어지는 학습(운전)

④ 언어연합학습: 언어의 연쇄학습, 개별적 언어가 순서에 알맞게 연결됨

⑤ 변별학습: 하나의 자극특성을 다른 자극특성과 구별하고 서로 다른 기호를 구별해내는 학습된 능력

⑥ 개념학습: 사물이나 사태의 분류를 통해 얻어지는 학습의 유형으로 본질적 공통성을 발견하여 사물을 분류할 수 있게 되는 것

⑦ 원리학습: 이미 습득한 개념들을 결합하거나 관계를 맺음

⑧ 문제해결학습: 원리를 결합해서 새로운 문제 상황에 적용하거나 응용하는 것

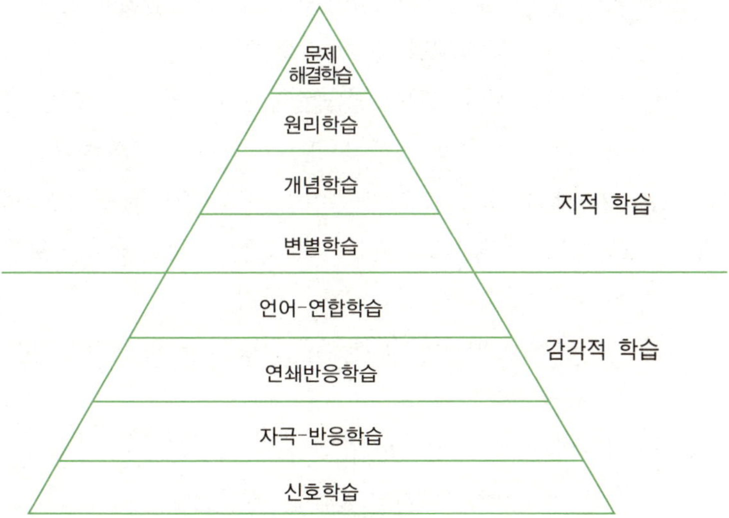

<그림 2-4> 가네(Gagné)의 8가지 학습위계

3) 9가지 교수사태

Gagné는 학습자의 학습을 촉진하기 위해 학습자 내부(두뇌)에서 발생하는 학습의 과정을 이해하고, 이 과정에 맞추어 수업을 해야 한다고 주장하였다.

① 주의력의 획득(주의집중): 질문을 던지거나 시청각적 자극을 활용하여 학습자의 흥미를 유발하고 주의력을 획득한다.

② 학습자에게 수업목표 알리기: 학습이 끝났을 때 학습결과로 인하여 학습자에게 어떤 변화가 나타날 수 있는지에 대해 기대감을 준다.

③ 선수학습의 회상을 자극하기: 학습자에게 새로운 정보를 제시해 주기 전에 그 정보와 관련된 선수학습을 점검하고, 선수학습 내용을 알려 주며 회상시켜 준다.

④ 학습내용 제시하기: 학습자에게 학습할 내용을 강의, 시청각 자료 등을 활용하여 전달한다.

⑤ 학습 안내 제시하기: 학습된 정보가 학습자의 장기기억에 유의미하게 저장될 수 있도록 안내한다.

⑥ 수행 유도하기: 질문, 연습문제 풀이, 과제 수행 등을 통해 학습자가 학습한 내용을 명료화하도록 도와준다.

⑦ 피드백을 제공하기: 수행이 성공적이면 긍정적인 피드백(강화)을 제공하고, 개선이 필요한 학생들에게는 보충학습이 이루어질 수 있도록 유도한다.

⑧ 성취행동을 평가하기: 새로운 학습을 위한 준비가 되었는지를 결정한다.

⑨ 파지와 학습의 전이를 증진하기: 학습된 지식을 다른 상황으로 적용할 수 있는 경험을 제공한다.

2. 켈러(Keller)의 교수설계모형: ARCS 모형

ARCS 모형은 Keller에 의해 주장된 교수설계모형으로서 학습자의 동기를 증진시키기 위한 체제적인 설계방법을 설명하고 있다. 이 ARCS 모형은 주의(Attention), 관련성(Relevance), 자신감(Confidence), 만족감(Satisfaction)의 앞 글자를 따서 만든 것으로 각 요소마다 세 가지 하위 범주를 밝히고 각 동기요소들을 유발하는데 필요한 구체적 전략을 제시하였다.

표 2-1 Keller의 학습 동기 유발 모형(ARCS 모형)

주의 (Attention)	호기심과 관심을 유발/유지시키는 역할을 수행 학습동기가 유발되고 유지되기 위한 필수요건임
관련성 (Relevance)	학습과제가 자신의 개인적 흥미나 삶의 목적과 관련되어 있어야함 친숙한 사례를 제공해야 함
자신감 (Confidence)	학습을 성공적으로 완수할 수 있다는 인식을 갖도록 해야 함 노력에 따라 성공할 수 있다는 자신감을 제공하는 것이 중요
만족감 (Satisfaction)	만족감은 유발된 학습자의 동기를 지속적으로 유지시켜주기 위한 것:수행결과에 대한 학습자의 인지적 평가 및 피드백이 중요

Keller는 수업의 효과가 동기(motivation)와의 밀접한 관련이 있음을 강조하면서 수업의 효과를 극대화하기 위해서는 학습동기를 수업시간 내내 지속적으로 유지할 수 있는 체계적이고 구체적인 접근 방법이 필요하다고 주장하였다.

1) 주의(Attention)

① 지각적 주의 환기: 시청각 매체, 새롭고, 놀라운 것, 기존의 것과 모순되는 정보를 사용함으로써 학습자의 주의를 획득한다.

② 탐구적 주의환기: 질문, 문제해결 등을 통해 학습자의 호기심과 탐구심을 자극하여 학습에 대한 기대감을 갖게 한다.
③ 다양성 추구: 정보제시, 연습, 토론 등 수업의 요소를 변화시킴으로써 학습자의 흥미를 지속시킨다.

2) 관련성(Relevance)

① 친밀성: 친밀한 이름, 인물, 그림 등을 사용하거나 친숙한 배경 지식을 이용하여 학습자의 경험과 수업내용을 연결한다.
② 목표지향성: 학습목표와 미래의 실용성과의 관계 설명
③ 필요나 동기와의 부합성: 학습과정 중에서 학습자의 성취욕구와 소속감의 욕구를 충족시킬 수 있도록 유도한다.

3) 자신감(Confidence)

① 학습의 필요조건 제시: 학습목표 및 평가기준의 명확한 제시, 성공적인 학습에 필요한 선수학습 지식, 태도 등에 대해 명확히 알려 줌으로써 성공적인 학습의 가능성 여부를 짐작하도록 도와준다.
② 성공의 기회 제시: 쉬운 내용부터 어려운 내용으로 수업을 조직하는 등 수업의 적정한 난이도를 조정하고 학습이 어느 정도 이루어진 다음에는 다양한 연습, 적용의 기회를 제공하여 자신감을 심어준다.
③ 개인의 조절감 증대: 학업 성취가 운이나 과제의 쉬움에 의한 것이 아니라 개인의 내적 요인(능력, 노력)에 의한 것임을 부각시켜 자신감을 높여 준다.

4) 만족감(Satisfaction)

① 자연적 결과 강조: 학습이 끝난 후 습득한 지식을 실제 또는

모의 상황에 적용해 볼 수 있는 기회를 제공하여 만족감을 높인다.

② 외적 보상: 바람직한 행동을 계속 유지할 수 있도록 강화와 피드백을 제공한다.

③ 공정성: 수업내용을 학습목표와 일관성 있게 제시하고 학습한 내용과 평가 문항을 일치시키는 등 학업성취에 대한 기준과 결과가 일관되게 유지시킨다.

3. 라이겔루스(Reigeluth)의 교수설계모형 : 정교화 이론

1) 모형의 특징

교수 내용을 선택하고, 계열화하여, 종합 요약하기 위한 거시적 수준(Macro level)의 조직 이론으로서, 여러 가지 사상을 어떻게 연결, 계열화하는가에 대한 교수전략을 다루고 있다. 거시적 수준에서 어떻게 교수내용을 선택하고 계열화하여 요약, 종합할 것인가에 대한 전략과 과정이라는 특징을 갖고 있다.

대요(epitome)라는 교수의 전체적인 윤곽을 시작으로 하여 점차 세분화하고 구체적인 내용으로 정교화하는 전략을 택하고 있다.

① 대요(epitome): 전체 내용의 핵심적인 것을 전달하기 위해 기본적인 원리나 아이디어들을 학생의 적용 수준에서 사전 지식이나 경험과 관련지을 수 있도록 해 주는 예와 연습을 충분히 제공하여 가르치는 것이다.

② 각각의 학습 단위에서는 교수 내용이 복습되고 최근의 학습은 이전의 선행 학습과 연관지어 설명되고, 학습 내용의 요약과 종합이 뒤따르면서, 학습 목표에 설정된 상위 차원의 내용에 이를 때까지 정교화 과정은 단계적으로 계속된다.

③ 전체적 윤곽(대요-Epitome)을 제시하는 것으로 시작하여 점차 구체화되고 세부화 되면서 이미 제시되었던 일반적이고 간단하면서 기초적인 내용을 정교화 해준다.

④ 교수는 간단하고 기초적인 것부터 시작하여 보다 구체화되고 복잡한 수준으로 옮겨간다(예: 정교화의 과정: 유화를 그리는 과정 비유, 사진기의 줌 렌즈 비유(먼저 광각을 통해 사물의 전체적인 모습을 관찰하여 각 부분들이 서로 어떠한 관계를 형성하는지 파악한 뒤, 각 부분별로 들어가 세부 사항들을 관찰하는 것)).

2) 정교화 이론의 7가지 교수 전략

표 2-2 정교화 이론의 7가지 교수 전략

전략	내용
① 정교화된 계열	• 교수 내용을 단순 또는 간단한 것에서 복잡하고 세부적인 것으로 사상이나 개념, 절차들을 덧붙이거나 제거하는 차원에서의 계열화임
② 선수학습 능력의 계열화	• 학습의 구조에 기초를 둔 전략으로 새로운 정보를 배우기 전에 어떤 지식이나 정보를 먼저 배워야 할지를 보여주는 것으로 설명됨 • 새로운 지식을 도입하기 전에 그 지식 습득을 위해 필요한 모든 선수 능력이 갖추어지도록 수업을 순서화하는 것)
③ 요약자 (Summarizer)	• 학습한 내용을 체계적으로 복습하는 데 사용되는 전략 요소 • 요점적 진술을 제공하고, 전형적이고 쉽게 기억될 수 있는 예를 제공하고 개개의 사상에 대한 진단적 자가평가 문항을 제공
④ 종합자 (Synthesis)	• 개개의 아이디어를 서로 연결시키고, 통합시키기 위하여 필요한 정교화이론의 전략 요소로 학습자에게 필수적이며 가치 있는 지식을 제공하고 개개 사상의 심도

	있는 이해를 촉진하며 교수 전반에 대한 의미성, 흥미를 향상하며, 학습한 내용에 대한 기억을 증진
⑤ 유추(Analogy)	• 새로운 정보를 학습자에게 친숙한 아이디어로 연결시켜 이해할 수 있도록 도와주는 교수의 전략요소
⑥ 인지전략자극자 (Cognitive-Strategy Activator)	• 학습 과정에서 학습자가 자신의 인지전략이나 과정에 대하여 인식하고 그것을 적절히 조절할 수 있을 때 보다 능동적으로 참여하게 되고 학습 효과도 커진다는 연구에 기초를 둔 기본 전략
⑦ 학습자 통제 (Learner Control)	• 학습자가 자신이 학습한 내용과 다양한 학습 전략들을 선택하고 계열화하여 어떻게 공부할 것인가를 스스로 결정할 수 있는 것

3) 개념학습: 개념의 제시 → 연습 → 피드백

표 2-3 개념학습의 단계

단계	설명
개념제시	• 일반성, 사례를 활용하여 개념을 제시한다. • 전형적인 예, 덜 전형적인 예, 비전형적인 예를 활용한다.
연습	• 연습할 수 있는 기회를 제공한다.
피드백	• 옳은 답을 유도, 옳은 답에 칭찬, 잘못된 답에 교정적 피드백

CHAPTER 3

평생교육방법의 역사

제 1 절 평생교육방법의 역사

1. 원시시대

교수방법의 기원은 크로마뇽 동굴벽화에서부터 찾을 수 있다. 생존을 위해서는 자손에게 교육하지 않으면 안 되었던 것이다. 즉, 인류는 일반적으로 석기 시대 초기부터 지식을 축적해왔다고 할 수 있다. 원시 인류는 나무나 돌 등을 변형시켜 간단한 도구로 만들어 사용하기 시작했고 자손들의 생존을 위해 가장 간단한 형태의 교육훈련을 실시하였고 이것이 그 당시의 교육방법의 근간이 되었다. 그 당시의 생활 특성이 씨족, 부족에 기반을 두었기에 생존방법의 전수는 지극히 비형식적이며 비체계적인 형태로 수행되었다는 것이 특징이다(권대봉, 2003). 역사적 문헌에 의하면 B.C 6000년경 원거리 수송의 가장 빠른 형태는 평균 시속 8마일 속력인 낙타대상(CARAVAN)이다. 통신의 발달로 석기시대에는 5000년이 걸렸을 발견과 고안이 오늘날에는 초단위로 이루어지고 있다.

2. 고대 · 중세시대

교육방법의 역사를 볼 때 가르치는 일을 공식적으로 시작한 것은 고대 희랍시대로서 소피스트와 소크라테스의 수사학파가 존재했던 기원전 4~5세기로 거슬러 올라간다(Saettler, 1990). 이들은 주된 교육방법으로 준비되고 잘 고안된 강연, 즉흥적인 강연, 자유토론 등을 사용하였다. 당시 큰 비중을 차지한 것은 수사법의 학습으로 소피스트들은 수사법을 가르치는 데 이론과 실제를 접목시켰다. 이들은 우선 수사의 원칙과 이론을 가르친 이후 모범 사례를 제시함으로써 학생이 이를 모방 · 분석 · 토론하고 실제로 연습해 볼 수 있게 했다(백영균 외, 2010).

중세시대에는 길드(관심 또는 목적이 같거나 유사한 사람들끼리 모여 만든 연합)가 번성하였다. 길드의 회원으로 장인은 일과 관련된 모든 원료를 총괄하였고 도제는 장인과 함께 살면서 실제로 임금을 받지 않고 훈련과 지도를 받았다. 직공은 도제단계를 통과했으나 장인의 자격을 갖추지 못한 부류이다. 이들은 장인아래서 일을 하며 그의 노동에 대한 고정된 수입을 받았다.

3. 산업화시대

산업혁명이 약 1750년경 영국에서 시작한 이래로 산업화로 인한 구체적인 직업훈련의 필요성이 대두되었다. 가내수공업적인 산업은 쇠퇴하기 시작하였고 대량공장화가 성행하게 되었으며 공립학교의 출현과 산업화로 인해 개인이나 가족중심의 생활 형태를 벗어나 대규모 조직과 도시사회에 초점을 맞추게 되었다.

1800년대 들어서서 우편제도를 이용한 통신교육이 시작되었다. 1800년대 중반 대학에서 실시된 우편제도에 기초한 통신교육의 특징은 우편제도와 인쇄교재를 이용했다는 점이다. 교육내용으로는 실용적인 기술교육과 어학 등이 중심이 되었다. 이러한 형태의 통신교육은 성인 중심의 보완교육 형태로 시작되었다가 공교육 기관을 통해 정상적인 교육의 기회를 가질 수 없는 학습자들로 그 대상을 확대시켜나갔다.

1824년 Rensselaer Polytechnic Institute가 전통적인 벽을 허물고 처음으로 공과대학이 된 이래로 성행되었다. 뉴욕의 Cooper Union이 1884년 저녁시간을 이용한 직업교실을 조직한 이래로 1886년 신시내티, 클리블랜드, 토론토, 시카고 등에 manual training school이 설립되었다. 초기 산업시대 미국 공교육 체계는 미흡하였기 때문에 훈련은 회사나 산업체에서 이루어졌다. 때로는 직업교육을 담당하는 교육기관에도 도움을 요청하였다. 이 시기의 주요훈련기술은 시뮬레이션, 역할놀이 등이다. 1870년대 하버드 법대의 Christopher Langdell은 사례연구법(case study)을 개발하였다. 사이코 드라마와 역할놀이는 1910년 오스트리아의 Moreno박사에 의해 시작되었다. 이 기술은 1930년대 초에 공표되었고 그 후 박사는 미국으로 건너오게 되었다.

4. 현대시대

1. 1900~1920년대

1900년 초기에 직업교육이 상당히 확대되었다. 1906년 산업교육에 관심이 있는 250명의 핵심 교육자들이 뉴욕에 있는 Cooper Union에서 만나 미국 산업교육진흥학회(National Society for the Promotion of Industrial Education)을 결성하였다. 1913년 뉴욕대학에서 미국 기업학교협회가 설립되었다. 1910년에는 포드자동차의 생산라인 교육훈련이 활발하였고 1920년에는 경제적 번영으로 통신교육학교가 승인을 얻어 산업근로자의 요구를 충족시켰다.

2. 1930~1960년대

1) 1930~1940년대

1800년대 대학에서 통신교육의 일환으로 인쇄와 우편을 통한 제1세대 원격교육이 이루어졌었고 1930년대 초에 라디오 방송으로 시작된 대중 전파매체를 통해 제 2세대 원격교육이 시작되었다. 1930년대는 경제 불황으로 인해 사내 훈련프로그램이 많이 파기가 되었다. 1940년대는 미국에서 레빈(K. Lewin)등에 의하여 NTL(National Training Laboratories)을 중심으로 발단된 집단적 창조적 개발기법인 T그룹이 사용되었다. 감수성훈련(sensitivity training), 엔카운터그룹(encounter group), 게스탈트그룹(gastalt group) 등 주로 체험학습을 통해 자기 자신을 좀 더 깊이 이해하고 수용하는 태도를 기르며 대인관계의 능력을 기르고 집단의 성숙과정을 체험해서 자기 자신을 성숙시키거나 조직내의 갈등이나 불만을 처리해서 조직력을 강화하는 특수훈련이다. 감수성훈련, T그룹 방법은 실천연구로 발전하여 조직개발의 확산에 크게 기여하였으며 1972년 한국에 처음 도입되었다.

1940년대 미국 판매훈련 경영자 협회에서 최초의 훈련 책임자들이 모였다. 1947년에는 훈련실험실(Training Laboratory)학습방법이 시도가 되었고 1950년대에는 최초의 비즈니스 게임이 시행되었다. 5명의 선수가 5개의 팀을 구성하고 각 팀은 판매경쟁을 하는 식이었다.

2) 1950~1960년대

1952년에는 텔레비전이 교수매체로 사용되기 시작하여 그 이후를 기점으로 원격교육의 지평이 확대되기 시작하였다. 1958년 미국의 심리요법학자 Eric Berne이 교류분석(Transactional Analysis)를 창안, 국내에는 1980년경 도입되었고 각종 연수에서 대인관계향상기법으로 활용된다. 원만한 인간관계를 형성하게 도와주는 방법론으로 처음에는 집단정신치료를 목적으로 만들었으나 세일즈 훈련, 조직개발 훈련 등에도 많이 사용되고 있다. 1960년대 후반에는 미국의 심리학자 칼 로저스(Carl Rogers)가 내담자 중심의 상담요법에서 집중적인 그룹체험방법을 생각해내 발전시킨 엔카운터 그룹(encounter group)이 성행했다. 엔카운터 그룹 방식은 구상적 그룹(리더하에서 과제가 미리 결정되고 진행되는 것)과 비구상적 그룹(과제를 준비하지 않고 퍼실리테이터와 함께 참가멤버가 내면적인 상호교류를 해나가는 것)으로 크게 나눌 수 있다.

1960년대는 프로그램 학습(Programmed Instruction)이 가장 인기가 있었다. 프로그램 학습은 교사주도 위주의 전통적 교육방법의 문제점을 해결하기 위하여 1950년대 중반 교육공학발달에 많은 영향을 미친 행동주의자인 Skinner의 강화이론을 토대로 대두된 교수방법이다. Skinner는 프로그램 학습을 위해 하드웨어로서 기계적 학습장치인 교수기계(teaching machine)와 프로그램 학습 교재를 개발하였다. 1962년에는 미국프로그램 학습학회가 조직이 되었고 ASTD회원들도 많이 가입하였다.

1950년대는 우리나라에 라디오 원격교육이 태동된 시기였다. 우리나라에서 라디오에 의한 교육방송이 6.25동란 중 1951년

KBS라디오가 교사를 대상으로 라디오 학교를 운영하면서 시작되었다. 라디오에 의한 교육방송은 1960년대 말까지 유일한 원격교육의 형태로 유지되었으며 1969년에 이르러서야 텔레비전에 의한 TV학교방송이 시작되었다.

3. 1970~1990년대

1) 1970~1980년대

1969년 영국은 대중전파매체를 통한 원격고등교육기관인 개방대학(OU)를 설립함으로써 원격평생교육이 급속한 성장을 하게 되었다. 이후 전 세계적으로 방송학교, 개방학습센터, 방송대학, 개방대학 등이 설립되기 시작했다. 우리나라도 외국의 원격대학 성공사례를 참고하여 1972년 한국방송통신대학 설치령에 따라서 서울대학교 부설 한국방송통신대학이 개교하였다. 원격평생고등교육이 시작된 것이다. 또한 1972년 국가 교육기관으로서 한국교육개발원(KEDI)이 설립되고 이를 중심으로 초중등학생 대상의 라디오 교육 프로그램과 방송통신 고등학교 프로그램이 제작되면서 방송을 통한 교육이 본격적인 궤도에 오르게 되었다(임철일, 2011). 중국은 1970년대 말에서 1980년대 초 인구의 증가로 대학교육에 대한 수요를 충족시키기 위해 국가 차원의 원격고등교육 프로그램을 시작하여 고등교육 수혜자의 20%이상의 인구를 원격교육이 담당하였다.

2) 1990년대

1990년대에 들어와서 원격평생교육은 이전보다 훨씬 더 양상이 다양해지고 확대되었다. 미국과 캐나다는 원격 영상강의체제를 활용한 원격교육을 활발히 실시하였고 1990년대 중반에는 시간과 공간의 제한을 받지 않는 온라인교육을 통한 원격교육이 급속도로 확산되었다. 초기 컴퓨터 네트워크를 활용하는 원격교육은 컴퓨터 컨퍼런스, 오디오그래픽 컨퍼런스, 양방향 비디오 컨퍼런스 등의 형태가 제안되었다. 기본적으로 이러한 형태는 컴퓨터와 네트워크를 활용하여 오디오 및 비디오 자료가 전송되며 교수자와 학습자 간의 쌍방향 의사소통이 이루어지는 방식을 보여준다. 이 과정에서 사이버학교나 사이버대학, 가상대학 등 새로운 원격교육기관들이 많이 설립되었다.

4. 2000년대~현재

2001년 디지털 TV방송국이 개국되었고 2002년에는 위성방송서비스의 시작으로 채널이 다양화되었으며 이후 2004년부터 수능강의와 어학 사이트, 영어교육 전문 채널 개국 등 세분화된 영역으로 특성화된 서비스를 제공하고 있다. 또한 TV를 시청하며 학습하는 형태에서 벗어나 2005년 DMB 방송, 2008년 IPTV, 2010년에는 모바일 서비스 등을 제공하여 다양한 매체를 이용하여 학습할 수 있도록 하는 서비스를 확대하였다. 컴퓨터, PMP, 스마트폰 등을 활용하여 언제 어디서나 학습할 수 있는 환경이 구현되었다.

정보통신기술의 급격한 발달, 국가 주도의 정보통신 활용촉진 전략 그리고 평생교육의 확대 요구 등에 맞물려서 4년제 및 2년제 사이버대학이 2001년에 설립되었다. 2010년 현재 총 19개의 대학에서 240개의 전공학과가 개설이 되어 있다(임철일, 2011).

2012년 현재 원격대학에는 사이버대학, 방송통신대학, 그리고 원격대학 형태의 평생교육 시설이 있다. 사이버대학과 방송통신대학은 고등교육법상의 학교이며, 원격대학 형태의 평생교육 시설은 평생교육법상의 평생교육 시설이다. 2009년도에 사이버대학의 가장 큰 변화는 사이버대학에도 특수대학원을 둘 수 있는 제도의 도입일 것이다. 사이버대학의 특수대학원 설치는 2007년 「고등교육법」 일부 개정과 2008년 「사이버대학 설립 · 운영 규정」 제정으로 가능해졌다. 「고등교육법」 제29조(대학원)에 사이버대학이 추가되어 근거법이 생겼고, 이어 「사이버대학 설립 · 운영 규정」 제3조(특수대학원) 규정을 두면서 설치법령이 마련되어 원격평생교육의 지평이 더욱 확대될 전망이다.

CHAPTER 4

평생교육방법의 기초

제 1 절 평생교육의 개념

1. 평생교육의 정의

협의의, 법적 의미는 "평생교육"이란 학교 정규교육과정을 제외한 학력보완교육, 성인 기초 · 문자해득교육, 직업능력 향상교육, 인문교양교육, 문화예술교육, 시민참여교육 등을 포함하는 모든 형태의 조직적인 교육활동을 말한다(평생교육법 제2조).

학문적 의미(광의)는 인간의 삶의 과정에서 이루어지는 교육 및 학습 현상의 총칭으로 태교에서부터 노인교육에 이르기까지를 수직적으로 통합한 교육과 가정교육, 사회교육 및 학교교육을 수평적으로 통합한 교육을 말한다. 이상과 같이 평생교육법에서 학교교육을 평생교육의 개념에서 제외하는 것은 학교가 본원적으로 평생교육과 별개의 영역이라기보다는 학교가 평생교육 가운데에서도 일종의 '특별한 종류의 평생교육'으로서 별도의 관리가 이루어지기 때문이다. 초중등교육법 및 고등교육법이라는 별도의 관리체제를 가지고 있기 때문이다. 이러한 현상은 그리 오래 갈 것으로 보이지 않는다. 평생교육법의 법적 영향력이 분명

초중등교육 및 고등교육과의 탈경계적으로 나타나고 있기 때문이다(한숭희, 2010).

주요 학자들의 평생교육에 대한 개념 정리를 살펴보면 다음과 같다.

1) 랭그랑(Lengrand, P.)

랭그랑은 평생교육에서 인간의 종합적 성장 특히 인성발달의 전인성과 계속성을 강조하였다. 유네스코 평생교육의 기본 원리를 제시한 랭그랑은 평생교육의 통합의 원리를 수직적 교육과 수평적 교육의 통합에 두었다. 수직적 교육의 통합은 요람에서 무덤까지 일생 동안 계속되는 교육의 단계가 단절되지 않고 일관성 있게 통합되는 것을 의미하며 수평적 통합은 가정교육, 학교교육, 사회교육과 같은 교육 영역이 긴밀하게 연결 · 통합되는 것을 의미한다.

2) 젤피(Gelpi, E.)

랭그랑의 후임자로 유네스코 평생교육 국장을 맡은 젤피의 관점은 평생교육은 학교 교육과 학교졸업 후 교육훈련을 통합하고 형식교육과 비형식 교육의 관계를 발전시켜 개인과 지역사회가 최대한 문화적, 교육적 발달을 실현할 수 있도록 교육정책의 중심적인 요소를 구성하는 것이다. 젤피는 특히 억압적인 세력, 즉 정부와 기업, 그리고 경제적으로 잘 사는 국가들이 평생교육을 이데올로기로서 이용하고 있다는 점을 지적하면서 인간 억압의 현실을 변혁하는 활동으로서의 평생교육 즉, 적극적으로 참가하고 소외된 자들이 받을 수 있는 교육으로의 전환을 위한 평생교육을 강조하였다(차갑부, 2004).

3) 데이브(Dave, R. H.)

데이브는 평생교육의 의미를 포괄적으로 정의하고 있다. 평생교육이란 개인적 및 사회적 삶의 질을 계속적으로 향상시키기 위해 평생 동안에 걸쳐 연장 실시되는 모든 형태의 형식적, 비형식적, 무형식적 학습활동을 포함하는 복합적이고 통합적인 개념이다. 데이브는 평생교육의 역할을 각 개인이 전 생애에 걸쳐 자신의 삶의 질적 향상을 최고도로 성취하도록 도와주는 것이고 사회적 선을 최대한 실현시키는 것이라 정의한다.

랭그랑과 데이브 모두 인간존재를 위한 교육으로서 인간 개개인이 자기의 삶을 주도할 수 있도록 각자의 인성을 중시하는 교육이어야 한다는 것을 평생교육의 기본철학으로 제시하였다.

4) 노울즈(Knowles, M.)

노울즈는 평생교육의 하나의 실천행위로서 자기주도적 학습을 강조하였다. 자기주도적 학습이란 성인의 자율적인 학습 행위에 중점을 두고 해석, 개개인이 타자의 힘을 빌리지 않고 자신의 학습요구를 진단하고 학습의 목표를 설정하며 또한 인적 · 물적인 자료를 발견하여 학습 성과에 대한 평가까지 스스로 내리는 과정이다. 노울즈는 안드라고지(Andragogy)라는 새로운 용어를 소개했다.

이 밖에도 한숭희(2010)에 따르면 평생교육은 평생학습이라는 정신을 실현시키려고 노력하는 모든 종류의 교육활동으로 규정할 수 있다. 실천 장면에 있어 평생교육이란 교육적 조건을 만족시키는 일체의 교습행위로서 학습자의 전 생애(lifelong)에 걸쳐 이루어지는 전 사회적(lifewide) 교육을 포괄적으로 지칭한다.

청소년, 성인학습자를 불문하고 학습자들의 자기주도성에 대한 강조가 주를 이루는 요즘에 평생교육과 평생학습에 대한 개념 정의를 내리면 다음과 같다.

평생학습은 학습은 어디까지나 본인의 자주적·자발적인 의지에 바탕을 둔 것이어야 하므로 전 생애에 걸쳐 자기 경험을 구성해 가는 자기주도적 학습과정을 일컫는다. 평생교육은 평생학습의 과정이 학습자의 내면적 성장과 통합에 충실하도록 우선적으로 지원하고 돕는 비교적 장기간의 일반 교육과정이다. 평생교육법에 따르면, '평생교육'이란 학교의 정규교육과정을 제외한 학력보완교육, 성인 기초 · 문자해득교육, 직업능력 향상교육, 인문교양교육, 문화예술교육, 시민참여교육 등을 포함하는 모든 형태의 조직적인 교육 활동을 말한다.

표 4-1 **평생교육 대 평생학습**

평생교육	평생학습
교육자중심	학습자중심
조직적 · 구조적	우발적 · 무형식적
강요	자유
학습에 대한 환경정비와 다양한 지원활동	학습자의 자발적 학습활동

출처: 차갑부(2012). p. 61.

2. 평생교육의 이념과 원리

평생교육법 제4조는 다음과 같이 평생교육의 이념을 담고 있다. ① 모든 국민은 평생교육의 기회를 균등하게 보장받는다. ② 평생교육은 학습자의 자유로운 참여와 자발적인 학습을 기초로 이루어져야 한다. ③ 평생교육은 정치적·개인적 편견의 선전을 위한 방편으로 이용되어서는 아니 된다. ④ 일정한 평생교육과정을 이수한 자에게는 그에 상응하는 사회적 대우를 부여하여야 한다.

즉, 평생교육은 평생에 걸친 균등한 학습권의 보장, 자기개발, 자아실현 등 개인의 성장을 최대한 돕는 것을 중요한 목표로 하고 있으며, 또한 교육기회의 균등과 평생교육과정을 이수한 자에게 그에 상응하는 사회적 대우를 부여한다는 입장에서 볼 때 학교교육에 대한 연장 및 보완의 의미가 학교교육의 기회를 놓친 청소년들에게 교육을 보상함으로써 평생교육이 사회적 보완기능을 담당하고 있다. 따라서 평생교육의 원리는 평생에 걸친 균등한 학습권의 보장, 교육의 전체성, 통합성, 교육의 개별화, 다양화와 개방화, 학습사회의 구현, 궁극적으로는 평생학습의 기회를 통한 계속적인 자아실현과 사회적 삶의 질 향상 추구에 기초하고 있다.

3. 평생교육의 유사개념

1) 항구교육(permanent education)

1965년 Lengrand은 평생교육을 불어로 항구교육으로 불렀다. 인간은 아동에서 노인에 이르기까지 교육을 받아야만 한다는 강제적이고 권위주의적인 의미가 느껴진다. 영어로 바뀌면서 lifelong education이 되었다.

2) 성인교육(adult education)

성인을 대상으로 하는 교육의 총칭으로 평생교육을 대상별로 분류할 때 주로 사용한다. 성인교육의 용어가 처음으로 사용된 것은 미군정하의 성인교육국 설립과 더불어 1954년 성인교육기관으로서의 성인교육의 발족에서 비롯된 것이다(박준영, 2011, p.24). 미국의 경우 평생교육을 보다 구체화한 성인교육이라는 용어를 보다 많이 사용한다.

3) 계속교육(continuing education)

미국과 오스트레일리아 뉴질랜드 등에서 주로 사용하는 용어이다. 종래에는 의무교육의 보완을 위한 보충교육의 뜻으로 사용되었으나 최근에는 이미 정규교육을 경험한 사람들에게 계속해서 교육을 받을 수 있는 기회를 제공하는 인간자원관리능력 향상을 주 내용으로 한다. 예를 들어 전문인계속교육, 종교인계속교육, 의료인계속교육 등의 표현으로 주로 사용한다.

4) 추가교육(further education)

계속교육의 개념과 비슷한 것으로 주로 영국에서 사용하는 개념이다. 영국의 further education의 특징은 우리나라의 사회교육에 해당되는 것으로 further education을 초중등교육과 함께 공교육제도 속에 포함시켜 중등교육 다음 단계를 further education으로 제도화시키고 있다는 점과 지방교육당국이라는 사회공공기관에 그 책임을 맡기고 있다는 점에서 찾을 수 있다(박준영, 2011, p.27).

5) 생애진로교육(career education)

직업교육의 측면을 강조하여 자신의 적성과 능력에 알맞은 직업을 선택, 준비, 유지, 발전해 나갈 수 있도록 평생 동안 학교와 지역사회교육을 통해 학습해가는 과정을 뜻한다.

6) 순환교육(recurrent education)

영어의 'recurrent'라는 말은 '순환하다, 환류하다'를 나타내는 의미로 'recurrent education'은 순환교육 즉 재교육을 의미한다. 학교교육 이후에도 필요하면 언제든지 교육을 받는다는 뜻으로 경제협력개발기구(OECD)의 산하에 있는 하나의 국인 교육연구혁신센터(CERI:Center for Educational Research and Innovation)에 의하여 교육정책으로 대두하였다. 기본적으로 교육을 전 생애에 분포시킨다는 의미를 갖는다. 교육과 그 외의 제 활동을 번갈아 가면서 수행하는 교육이라는 의미로 교육-직업-은퇴라는 변함없는 공식과도 같은 인생의 순서를 지양하고 이들을 서로 융합함으로써 작업현장, 교육제도 및 방법적 구조의 근본적인 재개편을 요구하는 개념이다.

7) 지역사회교육

지역사회 전체가 주민들의 교육적 요구를 충족시키기 위해 노력함으로써 주민들의 자아실현을 도우며, 지역사회문제를 적극적으로 해결하여 지역사회를 발전시키기 위한 사회교육활동을 뜻한다.

4. 평생교육의 등장 및 필요성

현대 사회의 변화에 따른 적응에의 필요성 및 학교교육이 가지고 있는 폐쇄성에 대한 한계를 지적하면서 등장하였다.

1) 학교교육의 한계

현대사회의 급격한 변화에 적절히 대처하지 못하고 다양하고 복잡한 개인의 평생에 걸친 교육요구를 충족시키기 어려운 측면이 있다. 또한 모든 사람들에게 균등한 교육기회를 제공하지 못한다.

2) 사회변화에의 적응

과학기술은 현대사회를 변화시키고 있는 핵심 요소이며 과학기술은 다른 분야의 연쇄적 변화의 주된 원인이 되고 있다. 기술혁신에 따른 변화로 지식의 생명주기 단축, 지식기술의 급속한 증대 및 진부화, 정보량의 증대 및 수준의 상승, 직종 및 직무의 분화와 고도화로 인해 평생 학습이 불가피해졌다.

평생교육은 필요한 교육으로서 새로운 직종으로 전환하기 위한 교육, 현재 직종의 고도화에 적응하기 위한 교육, 새로운 지식과 기술에 대처하기 위한 교육이다.

한편 기술혁신에 따른 과학기술의 발달은 평생교육을 요청하기도 하지만 평생교육을 가능하게 하는 조건을 제공하기도 한다.

3) 세계화(globalization)

국경을 초월하여 정치·경제·사회·문화예술·체육 등 모든 부분이 지구적 차원에서 하나의 공통된 방향으로 통합·통일되었다. 21세기의 대표적인 특징은 개방화와 국제화로서 개인적, 조직적, 국가적 차원의 세계화가 필요하게 되었다.

4) 인생주기의 변화에 따른 고령화 사회

우리나라는 세계에서도 유래를 찾아볼 수 없을 정도로 빨리 고령화된 사회(radpidaly aging society)이다. 따라서 노인인구가 살기에 사회적 기반이 취약할 수밖에 없고 수명연장으로 인한 노년기 문제가 대두됨에도 불구하고 발달단계에 따른 교육 제공이 미비하였다.

고령화 사회에 필요한 교육은 다음과 같다.

- 고령자 이해 교육(젊은 세대 대상으로 해서 고령자들에 대한 심리적 이해 및 고령자에 대한 지식 및 기능 습득)
- 고령기 준비 교육(고령기를 잘 보내도록 하기 위한 기초적 지식, 기술, 테도 습득. 퇴직준비교육)
- 고령자 교육(고령기를 보람 있게 보내는데 필요한 교육)

5) 주 5일제의 확산에 따른 여가의 증대

사회의 발전으로 노동시간이 단축되고 여가가 증대되었다. 많은 여가시간은 오히려 사회문제를 초래하고 여가를 활용하는 방법을 모르는 사람들은 오히려 여가시간이 부담스러울 수 밖에 없다. 여가의 기능으로는 휴식, 기분전환, 자기 개발을 들 수 있으며 과거에는 여가의 기능으로 휴식의 개념이 강했으나 오늘날은 자기개발의 개념이 강해졌다.

5. 평생학습의 동향

1) 국제기구의 평생학습 패러다임과 원리

(1) UNESCO의 21세기 세계교육위원회가 1993년 초에 공식 출범하였다. 2년 반에 걸쳐 위원들은 정부 및 비정부조직에서 개최하는 회의에 참여하여 아이디어를 교환한 결과 그 결과물로 『학습: 숨겨진 보물(Learning : The Treasure Within)』이란 보고서가 제출되었다. 이 보고서는 4 가지의 핵심개념을 담고 있다. 알기 위한 학습(learning to know), 행동하기 위한 학습(learning to do), 존재하기 위한 학습(learning to be), 함께 살기 위한 학습(learning to live together)이다.

(2) OECD는 UNESCO의 평생교육운동과 시기를 맞추어 인적·사회적 자본의 강화라는 슬로건 아래 순환교육(recurrent education)을 주창하였다. OECD의 순환교육은 정규학교를 졸업하고 직업을 가진 성인들에게 직업에 관련된 새로운 지식과 기술을 교육하는 것을 뜻한다. 학습과 일과의 개념구분이 모호하다. 즉, 학습을 하나의 일상적인 활동으로 보는 것이다. 일단 정규 트랙을 벗어난 사람들이 자유롭게 들어 올 수 있는 길을 열어주는 것, 시스템 중심에서 학습자 중심으로 전화하는 것 등이다. OECD는 1990년대로 넘어가면서 '정규교육 시스템의 유연화'로서 순환교육이라는 용어를 폐기하고 본격적으로 평생학습(life-long learning)이라는 용어를 사용하게 된다(한숭희, 2010).

2) 외국의 평생학습 정책 동향

1999년 6월 18일 독일 쾰른에서 개막된 G8 정상회담에서는 다양하고도 시급한 세계 현안을 거론하면서 '인적자원에 대한 투자'문제가 대두되어 관심을 끌었다. 그 결과 '평생학습에 대한 쾰른헌장'이 채택되었다. 헌장은 생애능력 함양을 위한 기초교육, 직업훈련, 혁신적 사고의 개발교육 등을 강조하면서 모든 국가들이 국민들의 교육참여를 활성화하는 평생학습사회를 구축해야 한다는 점을 강조하고 있다(차갑부, 2004).

6. 평생교육법 제정 및 관련 법

1) 평생교육법법 제정 및 구성

① 1980년 10월에 개정된 제 5공화국 헌법에 처음으로 평생교육에 관련된 조항이 삽입되었다.

② 1982년 12월 31일 사회교육법을 처음 제정하였다.

③ 1995년 교육개혁위원회에서는 누구에게나, 언제나, 어디서나 원하는 교육을 받을 수 있도록 평생교육체제의 큰 틀을 마련하였다.

④ 1999년 8월 31일 이러한 열린 평생교육체제를 조기에 정착시키고 법적인 체제를 구축하기 위해 평생교육의 진흥을 국가의 의무로 규정하는 헌법 및 교육기본법의 규정에 따라 기존의 사회교육법을 전면 개정하여 평생교육법을 공포하였다.

⑤ 2000년 3월 13일 평생교육법시행령 공포·시행. 2000년 3월 31일 평생교육법시행규칙 공포·시행

⑥ 2001년 1월 29일 평생교육법 제 1차 개정(법률 제6400호)

⑦ 2002년 평생학습진흥 종합 계획 : 학습자 중심 전략, 파트너십 전략, 정보화 전략, 지역화 전략

⑧ 2001년 7월 7일 평생교육법 시행령 개정(대통령령 제172965호):학원설립·운영 및 과외교습에 관한 법률시행령

⑨ 2002년 5월 13일 평생교육법 시행령 개정(대통령령 제17603호)

⑩ 2003년 12월 3일 평생교육법 시행령 개정(대통령령 제17603호):뉴스통신진흥에 관한 법률시행령

⑪ 2007년 12월 평생교육법 전부 개정 : 2007년 평생교육법 전

면개정은 국가와 지방자치단체의 평생교육진흥체제를 구축하는 것이 핵심적인 내용으로 포함되어있다.

⑫ 2009년 5월 8일 평생교육법 일부 개정하였고 2009년 8월 9일부터 시행되었다.

⑬ 2011년 7월 25일 평생교육법 일부 개정하였고 2011년 7월 25일이 시행일이다. 제 6차 개정에 해당된다.

2) 평생교육법의 위상

1999년 8월 31일 평생교육의 진흥을 국가의 의무로 규정하는 헌법 및 교육기본법의 규정에 따라 기존의 사회교육법을 전면 개정하여 평생교육법을 공포하였다. 현재 평생교육법은 고등교육법, 초·중등교육법과 대등한 위치에 있다.

<그림 4-1> 평생교육법의 위상

제 2 절 평생교육의 영역

1. 가정교육과 평생교육

사회의 기본단위이면서 평생학습의 원천이 되는 장소로서 가정은 매우 중요한 기능을 하는 곳이다. 사회구성원을 재생산해내고 교육의 일차적 책임을 지고 있는 가정은 부모와 자녀가 함께 배우고 평생학습의 기회를 지속적으로 지원해주는 평생학습 공간이 되어야 한다.

2. 학교교육과 평생교육

학교교육에서는 학생들이 평생학습을 스스로 꾸려나가도록 준비시키는 기능뿐만 아니라, 가지고 있는 다양한 시설 및 자원을 바탕으로 정규학생 이외의 다양한 계층의 학습자들을 대상으로 교육을 실시함으로써 지역사회봉사를 하는 기회를 마련해주어야 한다. 즉, 청소년 시기는 학교에서의 교육이 전부가 아니라 평생학습을 위한 기본적인 단계로서 자기주도적 학습능력을 배양하는 기간이다.

학습조직으로서의 학교, 교사들도 계속교육에 참여하고 새로운 지식을 창출해 내야 한다. 최근 들어서 십대 청소년이 흉악한 폭력 사건들을 저지르게 되는 데는 여러 가지 이유가 있으나 그 중 무엇보다도 잘못된 것은 가정교육, 학교교육에 그 원인이 있다 하겠다. 학교교육, 가정교육이 그 기능을 제대로 발휘하지 못하고 있는 실정이다(이철승, 2008).

3. 일터교육과 평생교육

일터교육과 평생교육의 관계에서는 인적자원개발(Human Resource Development)의 개념 및 중요성을 이해하는 것이 중요하다. 토지, 노동, 자본이 우선이었던 산업사회와 달리 지식정보화 사회에서 개인 및 조직의 성장을 위해서는 조직 구성원, 즉 개인의 역량개발이 무엇보다 중요하기 때문이다. 인적자원개발의 개념은 조직차원에서 조직구성원의 직무를 향상시키는데 관심을 가지고 있으며, 조직구성원의 성장 및 발전, 더 나아가 조직의 생산성 향상 및 번영을 추구하고자 하는 조직차원의 일련의 체계적인 학습활동과 의도적 실천행위라고 할 수 있다. 앞서 말한대로 급변하는 사회환경에 발맞추어 기업고유의 핵심역량을 배양하여 기업경쟁력을 제고해야만 하는 것뿐만 아니라 자아실현의 장이 조직이라는 점을 감안할 때 일터에서 평생교육실천으로서 인적자원개발의 중요성은 아무리 강조해도 지나치지 않을 것이다.

인적자원개발은 훈련, 교육, 개발의 개념으로 개인개발(individual development), 조직개발(organization development), 경력개발(career development)의 영역이 통합된 것이다. 개인개발(ID)은 개인의 지식과 기술 향상을 위한 교육 · 훈련을 의미하고 조직개발은 조직의 변화와 혁신을, 경력개발은 미래의 업무와 관련된 수행 및 혁신에 초점을 맞추고 있다. 이상의 인적자원개발에 대한 올바른 이해를 바탕으로 일터에서 부단한 노력과 각오로 자기주도적 평생교육을 실천해야 무한경쟁 글로벌시대에서 살아남을 수 있을 것이다.

4. 지역사회교육과 평생교육

지역사회교육이란 일정한 단위의 지역에서 학교나 다른 교육 관련 기관에서 그 지역사회 내의 각 개인이나 집단을 대상으로 지역사회에 대한 공동체 의식을 함양하거나 지역사회 개발을 위하여 실시하는 교육활동 일체를 말한다(정지웅, 1998). 아동에서 성인, 노인에 이르기까지 모든 주민을 교육의 대상으로 하여 지역사회가 가지고 있는 다양한 문제와 과제를 교육을 통해서 해결할 수 있다는 가능성에서 시작하였다. 지역사회 내의 모든 교육적 자원과 역량을 활용하여 지역주민의 다양한 요구를 찾아내고 그들의 교육적 요구를 바탕으로 그들 개인의 능력을 최대한 발휘할 수 있도록 적절한 프로그램을 운영함으로써 주민 개개인의 성장은 물론 지역사회 발전을 도모한다. 한국의 지역사회 평생교육을 살펴보면 각급 학교(초·중·고·대학), 문화원, 박물관, 도서관, 백화점 문화센터, 시·군 구민회관, 사회복지관, 사회교육원, 노인교육 기관 및 단체, 청소년 교육 기관 및 단체, 여성교육 기관 및 단체, 학원 등이 있다.

5. 원격교육과 평생교육

원격교육의 특징은 학습자 중심의 환경이라는 것이다. 학습내용의 종류와 수준, 학습 분량, 속도, 회수, 학습시간과 장소 등 학습과정 전반에 걸쳐 학습자의 여건에 따른 자율적 선택권이 보장된다. 학습자의 학습주도권을 강조하는 학습체제이다. 이와 같이 전통적인 학교교육이나 면대면 교육을 통해서는 필요한 지식이나 기술, 학위 등의 자격증을 얻을 수 없는 사람들(예: 신체적 장애인 등)도 원격에서는 학습이 가능하다.

제 3 절 평생교육의 내용

1. 문해교육

문해교육은 대체로 문자해득교육을 의미한다. 문해 능력을 기르기 위해서는 음소와 특정 문자 소리를 이해하는 수준을 넘어 모르는 단어를 읽을 수 있는 해독 능력을 갖추도록 하여야 한다. 전통적인 문해는 인쇄된 교재로부터 의미를 구성하기 위해 읽기와 쓰기를 활용하는 능력을 의미하지만, 현대에는 기본 학습 능력(basic learning competencies)으로써 읽기, 쓰기, 수학뿐만 아니라 지식, 문제 해결, 생활 기술 등을 포함한다. 기본 학습 능력은 실제적 문제에 독립적으로 대처하고 해결할 수 있는 능력을 의미하며, 이러한 관점에서의 문해는 형식적 학교 중심의 기능은 물론 기능적 과업과 요구를 처리하는 능력도 반영한다. 이처럼 과거에는 정보의 전달이 주로 종이에 의존했으므로 문자해득교육의 개념은 일반적으로 읽기 · 쓰기 · 셈하기의 능력에 집중되었으나 디지털 시대인 요즘에는 모든 자료가 디지털화되어 작성되고 전달되어 지고 있고 다양한 상황에서의 문제해결능력이 요구되기 때문에 과거의 읽기 · 쓰기 · 셈하기의 문해교육 개념이 적합하지 않다.

1) 정보문해교육

정보문해는 정보가 무한정한 지식정보화사회에 지적이고도 적극적으로 참여하도록 하는 능력을 말한다. 정보문해는 컴퓨터를 활용하고 다양한 정보에 접근하는 방법을 아는 것으로부터 정보의 속성, 정보의 기술적 인프라 구조, 사회적 · 문화적 및 철학적 맥락과 영향력에 관해 비판적으로 성찰하는 것에 이르기까지 확장된 새로운 자유교양으로 정의하기도 한다. 정보통신부는 2000년 정보화에 관한 연차보고서를 통해 소외계층에 대한 정보문해 대책을 밝힌 바 있다(차갑부, 2004). 정보문해교육으로는 정보화교육, 인터넷 쇼핑몰 창업과정, SNS 활용과정, 인터넷 교육 등이 있다.

2) 컴퓨터 문해교육

우리나라의 컴퓨터 교육은 1970년대 초에 전산교육 또는 컴퓨터교육이라는 이름으로 출발하였다. 교육정보화 또는 정보화교육이라는 용어가 많이 사용되기 시작한 것은 1990년대 중반 교육개혁위원회가 구성된 이후, 1995년 5월 교육개혁 방안이 발표되고 같은 달 교육부의 교육정보화 종합추진계획이 발표되면서부터이다. 일반적으로 우리나라 교육정보화의 역사는 필요성 대두기(1960년대), 태동기(1970년대), 전개 · 확산기(1980년대)로 구분하는데, 본격적인 교육정보화는 1980년대 후반 교육개혁심의회의 정보화 사회 대응을 위한 컴퓨터교육 강화 건의와 컴퓨터가 교육과정에 본격적으로 도입된 1980년대 말인 제5차 교육과정에서부터이다. 현대사회에는 컴퓨터의 수요가 급격히 증가함에 따라, 특히 컴퓨터 매개통신은 컴퓨터 기능에 통신기능을 더하여 새로운 교육수단으로 자리매김하고 있다. 컴퓨터 문해교육은 초보적인 프로그램 개발로부터 상급수준의 문제를 해결하는 것에 이르기까지 다양한 수준의 기술을 활용하여 컴퓨터 및 이와 관련된 기술을 효과적으로 활용하는 능력을 말한다. 프로그래밍, 컴퓨터 활용능력과정(국가기술자격 취득과정), PPT제작 스킬업 과정, 엑셀 데이터관리 스킬업 과정, 홈페이지 제작과정, 사무자동화 과정 등이 있다.

2. 인문교양교육

인문교육(liberal education)은 원래 "자유인의 교육" 또는 "자유를 위한 교육"에서 유래한 것으로 한 개인이 자유롭게 할 수 있는 능력을 키우는 교육을 말한다. 개인 생활이나 사회생활에 있어서 스스로 생각하고 판단하며 스스로 유능하게 참여하며 책임질 수 있는 개인이 되도록 도와주는 교육이다. 인문교양교육의 강화는 궁극적으로 인간회복을 꾀한다. 그러나 그에 앞서 인문교양교육은 "올바른 세계관과 건전한 가치관을 바탕으로 세계화된 새로운 정보사회에서 비판적 창의적 사고와 원활하고 개방적인 의사소통을 통해 공동체적 문화적 삶을 자율적으로 주도할 수 있는 자질을 함양하는" 교육으로서 그 의의가 자못 크다. 급속도로 변화하는 지식정보화시대에 있어 사회적인 환경에 적극 적응하거나 또는 이를 개조할 수 있는 능력을 개발하는 교육이다. 그러므로 인문교육은 어떠한 의미에서는 인간과 우주에 있어서의 본질적인 진리와 아름다움을 추구하는 모든 노력인 것이다. 다시 말하면 문학, 예술, 과학, 철학, 종교 등 광범한 영역에 걸친 지식을 바탕으로 인생을 해석하고, 인생의 방향을 정하고, 그리고 또한 인생과 자연을 감상하는 능력을 키우는 가장 기본적인 교육으로서 평생교육의 중핵이 되는 것이다. 인문교양교육 프로그램으로는 생활수필 쓰기, 수필문학 특강, 성경반, 서양 미술의 이해, 중국 문화의 이해, 한국의 역사와 문화, 테마가 있는 음악여행, 가곡 부르기, 생활체조, 생활풍수, 생활인테리어 등이 있다.

3. 시민사회교육

1. 민주시민교육

시민사회단체 및 민간단체는 단체 고유의 목적을 실현하기 위하여 보다 많은 시민의 참여와 이해를 기초로 하여 민주시민교육을 전개하고 있다. 사회의 다원화, 단체의 전문화 및 다양한 수요자의 욕구 변화에 따라 개인의 생활 영역에서뿐만 아니라 보다 공동적인 것, 공공적인 영역으로까지 확대 심화하고 있다. 지방자치, 문화, 영상, 정보, 생활협동, 교육, 통일, 청소년, 복지 등의 다양한 영역에서 진행되고 있다.

2. 지구시민교육

1) 국제이해교육

지구시민교육은 글로벌 시대에 발맞추어 글로벌 인재로 삶을 영위하기 위해 필요한 제반교육을 포함하고 있다. 무엇보다 국제사회에서 생활하려면 다른 문화와 이해를 기반으로 하기에 국제이해교육이 주를 이룬다. 1948년에 유엔총회에서 채택된 세계인권선언 제 26조 2항에는 "교육은 인격의 완전한 발전과 인권 및 기본적 자유의 존중을 강화하는 것을 목적으로 한다. 교육은 모든 나라 또는 인종적 · 종교적 집단 간 상호이해, 관용 및 우호관계를 증진함과 동시에 유엔의 활동을 촉진하는 것이어야 한다." 고 명시함으로써 유엔의 국제이해교육의 원칙을 천명하였다. 지구시민교육으로서의 국제이해교육은 자국중심적인 가치관에서 탈피하여 다양한 세계관과 다문화에 대한 이해 및 의사소통 능력 배양, 국제적으로 협력하는 지구시민으로서의 교육 등을 근간으로 한다.

2) 다문화이해교육

2007년 우리나라도 외국인 이주민 숫자가 100만 명을 돌파하여 더 이상 단일민족국가라는 용어가 무색하게 된지 오래다. 다문화이해교육은 자문화중심주의에서 벗어나 문화상대주의의 입장에서 다른 문화를 인정하고 이해하며 배려하는 입장에 서서 실시되어야 한다. 다문화교육센터에서 실시되고 있는 것으로서 다문화사회의 이해, 쓰기를 통한 한국어 교육, 독서이해력 향상을 통한 한국어 교육, 다문화교육 현장에 대한 이해 등의 교육프로그램이 있다.

3. 소비자 · 환경교육

소비자교육은 일반 소비자에게 상품이나 서비스에 대하여 합리적인 가치판단을 하고 개인의 소비생활을 향상시킴과 동시에 경제사회에서 소비의 의의와 소비자의 권리 및 역할에 대한 정보를 제공하기 위한 교육이다. 우리나라에서 소비자교육은 1960년대부터 여성단체 및 소비자단체들이 전국의 소비자를 대상으로 교육을 실시하였다. 교육내용은 상품의 선택 및 구입요령, 경제동향, 소비자의 권리, 합리적인 소비생활, 불공정 거래 행위, 소비자와 관련된 법률 등 경제생활에 필요한 소비지식으로부터 소비자의 건전한 의식에 이르기까지 광범위하다.

환경파괴와 지구온난화현상 등으로 인해 환경교육에 대한 관심이 고조되고 있다. 특히 2011년 3월에 발생했던 일본의 지진과 쓰나미, 그로 인한 원전문제로 자국은 물론이거니와 전 세계가 긴장하고 있다. 환경교육은 자연환경이 어떻게 기능하고 있고 특히 인간이 지속적으로 살아가기 위해 자신의 행동과 생태계를 어떻게 관리할 것인지를 가르치는 교육이다(차갑부, 2012). 핵폐기장 강행 저지, 새만금 살리기, 서남해안 습지 보전, 비무장지대 보호, 팔당상수원 보호, 낙동강 살리기 등 지역 현장을 지키는 전국의 풀뿌리 시민 지역사회조직이 51개에 이르고 있고 시민환경연구소, 환경법률센터, 환경교육센터, 시민환경정보센터 등 전문성과 대중성을 높이기 위한 전문기관들도 활발히 활동하고 있다. 주로 해양환경교육, 자원봉사교육, 환경보존교육 등을 실시하고 있으며 핵물질 이용 반대, 생태계 보호, 기후변화 대응 등 지구환경문제를 해결하기 위한 내용들로 구성되어 있다.

4. 인적자원개발형의 교육

인적자원개발(Human Resource Development)형의 교육프로그램 유형과 내용은 다음과 같다.

1) 직업 및 기술훈련교육

직무기술의 향상을 위해 실시되는 교육훈련으로서 기능교육, 서비스 교육, 세일즈 교육, 생산기술교육, 사무기능교육, 안전교육, 관리교육 등이다.

2) 직무계층별 교육

각 계층에 공통적으로 활용되는 지식과 기능, 문제해결능력을 부여하는 교육. 승진, 인사이동 등에 의해 등급직이 변할 때마다 실시되는 교육이다. 신입 사원교육, 중견사원교육, 후보자 교육, 최고경영진 교육이 있다.

3) 직무능력개발교육

장래를 예견하는 자기개발 능력을 중심으로 한 평생학습적 교육을 일컫는다. 시대의 요청에 따라 장래에 대한 준비교육과 개인의 삶과 관련되는 자기개발 교육, 경력개발 프로그램(Career Development Program), 일반교양 강좌, 공적 자격취득 강습, 체력관리, 교육휴가의 활용, 정신위생 강좌의 수강, 순환교육 강좌 참여, 자원봉사활동 참가, 해외유학, 퇴직준비교육 등이 여기에 해당된다.

5. 여가 및 취미생활 교육

여가를 보다 효과적이고 생산적인 방향으로 선용할 수 있도록 지도하는 교육이다. 산업혁명 이후 분업이 발달하고 노동을 기계가 대신 함에 따라 여가시간이 많아지게 되었다. 이런 현상은 산업이 발달된 구미(歐美) 각국에서 현저한 양상을 드러내고 있어 여가의 효율적 활용이 교육적 문제로 등장하게 되었다. 이런 의미에서 성인교육 운동이라든가 레크레이션 운동 등은 정신적·신체적으로 여가를 선용하려는 사회운동으로 확대되고 있다. 그리고 여가시간의 방치는 사회적·개인적으로 해로운 현상을 흔히 유발시키고 있기 때문에 여가교육은 청소년은 물론 성인들을 위해서도 프로그램을 만들어 그들의 취미생활, 심신의 개발과 정신위생, 소질의 개발, 창의적 생활을 하도록 도와야 한다. 이 프로그램은 개인의 적성과 취미를 고려하여 선택적인 내용으로 구성된다. 여행, 컴퓨터, 그림, 글쓰기, 사진, 풍물 및 전통악기, 민요, 판소리, 레크레이션, 각종 편물 및 수예, 영상, 만화, 메이크업, 꽃꽂이, 수지침, 수화, 조리, 디자인플라우어 등 그 내용이 풍부해지고 있다.

제 4 절 평생교육방법

1. 평생교육방법의 선정기준

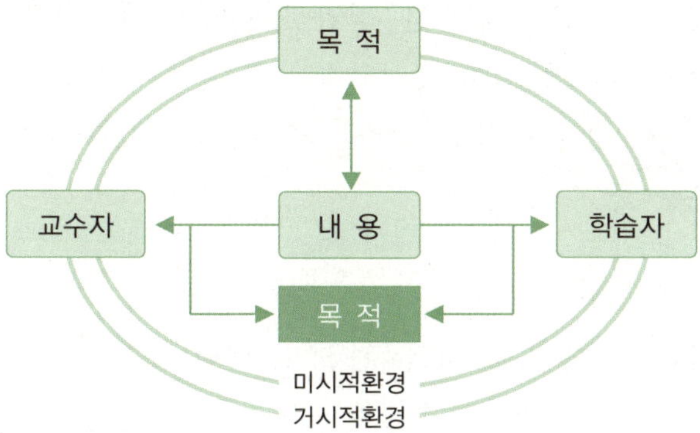

<그림 4-2> 평생교육방법의 선정기준

출처: 김종표 · 이복희(2006). p. 76.

평생교육은 다양한 학습자의 요구에 기초하여 단기간에 학습자들의 직무능력향상이나 기능 습득 등 특정목적을 위해 실시되는 것으로 최고의 교육방법이 존재하기보다는 최적의 교육방법이 존재한다. 교육목적, 학습자, 학습자의 욕구, 교수자의 스타일에 따라서도 교육방법의 선택기준이 달라질 수 있다. 무엇보다도 교육내용에 맞게 최적의 교육방법을 적용하는 것이 바람직하다 하겠다.

1) 교육목적

(1) 지식전달: 강의식이 효과적일 수 있다.

(2) 사회적 상호작용: 역할연기, 감수성 훈련, 게임식

(3) 과제해결: 액션러닝, 프로젝트 수업, 문제해결법, 사례연구법
(4) 잠재력개발: 코칭, 멘토링

2) 학습자

(1) 경험이 많은 성인: 토의식, 참여식교육, 문제해결이 좋다.
(2) 경험이 적은 신입사원, 신입생: 원리를 가르쳐줄 수 있는 강의식이 적합하다.
(3) 연령이 많은 성인: 동영상, 플래시, 등 과도한 매체는 역효과를 줄 수도 있다.

3) 학습자의 욕구

(1) 물리 · 경제적: 강의식, 관찰법, 패널
(2) 사회적: 상호작용적인 교육방법과 협동작업을 중시하는 토의식, 사례연구
(3) 자아실현: 자기주도학습

4) 교수자

(1) 교수자의 스타일이 권위자, 전문가, 전달자라면 강의와 질문을 주로 사용한다.
(2) 학습자의 능력을 인정하는 교수자는 학습자가 주도하고 교수자는 도와주는 자기주도적 학습을 선호한다.
(3) 학습을 도와주는 교수자는 상호작용을 중요시하는 토의법, 역할연기 등을 사용한다.

5) 내용

학습내용의 성격이 지식, 기능, 태도 즉, 인지적 영역, 정의적 영역, 운동기능적 영역 중 어느 영역인가를 면밀히 분석해

야 한다. 또한 학습내용이 의도되었는가, 정확한 답을 요구하는가, 논쟁의 여지가 있는가, 해결책을 모색해야 하는가를 살펴봐야 한다. 학습내용이 일반적인 수준의 학습을 요구하는가, 구체적이고 상세한 학습을 요구하는가 등의 내용에 따라 교육방법은 달라져야 할 필요가 있다.

(1) 평생교육방법은 사용하는 교육과목이나 주제에 따라 달라진다.
(2) 지식 및 정보를 전달할 때는 강의식이 적합하다.
(3) 기능을 전달하는 꽃꽂이, 종이접기, 댄스 스포츠, 검도는 시범실습식이 적합하다.
(4) 태도의 변화가 목적일 때는 참여식, 토의식이 적합하다.

6) 환경

교육환경을 면밀히 분석하여 교육방법을 선정한다. 미시적 환경은 교육을 지원해줄 수 있는 시설 및 장비의 사용 가능성이다. 거시적 환경은 기관의 성격, 이념, 분위기, 업종을 의미한다.

(1) 해당 기관은 교육 시설 및 장비를 갖추고 있는가?
(2) 해당기관이 원하는 혹은 추구하는 교육이념 및 구체적인 교육목표가 있는가?
(3) 해당기관이 요구하는 특정한 평가나 측정의 방법은 무엇인가?
(4) 개방된 환경이면 토의, 역할연기, 자기주도학습이 효과적일 수 있다.

2. 평생교육방법 선정의 경험적 원칙

경험적으로 볼 때 평생교육방법 선정에 대한 의사결정은 학습자 특성, 학습자 수, 학습내용, 시간과 장소, 시설을 포함한 기관 환경 등 실제적인 제약을 복합적으로 고려하여 내리게 된다.

표 4-2 평생교육방법 선정에 대한 의사결정

구분	교육방법	특성	활용방법	교수-학습 상황
지식/기법 습득	강의형 (일반 강의, 팀티칭)	• 단시간 내 다수에게 대량의 정보제공 • 교육효과 저조 • 강사자질에 좌우	기본지식, 공통개념, 정보 제공	• 학습 집단의 인원은 50명 이상임 • 교실(학습공간)이 전통적임 • 교육내용이 개념과 원리 학습임 • 새로운 지식 습득에 초점을 둠
	강의형 시범, 동료교수 (peer teaching)	• 실제 실물을 보거나 직접 조작함 • 비용과다	기기사용법/조작법 교육	• 학습 집단의 인원은 30~40명임 • 학습공간이 융통성이 있음 • 교육내용이 운동기능적 영역임 • 새로운 지식 습득 및 숙달에 초점을 둠
태도 변용	집단중심형 (사례연구)	• 사례개발에 시간, 노력 소모 • 판단기준 내면화 가능 • 행동으로 전이 용이 • 편협한 사고 →유연한 사고	상황 분석력이나 문제해결 능력개발	• 학습 집단 인원은 30~40명이나 소집단 구성이 가능함 • 학습공간이 융통성이 있음
	집단중심형	• 흥미 끄는	해결방법,	• 학습 집단 인원은 20명

	(토론법)	정도 강력 • 경험, 정보 교류 • 동료의식 • 정보량이 적음	아이디어 개발, 문제의식 공유	이하임 • 학습공간이 전통적임 • 교육영역이 태도, 정의적 영역임 • 기존 지식의 이해/적용, 강화에 초점을 둠
문제해결능력향상/행동변용	체험학습형(역할연기, 게임, 실습)	• 장시간 소요 우려 • 촉진자의 능력 중요	접객응대, 전화응대, 회의진행 방법, 대인관계 스킬, 게임을 통한 순발력 기름	• 학습 집단 인원은 20명 이하임 • 학습공간이 전통적임 • 교육영역이 태도, 정의적 영역임 • 기존 지식의 이해/적용, 강화에 초점을 둠
	협동학습형(프로젝트 개별 팀), 문제해결학습법)	• 동기부여가 되지 못할 경우 학습 효과 저조	팀별과제/협업작업 통해 협동심 기름/문제해결능력개발	• 새로운 지식의 창출, 탐구, 문제해결이 초점임 • 교육영역이 인지적 영역임
	원격교육형(이러닝, 모바일 러닝, 유러닝, 블랜디드 러닝)	• 개인교수형 교수방법	구성주의에 입각한 인터넷, 자원기반 학습법, 지식의 재구성	• 개별화 학습이 가능함 • 학습공간이 융통성이 있음 • 교육내용이 개념, 원리, 절차 학습임 • 새로운 지식습득에 초점을 둠

출처: 중앙공무원교육원(2007). p. 84, 한정선 외(2011). p. 73.에서 발췌, 수정 · 보완함.

다음은 Newby 외(2011)가 제시한 교수방법 선정 체크리스트이다.

표 4-3 교수방법 선정 체크리스트

교수방법 선정 체크리스트는 교수자에게 자신의 수업에 최적의 교수방법을 선정하는데 도움을 줄 수 있다. 사용방법은 다음과 같다. 체크리스트의 첫 번째 칼럼에 제시된 선정시 검토할 사항, 교수방법의 장점을 숙지한다. 우측 10개 칼럼은 각각의 교수방법 항목이다. 우측 교수방법 칼럼에서 검은색 음영 칼럼은 좌측 검토 문항에 적합하지 않다. 따라서 흰 여백의 교수방법 칼럼에 선정시의 검토 사항별로 적합한 교수방법 칼럼(흰색 칼럼)에 √표시를 하고 가장 많은 √표시를 받은 교수방법들을 선정하여 수업특성에 맞추어 활용한다.

L/P: 강의/프레젠테이션 DM: 시범 DN: 토의 G: 게임 S: 시뮬레이션
CL: 협동학습 DY: 발견학습 PS: 문제해결 DP: 연습 II: 개인교수/튜토링

학습은 아래 검토 문항을 토대로 선정된 교수방법들에 의해 촉진될 수 있다.	L/P	DM	DN	G	S	CL	DY	PS	DP	II
1. 주로 학습자 중심										
2. 주로 교사 중심										
3. 높은 수준의 상호작용을 제공										
4. 학습자의 자가/독자적 학습 허용										
5. 소수(2명-5명)의 학생이 동시에 참여										
6. 소그룹, 중간그룹(6명-15명) 학습에 적절										
7. 대그룹(16명 이상) 학습에 적절										
8. 정보와 콘텐츠를 제공										
9. 연습과 이에 대한 피드백을 제공										
10. 발견학습을 위한 환경을 제공										
11. 전략을 요구하는 환경을 제시										
12. 짧은 시간에 완료 가능 (20분 이하에)										
13. 짧은 시간에 많은 콘텐츠 제공 (효과적)										
14. 상위 수준의 지적, 기술 영역에서 지식과 기술을 증진										
15. 낮은 수준의 지적, 기술 영역에서 지식과 기술을 증진										
16. 운동기능적 영역에서 기술을 증진										
17. 태도 영역에서 태도 관련 기술을 증진										
18. 비경쟁 환경에 적합										
19. 의사결정을 촉진										
20. 학습을 위한 실제적 맥락을 제공										
21. 높은 수준의 동기를 유발										
22. 정보의 기억, 유지에 도움이 됨										
23. 귀납적 혹은 탐구적 접근을 사용										

출처: Newby, Stepich, Lehman, Russell, & Ottenbreit-Leftwich (2011). p.115. 한정선 외(2010)에서 발췌함.

제 2 부

평생교육방법의 종류와 활용

CHAPTER 5

교수자 중심의 평생교육방법

제 1 절 강의법

1. 강의법

강의법이 사라질 것이라는 말이 오래 전부터 나돌았으나 지금까지 교육현장에서 가장 널리 쓰이는 교수방법은 강의법이다(Fry 외, 2006). 이렇듯 가장 오래된 교육방법 중의 하나가 강의기법이나 다수의 교수자들이 강의에 대한 기본적인 지식이나 철학 없이 강의에 임하고 있다. 누구나가 다할 수 있다고 생각하지만 누구나 다 잘할 수 없는 것이 강의이다. 자신의 분야에서 전문적 지식과 기술을 가지고 있지만 그것을 학습자들에게 전달하는 기술이 부족하여 교수자로서 실패한 사람들이 많다. 유능한 교수자는 타고 나는 것이 아니라 만들어진다(차갑부, 2009).

1) 특징

(1) 교수중심의 수업방식으로 교사의 설명에 의해 이루어진다.

(2) 교사가 지닌 지식이나 정보의 체계적인 전달이 목적이다.

(3) 강의법의 일반적인 수업절차는 도입 → 전개 → 정리이다.

2. 강의법 수업 진행기법

1) 내용

(1) 강의가 되어야지 독백이 되어서는 안 된다. 또한 수업내용과 전혀 관련이 없는 즉, 강의내용을 벗어난 강의를 진행해서는 안 된다.

(2) 강의 내용은 사실에 근거를 두어야 하고 강사의 주관적인 견해를 주입시키거나 학습자들을 설득시키는 편향적인 강의가 되어서는 안 되겠다.

(3) 수업효과를 극대화시키기 위해서 구체적인 사례를 제시하고 수업에 도움이 되는 보충자료, 유인물들을 따로 준비하여 제공한다. 또한 참고자료, 동영상 자료, 관련 웹사이트 등을 제공하여 수업내용의 이해를 도모한다.

(4) 수업을 도입, 전개, 정리 부분으로 나누어 계열성 있게 진행하되 쉬는 시간과 종료 시간을 준수하는 것이 바람직하다.

2) 언어

(1) 언어의 속도는 매우 중요하다. 너무 빨라서도 너무 느려서도 안 된다. 중간 중간 포즈(pause)를 취하는 것이 좋은 이유는 새로운 학습 내용을 학습자들이 받아들여 자기 것으로 내면화하는 시간이 필요하기 때문이다. 또한 잠시 뜸을 들여야 학습자들이 이제 교수자가 무엇을 말하려고 하나 귀를 기울이기 때문에 학습자들의 주의를 집중시킬 수 있다.

(2) 단조로운 톤은 학습자를 지루하게 하므로 강약을 주어야 한다.

(3) 유행어나 경음화 현상이 나타나는 된소리, 거센소리를 남용해선 안된다.

3) 시선처리

(1) 모든 학습자들을 골고루 봐주는 것이 필요하다. 특정학생을 지속적으로 바라보는 것, 앞자리 학생과 지속적으로 대화하는 것 등은 특별히 삼가야 한다.
(2) 화난 얼굴은 금물이다. 개인적인 일이나 강의 외의 문제들로 인해 수업에 안 좋은 인상을 심어주는 것은 반드시 삼가야 한다.

4) 움직임과 제스처

(1) 한 곳에 못 박힌 것처럼 서서 강의하는 것은 좋지 않다. 필요하면 교실의 뒤쪽까지 왔다 갔다 하면서 학습자들에게 수업을 완전 장악하고 있다는 느낌을 주어야 한다. 그렇다고 필요 이상으로 왔다 갔다 하지 않아야 한다. 수업 분위기가 산만해질 수 있기 때문이다.
(2) 교수자의 이상한 버릇은 학습자의 주의집중을 방해할 측면이 있어 삼가야 한다. 눈 깜박임, 머리를 계속 만지는 것, 허리띠를 계속 추스르는 것 등이다.
(3) 주머니에 손을 넣고 강의하거나 팔짱을 끼고 강의하는 것은 좋지 않다.

5) 유머감각

타고난 유머감각이 있으면 좋으나 그렇지 못할 경우라도 간단한 유머나 관련 글을 수집하는 노력을 기울이면 학습자의 흥미를 유발할 수 있다.

6) 문제 행동 처리

교수자로서 문제 학습자를 접하게 되는 것은 불가피한 일일 것이다. Fry 외(2006)는 다음과 같이 문제해결 방안을 제시하고 있다.

(1) 강의시간에 학생들은 때로 잡담하고 쪽지나 문자메시지를 보낸다. 더 심한 경우에(종이를 구겨 던지거나 교수에게 화를 내면서 큰 소리로 말하는 학습자들)도 없지 않다. 이런 행동은 교수자를 당황하게 하고 학습에 열중하는 학습자들에게 혼란을 줄 수 있다. '훌륭한 교수자'는 그런 문제가 아예 발생하지 않도록 감명을 주거나 권위를 갖거나 흥미를 유발해야 한다. 또한 신임 교수자일경우에는 특히 준비를 철저히 해야 하며 핸드폰 사용과 같은 사안에 대해서 해당학과나 기관이 어떤 방침을 갖고 있는가도 잘 알아야 한다.

(2) 잡담과 같은 문제는 적절한 속도 조절, 휴식, 교수법의 다양화 등을 강의계획서 작성 때 고려하고 특히 상호작용적인 강의를 만듦으로써 해결할 수 있다. 최선의 전략은 항상 문제를 조기에 다루는 것이다. 강의하는 동안 학습자들을 유심히 쳐다보고 학습자들과 눈을 맞춘다. 두 사람이 서로 이야기를 시작할 때 그 쪽을 똑바로 주시하면 잡담을 멈출 것이다. 그래도 계속하면 적절한 순간에 강의를 멈추고 지금까지 수업한 내용에 대해서 질문이 있는지 물어본다. 또 다시 이야기를 하는 학습자들에게는 그들 쪽으로 시선을 돌린다. 이것은 문제학습자를 그냥 참는다는 것이 아니고 체면을 손상시키지 않으면서 이야기를 멈추게 하자는 것이

다. 교수자가 화가 났다는 것을 보여서는 절대 안된다는 점을 명심하고 여전히 멈추지 않으면 강의시간 후에 그들을 만나서 조근조근 몇 마디 해준다. 이렇듯 처음부터 '가차 없이' 바로잡겠다는 인상을 주고 기강을 세우면 학습자들이 교수자의 '인내심을 시험해 보는'일은 없어질 것이다.

표 5-1 학생들이 선호하는 교수자상

순위	내용
1	철저한 강의준비와 내용 숙지
2	강의시간 준수 철저
3	학습자 존중, 이해(배려), 경청
4	말의 속도, 억양, 발음
5	시선처리
6	상황에 대처하는 순발력
7	학습자 질문에 친절히 응답
8	지루하지 않도록 흥미 유발
9	유머, 밝은 인상
10	강의 보조자료의 적극 활용
11	강의주제에 적합한 교수법 활용
12	자신감 있는 강의
13	대상자에 맞는 강의
14	학습자 참여 유도
15	수업지도안에 의거한 수업
16	보조강사 활용
17	학습자에게 등을 보이지 않음
18	교수자의 이동 동선

출처: 차갑부(2009). p. 60.

3. 강의법의 장단점

강의법의 장단점을 다음과 같이 표로 제시하였다.

표 5-2 강의법의 장단점

장 점	단 점
• 단시간에 다양한 지식과 내용을 학습	• 교과서 읽기에 치우칠 우려가 큼
• 교과내용의 보충 · 가감 · 삭제가 용이	• 학습자의 개성과 능력이 무시되기 쉬움
• 학습자의 감정자극 동기화 용이	• 추상적인 개념 전달로 학습능력이 낮은 학습자는 요점파악이 곤란
• 수업자의 의사대로 학습환경 변경이 용이	• 학습자의 동기가 지속되기 어려움
• 수업시간, 학습량 등을 수업자의 의지대로 조절 용이	• 학습자의 개별화 · 사회화가 어려움

◈ 마이크로티칭

교사훈련에 주로 사용되는 비디오 녹화방법으로, 예비교사가 10~15분 동안 소규모 학생 집단을 대상으로 연습한 수업이 비디오로 녹화되어, 즉시 피드백을 얻거나 실행한 수업의 여러 측면을 토론하기 위해 훈련생에게 보여진다. 그 후, 비디오 녹화내용을 보면서 좀 더 개선될 수 있는 부분을 심도있게 분석하고 평가해주는 방식이다. 실행분석을 위한 비디오 녹화 방법은 현재 교육뿐만 아니라 기술훈련분야 등에서도 활용되고 있다.

과거에는 수업행동분석실에서 주로 행해졌으나 첨단기술의 발달로 간단히 스마트폰 등을 이용해서 녹화할 수 있어 최근 더욱 활용되는 교육방법이다. 교육실습 직전의 학생들이나 교강사들에게 적용하면 매우 효과적으로 자신의 수업기술을 발달시킬 수 있다는 점에서 장점이 있다.

표 5-3 강의계획서 샘플

<table>
<tr><td>과정명</td><td colspan="3"></td></tr>
<tr><td>과목명</td><td colspan="3"></td></tr>
<tr><td>강의목적</td><td colspan="3"></td></tr>
<tr><td>소요시간</td><td colspan="3"></td></tr>
<tr><td>시청각교재 필요여부</td><td colspan="3"></td></tr>
<tr><td>강의전 특별 준비사항</td><td colspan="3"></td></tr>
<tr><td>사전계획</td><td>준비물</td><td>주요포인트</td><td>강의내용</td></tr>
<tr><td></td><td></td><td></td><td></td></tr>
</table>

제 2 절 문답법

1. 문답법

강의법과 함께 오래 전부터 사용되어오던 학습형태로 질문과 대답에 의해 학습활동이 전개되는 형태이다. 소크라테스의 산파법, 플라톤의 대화법과 같은 유형으로, 질문과 응답을 계속 진행하여 학습목표에 도달하게 하는 방법이다. 문답법(Questioning)은 여러 가지 형태의 수업에서 사용할 수 있는 방법으로 교수자와 학습자가 상호적인 질의응답을 통해 학습에 주의를 집중시키고 학습자의 탐구능력과 추상적 사고작용, 비판적 태도, 표현력 등을 기를 수 있는 방법이다. 문답법에서 질문은 가장 기본적이고 중요한 교수기법으로 교수자가 훌륭하고 적절한 질문을 사용한다면 학습자들을 능동적으로 변화시킬 수 있다. 특히 성숙한 성인학습자들을 학습에 능동적으로 참여할 수 있도록 고무시킬 수 있는 방법이며 성인학습자들이 가진 풍부한 경험, 지식, 정보, 기술 등을 교수자 및 동료 성인학습자들과 공유할 수 있도록 만들 수 있는 기법이다. 또한 문답법의 적절한 사용은 수업을 생기 있게 하고 학습자가 적극적으로 참여하게 하여 교수자가 학습자의 능력이나 이해의 정도 등에 대해 쉽게 파악하게 해준다.

2. 문답법의 유형

질문은 교육적으로 성취하려는 목적과 방법을 통해 제기되는 정신활동의 과정으로 분류할 수 있다. 질문은 어떠한 목적에 대한 기억을 요구하는 기억 질문(memory question)과 목적을 성취하는 방법에 관한 사고 질문(thought question)으로 구분될 수 있는데 양자 사이에 엄격한 구별 기준은 없다(조승제, 2011).

3. 문답법 수업 진행기법

질문을 하고 학습자 중 누군가가 답변할 때 까지 기다리는 방법은 학습자 전원이 주의를 기울이고 생각해볼 수 있는 시간을 가질 수 있기 때문에 바람직하나 호명부터 하고 질문을 할 경우에는 호명된 사람에게 일단 과제가 주어지기 때문에 그 외의 학습자들은 주의를 기울이지 않을 확률이 높다. 또한 질문 과정 없이 갑자기 호명당하는 학습자들은 당황스러워 할 수 있다. 즉, 전체 학습자에게 질문을 먼저 던지고 호명을 나중에 한다. 질문을 잘 듣지 못한 사람은 당황해하는 상황이 발생할 수 있으나 전체학습자의 참여를 유도하기 위한 방법으로 사용될 수 있어 효과적이다.

1) 질문의 기법

질문하고 응답하는 기능은 겉보기와는 달리 복잡한 일이다. 교수자가 '어떻게' 질문하느냐 하는 것은 학습자들의 반응을 이끌어 내는 데 매우 중요하다. 무관심한, 공격적인, 폐쇄적인, 그리고 화가 난 것 같은 신체 언어는 덜 효과적이다. 이와 반면에 개방적이고 세심하고 부드러운 질문은 사려 깊은 반응을 유도하는 데 효과적이다(Fry 외, 2011).

2) 응답의 기법

교수자가 학습자들의 질문에 대해서 직접 대답을 해야 할 때가 있다. 집단 모임에서 질문에 곧바로 대답할 경우, 학습자나 집단이 답을 하도록 유도할 때보다 시간이 훨씬 적게 걸릴 것이다. 만일 직접 대답하기로 한다면 대답을 간단히 하면서 요점만 지적해야 한다. 대답을 한 다음에 질문에 적절한 답이었는지를 알고 싶으면 다음과 같이 물어볼 수 있다. '질문에 맞는 답이 되었나요?' 질문을 할 시간, 잠깐 멈추거나 침묵해야 할 시간을 잡는 것은 질의·응답의 기능을 발달시키는데 중요한 부분이다(Fry 외, 2011).

4. 문답법의 장단점

문답법의 장점은 학습동기를 높여 학습자가 활기차고 적극적으로 학습활동에 참여하게 되고 학습자가 문제에 대한 해결책을 찾는 기회를 제공할 수 있다. 학습자가 주체적인 학습을 가능하게 한다. 단점은 학습자 수가 많은 대집단일 경우 사용에 제한이 있다. 경우에 따라서 한 질문에 관련한 질의·응답에 시간이 많이 걸릴 수 있으므로 이에 대비하여 시간 관리에 신경을 써야 한다. 또한 사고의 통일과 지속을 방해할 우려가 있고 학습자 중심의 수업이 아닌 교수자 중심의 수업이 진행되기 쉽기 때문에 사고의 영역을 한정시킬 수 있다. 어려운 질문의 경우 학습자가 충분히 생각할 수 있는 시간을 제공해야하므로 사전에 준비해야 한다. 수줍음이 많거나 대인공포증, 말더듬이와 같은 학습자가 있는지 사전에 알아봐야 한다. 학생의 다양하고 예상치 않은 질문에도 당황하지 않고 대처할 수 있는 능력과 재치가 필요하다.

CHAPTER 6

집단 중심의 평생교육방법

제 1 절 토의법

1. 토의법

토의의 목적은 학습자의 참여를 유도하고 학습문제를 비판적으로 분석하며 창의적인 능력과 협동적인 기술을 개발하는 한편, 특정 문제 상황에 대한 해결책을 탐색하거나 태도 변화를 유도하는 것이다. 이런 목적 달성을 위해 토의는 일정한 규칙과 단계에 따라 이루어져야 하며 개방적인 의사소통과 협조적인 분위기 그리고 민주적인 태도가 필요하다. 토의를 통하여 학습자들은 자기들이 가지고 있던 생각의 타당성, 합리성을 검증하게 된다. 또한 집단사고, 집단문제해결 과정을 통해 비판적 사고와 문제해결력을 배우게 된다. 그리고 타인에 대한 존중, 타인의 의사에 대한 경청, 타협과 합의 등을 익히게 된다.

토론을 토의에 포함되는 개념으로 생각하는 경우도 많지만(전명남, 2006; 정재찬 · 이성영 · 서혁 · 박수자, 1998) 토의와 토론은 다른 개념이다. 토론교육연구소(2007)에 따르면 토의(discuss)는 희랍어 'dischos'에서 나왔다. 주의 깊게 검사하다의 뜻이고 토론(debate)은 라틴어 'debattuo'에서 나왔다. 서로 떨어져 분리되어 싸운다는 뜻이다(정문성, 2012, p.14. 재인용). 토론은 문제에 대해 찬성과 반대의 입장을 먼저 가진 다음 합의점을 찾기보다는 자신의 주장을 상대에게 설득하여 인정시키려는 점에서 다르다.

즉, 토론법이란 교육목적 달성을 위해 토의할 사안에 대해 사전에 내용과 절차에 대하여 치밀하게 계획하여 실시하는 것이다. 공통점은 다수의 구성원이 문제를 해결하기 위해서 함께 노력한다는 점에서 같다. 따라서 본서에서는 토론을 별도의 개념으로 구분하지 않기로 한다.

2. 토의법의 유형

1. 단상토의(Symposium)

단상토의란 동일한 문제에 대해 2~5명의 전문가들이 자신의 지식, 의견을 공식발표 형태로 제시하고 토론하는 방법이다. 발표자와 청중간 상호 교류되기는 어렵지만 하나의 주제에 대한 전문지식과 의견을 얻을 수 있다.

2. 배심토의(Panel)

배심토의란 학습자가 많을 경우 대표자 4-6명을 패널로 선정하여 단상에서 토의시켜 타학습자에게 자유로운 의견 발표 후 청중과의 질의응답을 통하여 청중을 토의에 참여시키는 방법이다. 이 방법은 패널들이 토의 분야의 전문적인 위치에 있어야 효과적인 방법이다. 그러므로 발표자는 반드시 청중보다 많은 준비를 해와야 한다.

3. 대좌식 토의(Debate Meeting)

대좌식 토의란 주로 방송에서 많이 사용되는 토의방법으로서 논제에 대하여 상반된 두 집단으로 나누어 각 집단의 견해를 주장하는 방법이다. 상대방의 얼굴이 다 보이도록 좌석 배치를 해야 한다.

4. 버즈집단토의

집단사고나 집단 토의를 효율적으로 하기 위해 그 자리에서 소그룹으로 갈라져 어떤 주제에 대해 토의를 진행하는 방법이다. 대개 5~7명으로 하고 한정된 시간을 배정하여 진행한다.

5. 눈덩이토의(SNOWBALLING)

눈덩이 토의란 개별 학습자로부터 점차 집단적인 과정으로 되어가는 토의이다. 집단 간의 원활한 의사소통을 통해 상호작용의 장벽을 제거해 나가는 방식으로 각 단계별 시간 조절에 유의해야 한다.

6. 브레인스토밍(brainstorming)

1) 브레인스토밍

Osborn(1963)이 제시한 것으로 창의적인 아이디어나 해결책의 산출을 위한 자유로운 집단토의 방법이다. 이 에는 몇 가지 원칙이 있다.

① 많은 아이디어가 창출될 때까지 판단을 중지하는 비판 금지 원칙

② 과거의 지식, 경험, 규칙에 얽매이지 않는 자유로운 사고 적용의 원칙

③ 아이디어 질에 관계없이 가능한 한 많은 아이디어를 추구하는 아이디어 양의 추구 원칙

④ 아이디어의 결합과 종합을 통한 개선의 원칙

* 브레인 라이팅(brain writing): 침묵 중에 아이디어를 종이나 카드에 적어 서로 나누어 보며 아이디어를 부가, 변경하거나 하는 방식

7. 콜로키이

콜로키엄은 6~8명 정도의 인원이 토론자로 구성되어 이중 3~4명은 학습자 대표이고 다른 3~4명은 전문가나 자원인사이며 한 명의 사회자가 대담토론 과정을 총괄하여 이끌어 간다.

토론 시간은 학습자 집단과 전문가 집단 양측에 거의 동등하게 주어지고 청중들도 토론 과정에 참여할 수 있다.

8. 단상토의(Symposium)

동일한 문제에 대해 2~5명의 전문가들이 자신의 지식, 의견을 공식발표 형태로 제시하고 토론하는 방법이다. 발표자와 청중 간 상호 교류되기는 어렵지만 하나의 주제에 대한 전문지식과 의견을 얻을 수 있다.

표 6-1 토의법의 주요 유형 정리

유 형	내 용
버즈집단토의 (Buzz)	• 6-6, 와글와글, 윙윙 토의법 • 일정학급집단 성원전체가 학습에 참여하며 공통된 학습과제를 신속히 얻고자 할 때 실시하는 토의법 • 3~6명을 한 집단으로 하여 6명씩 6분단을 만들고 각 분단 1분씩 토의(총 6분)로 각 분단 1과제추출(6과제)후 공통과제를 추출하는 절차를 거친다. • 학급집단 성원전체가 학습에 참여할 수 있다. • 시간 · 노력 · 경비를 감소할 수 있는 토의법이다. • 상호간 관계개선, 분위기 조성할 수 있으며, 부진학생 지도 도움, 언어력 향상에 도움이 된다.
배심토의 (Panel)	• 소수의 선정된 배심원과 다수의 일반 청중으로 구성되었다. • 특정주제에 대해 상반된 견해를 대표하는 몇몇 사람들이 사회자의 진행에 따라 토의하는 형태이다. • 배심원은 토의될 주제에 대해 관심, 관련된 내용을 조사, 필요에 따라 전문적인 연구가 필요하다.
공개토의 (Forum)	• 1~3인의 전문가나 자원인사가 10-20분간 공개적인 연설을 한 후, 이를 중심으로 하여 청중과 질의 응답하는 방식으로 토의가 진행된다. • 청중이 직접 토의에 참가하여 공식적으로 발표한 연설자에게 질의를 하거나 받을 수 있다는 점이 특징이다.
단상토의 (symposium)	• 권위있는 전문가 몇 명이 각기 다른 의견을 공식 발표한 후, 이를 중심으로 의장이나 사회자가 토의를 진행된다. • 전문가, 사회자, 청중 모두 특정주제에 관한 전문적인 지식이나 정보, 경험 등을 지니고 있어야 한다는 점이 특징이다.
원탁토의 (round table discussion)	• 참가인원은 보통 5~10명 정도이며, 참가자 전원이 상호 대등한 관계 속에서 정해진 주제에 대해 자유롭게 서로의 의견을 교환하는 좌담형식이다. • 충분한 경험을 지닌 사회자와 기록자, 그리고 전문지식을 가진 청중들 또는 관찰자와 함께 대화하는 비형식적 집단의 성격을 띤다. • 참가자 모두가 발언할 수 있도록 기회를 적절히 제공해야 하며, 협조적이고 개방적인 자세, 공동체 의식이 형성되어야 한다.

표 6-2 토의계획서

토의주제				
토의목적				
구분	교수 (요점 및 주의사항)	토의/종합 (질문 및 토의사항, 요점정리)	시간	준비물 (교육자료 및 준비사항)
도입 전개 정리 평가				

3. 토의의 오해

토의, 토론은 반드시 이겨야 하는 경쟁의 방법이 아니다. 토론은 서로의 의견을 공유하여 좋은 결과를 가져와야 성공하는 방법이다. 토론의 성패는 말을 얼마나 잘하느냐가 아니라 자신의 주장을 얼마나 논리적으로 말하고 상대방의 주장과 근거를 잘 듣고 그에 얼마나 적절히 대응하느냐가 성패를 가르는 요인이 될 수 있다. 또한 자신의 의견과 반대의 의견을 모두 반대하는 것이 아니라 타당한 것은 인정하고 타당하다고 생각되지 않는 부분에 대하여 구체적인 논리하에 반박하는 것이 옳은 토론의 방법이다.

4. 토의의 자세

토의는 듣기와 말하기로 이루어져 있다. 바람직한 듣기의 자세는 먼저 청취 장애물을 제거하고 부드러운 표정, 상대방이 눈을 마주치게 하며 진지하게 상대방의 말을 메모하며 듣는 것이다. 들은 내용은 명료하게 조직화해야 하는데 핵심 내용과 부수적인 내용, 주장과 근거 등으로 정리하여 타당성을 검토하며 자신이 말할 때 이용할 수 있어야 한다. 바람직한 말하기의 자세는 청취자의 반응을 점검하며 말을 하고 자신의 주장은 간단명료하게 말할 수 있어야 하며 부드러운 표현을 사용하고 감정을 최대한 배제한 채로 이야기 하는 것이 토의시의 바람직한 자세라고 할 수 있다.

5. 토의법의 장단점

토의법의 장점으로는 학습자들을 수업에 참여하도록 하여 자발성을 높일 수 있으며 학습자 간 의견 교환 및 공유를 통해 사회 등에 관한 시야를 확대시킬 수 있다. 또한 여러 사람의 의견공유를 통해 결과를 받아들이게 되므로 결과에 대한 수용성이 증가하게 되고 팀으로 이루어지는 수업이니만큼 팀워크가 향상되며 비판적 사고 논리적 의사소통능력이 증진되는 것을 꼽을 수 있다. 그에 반해 시간이 많이 소요되고 토의에 참여하는 사람이 고정적일 수 있다는 점과 토의 방향이 잘못된 곳으로 흘러갈 수 있다는 점, 편향된 결론이 나올 수 있으며 의견 불일치로 인하여 상호 비판하고 갈등을 조장하게 될 수도 있고 참여인원에 한계가 있으며 토의 주제에 대한 사전지식이 있어야 한다는 단점도 있다. 또한 잡담으로 흐르지 않도록 사회자는 주의를 기울일 필요가 있다. 다음은 토의법의 장단점을 표로 제시하였다.

표 6-3 토의법의 장단점

장 점	단 점
• 사회적 기능 및 태도를 형성시킬 수 있음	• 시간이 많이 소요
• 집단의식과 공유능력을 향상시킴	• 철저한 사전준비를 해도 예측 못한 상황이 발생
• 선입견과 편견은 집단구성원의 비판적 탐색에 의해 수정될 수 있음	• 토의의 허용적 특성은 학습자의 이탈을 자극할 수 있음
• 자율성을 향상시킬 수 있음	• 알려지지 않거나 어느 정도 완전하게 이해하지 못한 사실과 개념에 대해 효과적으로 토의하기 힘듦.

제 2 절 인터넷 기반의 온라인 토론법

사이버 대학 등에서 인터넷을 기반으로 하여 토론실, 대화방 등을 개설하여 학습자의 토론을 유도하는 것은 이미 일반화된 현상으로 나타나고 있고 평생학습 동아리, 인터넷 학습 동호회, 일반 대학에서도 가상강의실이나 클래스넷 등을 개설하여 학습자의 토론 참여를 적극적으로 유도하고 있는 추세이다. 흔히 오프라인 토론법에서는 교수자가 학습자들이 토론을 진행할 시 학생의 발표와 참여 태도를 관찰 평가하는 한편 토의과정에서 학생들이 자문을 구하며 도움을 제공하는 수준에 그치는 특성이 있다. 그러나 원격교육 상황에서는 학습자들이 교수자에 의존하기 보다는 자신의 지식과 사고를 분명히 하고 정리하기 위해서 단계적인 토론 참여가 매우 필요하다. 초기 단계에서는 토론의 초점, 전개 방식에 대하여 관여를 하다가 이후 점점 관여의 수준을 줄이는 방식을 취할 수 있다. 교수자가 학습자와의 토론 과정을 주도하거나 적극적으로 참여할 경우 학습자의 학습 성공률과 만족도 수준이 높기 때문이다(한정선 · 오정숙, 2005). 학습자간 인지적 상호작용을 위해서는 조별 과제를 부과하여 그것을 해결하는 과정에서 경험할 수 있게 하고 이 부분을 성공적으로 운영하기 위해서는 강좌 안내문 등에 조별 과제 참여 방식과 이에 대한 평가방식을 분명히 하는 것이 효과적이다. 특히 개인별 평가뿐만 아니라 전체 조의 평가방식을 구분함으로써 모든 학습자가 인지적 상호작용에 적극적으로 참여하게 만드는 방법도 고려할 필요가 있다(임철일, 2003). 학습자의 사회적 상호작용을 위해서는 학습자들 사이에 개인적인 대화를 나눌 수 있는 공간을 제공함으로써 해결할 수 있다. 교수자도 적절한 방식으로 교육과정 초기 단계에 이러한 상호작용을 고무하거나 참여함으로써 학습자 간의 사회적 상호작용이 활성화될 수 있게 할 수 있다(이지연, 2002).

대학교육이나 기업교육에서 원격기반의 온라인 강좌가 더욱 늘어날 전망이어서 온라인 토론 강좌는 앞으로 더욱 그 귀추가 주목된다. 온라인 토론을 통해서 높은 수준의 지식구성, 메타인지, 그리고 과제수행지향적인 구성원 간에 높은 상호작용을 기대할 수 있다. 특히 토론의 구조, 토의 주제, 평가 기준은 학습자 수에 상관없이 성공적인 온라인 토론 강좌의 중요한 구성요소가 된다. 학습자들의 개인적 경험을 공유하게 하는 것은 학습자들의 상호 연결성을 발달시키고 학습자들의 선행 지식을 확장시킨다. 온라인 토론시 교수자는 동기부여자로서 최소한 정도의 피드백을 제공해야 한다. 과도한 개입은 학습자들이 교수자의 피드백에 의존하게 되면서 학습자간의 상호작용이 줄어들 수 있기 때문이다(Lee, 2012).

이상과 같이 토론은 과학기술의 발달로 인하여 인터넷 기반에서 그 활약이 더 기대될 전망이다. 또한 대부분의 웹 기반의 토론 시스템은 컨텐츠의 생성과 공유를 가능하게 하고 있다. 예를 들어 학습자들이 협동적으로 온라인 컨텐츠에 내용을 자유롭게 올리고 삭제하는 위키피디아와 같은 형식이다(Shih et al., 2012).

1. 온라인 토론의 유형

온라인 토론의 유형으로는 다른 시간대에 커뮤니케이션을 주고받는 형태인 비실시간 토론과 동시에 이루어지는 실시간 토론의 두 가지 형태가 있다(Khan, 2005).

1. 비실시간 토론

온라인 토론은 진행자의 역할에 따라 세 가지 각기 다른 형태의 비실시간 토론이 있다.

(1) 조정된 토론 포럼
(2) 조정되지 않은 토론 포럼
(3) 외부 전문가 중심의 토론 포럼

비실시간 커뮤니케이션 도구에는 게시판, 이메일, 메일링리스트, 뉴스그룹이 있고 다양한 인터넷 카페, 블로그 등도 활용하면 토론에 효과적이다.

(1) 비실시간 온라인 토론의 특징을 감안하여 멀티미디어, e-class 게시판, 가상강의실 토론 게시판, 인터넷 카페 게시판, 이메일 등을 활용하여 학습자간 상호작용을 유도한다.
(2) 교수 학습과정에서 비디오, CD-ROM, 시뮬레이션, 오디오 컨퍼런싱, 텔레컨퍼런싱 등의 다양한 매체를 활용한다.

2. 실시간 토론

실시간 토론은 가상공간을 활용하여 실시간으로 진행되기 때문에 비실시간에 비해 훨씬 생동감을 줄 수 있다. 실시간 커뮤니케이션 도구에는 채팅, 메신저와 오디오 및 비디오 컨퍼런싱 도구가 있다. 최근 들어 SNS(Social Network Service)로 웹기반에서의 토론의 가능성은 더욱 확장되었다. 간단한 토론은 MySpace, 미니홈피, 싸이월드, 트위터나 페이스 북 등을 활용할 수 있다.

(1) 실시간 오디오와 비디오 기반 컨퍼런싱, 온라인 공유 화이

트보드(shared whiteboard)를 활용하여 상호작용을 활성화 시킨다.

(2) 온라인 리얼타임 토론 수업의 효과를 극대화하기 위해서 비디오 컨퍼런싱, 오디오 컨퍼런싱, 시뮬레이션, 텔레컨퍼런싱 등의 다양한 매체와 테크놀러지를 적절히 활용해야 한다.

(3) 교수자나 튜터는 조력자로 혹은 동료 학습자로서 참여해야 하고 학습방향에 대해 조언하는 것은 무방하나 학습 방향을 결정하거나 학습과정을 주도하는 것은 바람직하지 않다.

2. 온라인 토론의 에티켓

교수자와 학습자는 토론 메시지에 응답하거나 글을 올리기 위해 많은 시간을 할애하는 학습자들이 있다는 사실을 유념하여 기본 에티켓 수칙을 기억하고 토론에 임하여야 성공적인 온라인 토론이 가능하게 된다. 온라인 텍스트 기반 토론에서는 우선 몸짓이나 서로를 볼 수가 없기 때문에 서로 동떨어져 있다고 느끼기 쉽고 다른 사람의 생각에 관심을 가지지 않게 된다(Boehle, 2000). 또한 다른 사람의 글을 어떻게 해석하느냐에 따라 논쟁이 불거질 수도 있다. 따라서 비방적이거나 모략하는 비평은 절대 금물이다. 이러한 최소한의 것들이 지켜질 때 온라인 토론문화가 육성될 수 있다. 메릴랜드 대학에서는 '에티켓 수칙 및 조언자의 비밀보장'에 대한 웹사이트를 운영하고 있다(http://www.umuc.edu/studserv/civility.html)(Khan, 2005). 또한 Hockly와 Clandfield (2010)는 다음과 같이 온라인 토론에서 지켜야 할 사항들을 제시하고 있다.

표 6-4 **네티켓**

존경	당신이 동의하지 않을지라도 다른 학습자들의 의견을 존중한다. 예의바르게 반대의견을 제시할 때 사용할 수 있는 유용한 문장들을 소개하면 다음과 같다: '당신은 좋은/흥미로운/적절한 관점을 가졌다. 그러나 나는 또한 이렇게 생각한다.' 혹은 '당신이 이 중요한 문제에 대해 강조하는 것에 감사한다. 그러나 우리가 잊지 말아야 할 것은 ….'
인정	학습자들에게 다른 사람들의 의견과 생각을 인정하고 격려하게 하라. '당신의 제안에 감사한다. 매우 흥미있는 제안이다' 혹은 '나는 당신의 생각(관점)을 매우 좋아한다'
쓰기 전에 사고하기	학습자들이 답변을 포스트하기 전에 충분히 생각하도록 하게 하라. 만약 학습자들이 의견에 동의하지 않을지라도 적어도 한 가지 긍정적인 관점을 찾아 강조하도록 노력하는 한편 항상 예의바른 언어를 사용한다.
유머	온라인 상에서 유머를 전달하기란 매우 어려울 수 있다. 당신의 학습자들에게 적절히 이모티콘을 사용할 것을 제안한다면(예: 웃는 얼굴 :-) 윙크 ;-)) 너무 심각하지 않은 상태를 보여줄 수 있어 좋다. 그러나 모든 사람들이 이모티콘을 좋아하지 않는다는 사실을 알아야 한다.
이모티콘	이모티콘이 유머러스하게 사용될 수 있다고 할지라도 혹은 문장을 덜 심각하게 할지라도 남용되어서는 안 된다.
대문자	온라인 글쓰기에서는 SHOUTING과 같은 대문자를 쓰는 것을 자제하도록 한다. 굵은 글씨나 이탤릭체, *를 사용하여 강조하는 것은 무방하다.
두문자어(머리글자로 된 말)	LOL(Laugh Out Loud), BTW(By The Way)와 같이 머리글자를 따서 이루어진 말을 사용하는 것은 온라인 포럼이나 이메일에서 흔한 일이다. 그러나 이러한 말들이 받아들여진다고 느꼈을지라도 맨 처음 사용할 때는 이러한 머리글자로 된 말이 원래 어떤 단어를 대표하고 있는지를 상세히 설명해야 한다. 이러한 표기방식에 모든 사람이 익숙하지는 않고 무엇을 의미하는지 정확히 알지 못한다.
텍스트 언어	see you를 'CU'로, later를 'L8R'로 같이 약자로 표기하는 방식은 모바일 문자에서는 매우 흔한 일이고 인터넷 상의 온라인 포럼에서도 볼 수 있는 사항이다. 그러나 온라인 언어 학습코스에는 바람직하지 못한 경우로 간주된다. 이것은 언어의 적절한 사용이라기보다는 실수처럼 보이기 때문이다.

출처: Hockly & Clandfield(2010). p. 30.

3. 온라인 토론의 절차

토론주제의 선정 및 수업준비, 학습안내, 토론활동, 토론결과 발표 및 공유의 순으로 진행한다.

<온라인 토론의 사례>

온라인 공간에서 토론 활동의 공간은 실로 광범위 하다. 이미 국내 사이버대학들은 토론실 및 대화방을 운영하고 있으며 국내 일반대학에서도 가상강의 시스템 등을 구축하여 토론, 쪽지, 메일, 팀별 프로젝트, 강의 콘텐츠 업로드, 동영상 강의 업로드, 공지사항 기능들을 교수자 및 학습자들이 편리하게 활용할 수 있게끔 하고 있다.

미국 보이시 주립대학교(Boise State University)에서는 2010년 봄 학기 가상 세계 과정으로 교육 및 가상세계에서의 학습, 가상 세계에서 수학교육, 교육 게임 및 모의실험 과정을 개설해놓았다. 그중 교육 및 가상 세계에서의 학습은 대학원 레벨 코스(3학점)로 대학원 수준의 교육 과정과 학습을 위한 가상 세계를 경험하게 된다. 예를 들어 프로젝트 기반 수업에서는 참가 학생들의 대화와 토론, 각종 조사 등 다양한 기회를 제공한다(백영균, 2010).

4. 온라인 토론의 장단점

참여자의 논리적 사고력을 함양시키거나 면대면 토론학습에 부담감을 갖고 있는 학습자를 적극 참여시켜서(Hsi & Hoadley, 1997) 질문을 유도하고 의사표현능력과 합리적 사고를 발달시키는데 효과적이다. 단점으로는 학습자들 간 면대면 토론이 아니기 때문에 실재감이 형성되기가 어렵고 텍스트에 의존해서 판단하기에 토론 견해 해석에 오류를 범할 수도 있다.

(1) 면대면 토론보다 그룹의 의사결정이 어렵다(Siegel 외, 1986).
(2) 비언어적 요소의 부족으로 협상이 어렵고 협상 시 신속한 주고받음이 어렵다(Bos & Shami, 2006).
(3) 학습상황에 있어서 학습자들로 하여금 다른 동료 학습자의 의견에 귀를 기울이게 하기가 어려울 뿐만 아니라 온라인 환경에서 공감대를 형성하기 어렵다. Bonk 등(2001)은 예비교사들에게 자신들의 현장경험에 대해 이야기하는 것에는 효과적이나 다른 사람들의 의견에 실질적으로 코멘트를 하게 하는 것은 매우 어려운 일이라고 보고한다.

표 6-5 온라인 토론의 장단점

장 점	단 점
• 참여자의 논리적 사고	• 면대면 토론보다 의사결정이 어려움
• 선입견과 편견은 집단구성원의 비판적 탐색에 의해 수정될 수 있음	• 비언어적 요소의 부족으로 협상이 어려움
• 자율성을 향상시킬 수 있음	• 온라인 환경이라서 공감대를 형성하기가 어렵고 타인의 의견에 실질적으로 코멘트하기가 어려움

제 3 절 사례연구법

1. 사례연구법

사례연구법을 체계적으로 발달시킨 사람은 1870년대 하버드대 법대 학장으로서 활약한 크리스토퍼 콜럼버스 랑델(Christopher Columbus Langdell)이다. 많은 교수자들이 내용을 가르칠 때 사례를 사용한다. 이 사례에는 실제적인 데이터가 포함되어 있고 학생들이 스스로 의사결정을 할 수 있는 요소를 포함하고 있다. 이와 같이 사례연구 교육방법이란 분석력, 판단력, 의사결정능력, 협상력 등의 문제해결능력이나 직무수행능력을 체험적으로 함양시키는 기법으로 사례에는 특정한 상황과 사실을 구체적으로 기록하여 사례 내에 해결해야 할 문제가 반드시 포함되어야 한다. 즉, 포함되어야 할 것은 6하 원칙과 해결해야 할 문제이다. 사례연구법이란 학습자가 주어진 현실적인 문제 장면을 검토, 분석하고 그 문제 장면의 여러 가지 성질을 평가하여 최선의 해결책을 찾아내게 하는 수업방법이다.

1) 개념특성

사회현장에서 실제로 발생될 것으로 생각되는 문제를 학습자에게 사례로 제시하고 이를 연구하게 하는 것으로서 학습자들이 분석력, 판단력 등 문제해결능력과 직업수행능력을 체험을 통해 익히게 하는 기법이다. 구체적인 해결을 필요로 하는 문제가 있어야 하고 자유롭고 자주적인 사고 촉진을 위한 교육방법이다. 사례분석 훈련은 기업교육에 있어서도 실무처리 능력을 배가시킨다. 그러므로 많은 사례를 준비하고 있어야 한다. 이러한 일련의 과정에 있어서 사례를 일관성 있게 판단하고 해석하여 줄 유능한 강사의 확보가 필요하다.

사례 연구법은 세 가지 상호의존적 활동이 필요하다. 첫째, 사례를 스스로 읽고 사색하는 활동, 둘째, 타인과 함께 집단으로 사례를 분석하고 토의하는 활동, 셋째, 사례토의 및 그 자신의 태도와 행동에 대한 반성을 하는 활동이다.

2) 사례대상

사례연구에서 활용되는 사례의 대상은 한 개인에 국한시킬 필요는 없으며, 심지어 프로그램, 단체, 집단, 기관 등에까지도 사례의 대상으로 삼을 수 있으므로 다양한 종류의 사례를 적극 활용할 수 있어야 한다. 이렇듯 사례는 뉴스 기사나 영상, 개인의 경험, 가상의 이야기 등을 통해 생성할 수 있다. 또한 수업의 요소와 관련된 영화나 드라마의 한 장면, 소설의 일부, 정부의 정책이나 보도자료, 인터넷 검색 자료 등도 사례로서 활용될 수 있다.

3) 효과성

능동적인 참여와 사고력과 의사소통기술을 함양시킨다. 고정관념의 탈피 기회를 가질 수 있다. 자주적인 판단력을 고양시킬 수 있다. 인간행동에 대한 이해가 가능하다. 동일한 사실에 대한 각자의 다른 관점을 파악할 수 있다.

2. 사례연구법의 유형

1. Chicago 방식

Chicago 방식, Harvard 방식, Incident Process의 세 종류가 있지만 통상 '케이스 스터디'라고 하면 이중 Chicago 방식을 가리킨다. 초기에는 특정 명칭이 붙여져 있을 뿐만 아니라 강의 짬짬이 간단한 사례를 넘겨주고 토의하던 것이 하나의 기법이 되었다. Chicago 방식은 구체적 사례를 제시하고 수강자와 강사가 하나가 되어 객관적 입장에서 '왜 그런 일이 일어났는가?' '해결책은 무엇인가?'를 검토하고 일반적인 원리원칙을 도출해간다. 따라서 케이스는 단순한 것이 많고 토의시간도 짧은 것이 많다. 단기간의 실무에서 발생하는 제 문제에 접하여 그 해결을 위하여 고도의 판단력을 증진시킬 수 있기 때문에 유용하다.

2. Harvard 방식

Harvard 방식은 구체적 사례를 제시하고 '이 사례의 문제점은 무엇인가?', '원인은 어디에 있는가, 그 대책은?' 과 같은 순서로 토의하고, 참가자의 문제해결능력과 판단력을 높여가는 것을 목표로 한다. 사용하는 사례는 현실에 일어난 복잡한 것이 많고, 또 하나의 사례에 5~8시간의 토의시간을 필요로 하기 때문에, 기업내 교육에서는 경영자와 관리자에게 적용하는 경우가 많다. Chicago 방식과의 차이점은 사례가 장문으로 복잡할 뿐만 아니라 등장인물의 입장에서서 생각한다는 것에 있다(Chicago 방식은 객관적 입장에서 생각). 또, Chicago 방식이 원리원칙을 학습하는 것을 목표로 하고 있는 것에 비하여, Harvard 방식은 문제해결의 프로세스에 초점을 맞추고 있다는 것이 차이점이다.

3. Incident Process

방대한 사례를 읽지 않고서도 질문에 의해 순차적으로 사실과 현상이 드러나게 하여 흥미를 유발시키는 사례연구 기법으로서 문제 처리능력 향상이 목표이다. 단시간 내에 참가자들에게 문제 처리 프로세스를 경험하게 하는 것이 목적이다. 실제로 일어났던 사건을 사례로 제시하고 멤버는 그 배후에 있는 사실을 리더로부터 질문을 통해 수집하면서 문제의 해결책을 생각해 나가는 방식. 즉, 완전히 사례의 등장인물이 되어 생각하는 사례연구이며, 일상의 업무 속에서 실행할 수 있도록 하는데 주안점을 두었다. 현실에 가까운 사례연구법이고 타인의 사례로부터 대리경험을 하는 기법이다.

1) 개인별 케이스의 작성

업무상 일어난 돌발사건 중에서 해결에 고생하며 교훈을 얻은 실례를 작성한다.

2) 소그룹별 케이스의 소개

소그룹(5~6명)별로 멤버들의 지참한 케이스(사건명과 발생상황)를 간단하게 소개한다.

3) 토의 순위 결정

토의내용이 쉬운 순서로 토의순위를 결정한다.

4) 토의의 진행방법

- 사건의 제시
- 사실의 수집(멤버가 사실수집의 질문을 리더에게 던진다)

• 문제점의 발견과 대책의 결정(멤버 서로가 토의하여 "우리들이었다면 이렇게 해결한다" 라고 하는 식으로 해결책을 생각하여 발표한다)

5) 평가

• 무엇을 배웠는지를 유도해 낸다.

사례연구법은 교육연구방법으로 인식되어 왔으나 최근에는 학습자를 가르치는 수업방법으로 많이 활용되고 있다. 사례연구법은 참여식 교육방법의 하나로 간주하여 부분적으로 실시하고 있지만 이에 대한 기초지식이 부족하여 체계적으로 운영되지 못하고 있고 사례연구법에 대한 개념적인 혼란과 왜곡현상이 두드러지게 나타나고 있다. 따라서 하나의 수업방법으로서의 사례연구법에 대한 기본개념과 성격이 명확히 규정되어야 할 것이고 수업실제에서 사례연구법을 활용하는 수업절차가 체계적이고 합리적으로 개발되어야 한다.

3. 사례연구수업 기법

1. 학습목표와 사례의 선정

사례연구 교육방법을 통해 학생들이 도달해야 할 목적과 목표는 무엇인지 먼저 결정해야 한다. 교육의 목적이나 대상 계층을 명확히 해야 한다. 대상계층에 따라 문제, 해결책의 수준이 달라질 수 있다. 이는 수업에서 어떤 사례를 선정할 것인가에 대해 영향을 미치게 된다. 다음은 사례 선정에 대한 기준이다.

(1) 사례는 무엇에 대한 것인가?

(2) 사례에 포함된 잠재적인 학습 이슈는 무엇인가?
(3) 사용하고자 하는 사례는 수정이 필요한가? 아니면 수업에서 그대로 사용할 수 있는 것인가?
(4) 사례에 포함된 학습 이슈의 난이도와 명확성 정도는 어떠한가?
(5) 사례에서 단순한 사실을 발견하면 되는 것인가? 아니면 창의적인 결론을 만들어야 하는 것인가?
(6) 학생들이 만들어야 할 최종 산물은 무엇인가?
(7) 사례의 길이가 너무 짧거나 길지는 않은가?
(8) 사례를 분석하거나 해결하는 데 있어 필요한 학습 자원의 종류는 무엇인가?

2. 학생들의 준비도

인원수는 15명 내외가 효과적이다. 학생들 중에는 협력적인 그룹 활동에 대해 기본적인 적응을 잘 못하는 경우도 있다. 그러나 협력 능력은 학생들이 반드시 갖추어야 할 능력이므로 이에 대해 교수자는 강조할 필요가 있다. 사례 연구법을 시도하는 초기에는 학생들의 부담을 어느 정도 줄여주는 것이 좋다. 분량은 많지 않으면서도 사례는 쉽고 재미있는 흥미로운 것이어야 한다. 학생들이 사례를 통한 학습 이슈나 질문을 어떻게 도출하는 지 배울 수 있도록 하고 학생들에게 시기마다 필요한 학습 안내를 제시하여 학생들이 마음에 여유를 가지고 준비할 수 있도록 돕는다. 특히 사례를 잘 분석하기 위해서 실시하는 브레인스토밍 방법에 대해 잘 안내하는 것이 필요하다.

4. 사례연구수업 과정

의의, 방법, 효과 등을 설명하고 시간배정, 연구방법 등을 설명한다. 소집단으로 나누어 각자를 소개하고 분위기를 좋게 한다. 우선 사례선정, 사례보기, 사례 분석, 개별 탐구, 팀별 활동, 결론 제시, 평가의 단계로 전개될 수 있다. 유의사항으로는 사례의 내용은 사전에 터득하는 것이 좋고 토의의 내용을 종합하여 결론을 유도하게끔 한다.

(1) 사례 선정(개발)단계에서는 사례를 통해 학생들이 성취해야 할 학습목표가 무엇인지 생각하고 이에 적합한 사례를 선정 혹은 개발하게 된다. 이때 사례 안에 구체적인 학습 과제가 포함되어야 한다. 학생들의 토론 활동을 위한 기본적인 가이드라인과 평가 계획을 수립하는 것이 좋다.

(2) 사례 보기단계에서는 사례에 포함된 불명확한 용어나 개념에 대해 팀원들끼리 질의응답을 통해 내용을 분명히 하도록 한다.

(3) 사례 분석 단계에서는 팀원들간의 브레인스토밍을 통해 사례가 무엇에 대한 것인지, 어떤 요소들이 포함되어 있는지를 논의한다. 이 때 학습 이슈나 질문들을 생성하게 된다.

(4) 개별 탐구 단계는 문제를 해결하기 위한 계획을 수립하는 단계이다. 문제를 해결하기 위한 정보를 수집하고 이를 중심으로 개별적인 탐구활동을 수행하도록 한다.

(5) 팀별활동은 학습 이슈와 관련하여 개별적으로 탐구한 활동 결과에 대해 분석하고 점검하며 팀원들간에 서로 성찰할 기회를 갖는 것이다. 개별 탐구와 팀별 활동을 반복하면서 결론을 도출하게 된다.

(6) 결론 제시 단계는 팀원들의 합의 하에 문제에 대한 결론을 도출하고 새로운 학습 이슈를 생성하는 것이다.

(7) 이 결과를 발표하고 성찰하며 사례 연구 학습의 과정과 결과에 대해 평가를 하게 된다.

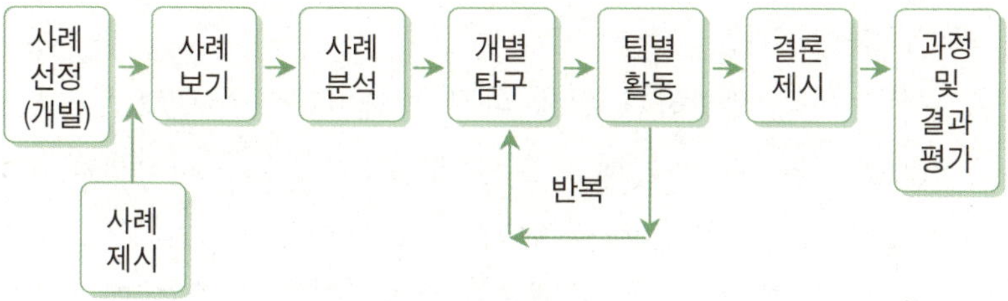

<그림 6-1> 사례연구수업 과정
출처: Waterman & Stanley (2005).

5. 사례연구법 수업의 학습평가

사례연구 교육방법을 적용해서 학습을 수행하였을 경우 다음과 같은 다양한 요소를 고려하여 학습자들을 평가할 수 있다.

(1) 학습자들의 참여도 및 그룹 활동에서의 기여도
(2) 학습자들이 규명한 학습 이슈의 종류
(3) 학습자들이 개발한 질문수준
(4) 학습자들이 수행한 조사 기법의 수준
(5) 학습자들이 탐색한 학습 자원의 위치와 방법
(6) 사례 분석 결과에 대한 발표

위와 같은 요소들을 중심으로 학습자들의 학습 과정 및 결과를 평가할 때 참고할 수 있는 질문들은 아래와 같다.

(1) 사례에서 제기된 문제의 범위 안에서 적절한 주제를 도출하고 이에 대한 정보를 획득하기 위해 적극적으로 활동했는가?
(2) 획득한 정보들을 재조직했는가?
(3) 자료 이면에 존재하는 자료들을 선택하기 위해 전략을 사용했는가?
(4) 문제를 해결하기 위해 다른 학습자들과 협력하였는가?
(5) 문제를 해결하는데 필요한 대안적 관점들을 다양하게 고려하여 적절한 관점을 선택하였는가?
(6) 다른 학습자들과 협상하고 논쟁하고 신뢰를 얻었는가?
(7) 문제 해결 결과를 효과적으로 전달하기 위해 그래프, 표, 차트 등을 생성하였는가?
(8) 결론을 잘 도출하였는가?
(9) 자신들의 결론을 지지할 수 있는 증거를 포함하고 있는가?
(10) 학습 활동 결과로 더 탐구해야 할 문제를 도출하였는가?

표 6-6 사례연구 계획서

사례명			
대상계층			
일시		장소	
사례연구의 목적			
팀원구분	사회자: 기록자: 발표자: 팀원:		
구분	내용	시간	준비물 (교육자료 및 준비사항)
도입 (문제정의) 전개 (문제의 원인규명) 정리 (해결방안검토/ 원리 및 교훈발견)			

6. 온라인 사례연구법

하버드 경영대학은 1920년대 이래로 학생들에게 효과적으로 경험학습을 제공하기 위해 사례연구법을 사용하고 있다. 컴퓨터가 사례를 텍스트로 변환하기 전까지 강의를 위한 사례는 나레티브로 구성된 문서였다. 내용은 현장답사 내용, 현장에서 혹은 전화로 인터뷰한 것들로 12~15장 분량의 사례들이다. 수업에서의 토의는 학생들이 준비한 사례들을 가지고 문제해결안을 제시하고 그들의 분석을 지원해줄만한 사례를 증거물로 제시하는 것이었다. 그들은 사례에서의 한 역할을 맡아 역할연기를 할 수도 있다. 그러나 이제는 영상, 오디오, 텍스트 등 멀티미디어를 사용하여 다양한 사례영상을 만들어 온라인상에 올릴 수 있다. 학생들은 마치 책이나 신문을 보는 것처럼 온라인 사례들을 읽을 필요가 없어진 것이다. 예를 들어 서로 다른 세 개의 회사의 매니저들이 디자인 기술과 관련한 암묵적 지식을 어떻게 관리하는가에 대한 질문을 고려하는 과제를 부여 받았을 때 학생들은 매니저들이 이 문제에 대해 이야기하는 것을 보고 암묵적 지식을 관리하는 5~10가지의 일반적 원리들을 도출해내기만 하면 된다(Sensiper, 2000).

사례연구법을 사용하여 수업을 진행할 경우 가장 힘든 일은 교수자가 좋은 사례를 발췌해서 수업목표에 부합하게 개발하는 것일 것이다. 많은 시간과 노력이 소요되는 작업이기 때문이다. 그러나 온라인 기반의 사례연구를 수업에 적용할 경우 교수자들은 초기 구축단계를 제외하고 그 이후 단계에서는 많은 시간과 노력을 줄일 수 있다. 또한 사례연구학습방법은 이러닝 코스에서 학습자가 실제적인 문제해결 과제에 참여할 수 있도록 실제 혹은 가설적 상황을 세밀히 개발하여 사용하는 것이다. 사례 연구는 적합한 사례에 대한 토론과 문제해결 전략을 촉진할 수 있으며 학습자가 실무자가 되었을 때 부딪힐 수 있는 실제적인 상황을 기반으로 할 수 있다. 따라서 다양한 상황이 벌어질 수 있는 직무 현장교육 등에 사용하면 효과적일 수 있다. 적합한 온라인학습 원리의 사용은 문제 중심적, 실제적 학습을 촉진하는 것으로 나타났다. 이와 같이 연구에 참여한 교수자들의 90%가 사례연구법이 온라인 교수전략에서 가장 효과적임을 발견했다(Christianson 외, 2002). 온라인 기반의 수업에서 학습자들의 만족도에 가장 영향을 미치는 요인은 테크놀러지가 아니라 교수자의 질과 효율성 측면이었다(Huckstadt & Hayes, 2005).

Huckstadt & Hayes(2005)는 사례기반 온라인 학습 모듈 개발 시 필요한 7가지 원칙을 설명하고 있다.

(1) 학습자와 교수자의 상호작용을 촉진한다.
(2) 학습자들 사이에 상호보완적이고 협력적인 관계를 구축한다.
(3) 활동적인 학습 기법을 사용한다.
(4) 즉각적인 피드백을 제공한다.
(5) 과제에 할당된 시간을 강조한다.
(6) 높은 기대감을 가지고 커뮤니케이션한다.
(7) 학습의 다양한 방법들과 탁월함을 존중한다.

<사례연구기반 온라인 학습 사례>

Huckstadt 와 Hayes(2005)는 간호대학원생들을 대상으로 사례기반의 온라인학습을 실시했다. 여러 개의 모듈로 구성된 웹 기반 플랫폼에서 대학원생들은 교수자들과 활발하게 의사소통할 뿐만 아니라 즉각적인 피드백을 받을 수 있다. 각각의 모듈은 실제적인 사례를 가지고 학습하기 때문에 도제형식의 실제적 학습을 촉진하도록 디자인되었다. 각각의 모듈 최종 단계에서는 수업 목표, 온라인 학습 태도, 학습 방법, 기술적 지원, 교수자, 개선사항 등에 대한 15가지 평가항목에 답하도록 구성되어 있다. 또한 교수자를 위한 서비스로 학생 출석, 수행, 평가 항목들이 구성되어 있다. 온라인 사례기반 학습을 통해 학습자들은 관련 지식과 정보를 습득하고 분석, 종합, 응용능력을 발달시킬 수 있다. 두 개의 모듈에서 학습자들은 실제적인 스스로 학습(의료 실천행위와 흡사한), 예를 들면 급성 아래허리통증과 일반적인 피부염증 일차 처치에 관한 사례를 가지고 학습을 한다. 학습자들은 피부염에 대한 자료화면을 확대해서 볼 수 있고 각각의 사례에 대해 진단을 내리면 이에 대한 즉각적인 피드백을 받을 수 있다. 25개의 관련 환자 사례가 제공되고 적어도 5개 이상의 관련 사이트 링크와 교수 이메일이 제공되기 때문에 상호작용이 활발하게 일어나 지속적인 학습이 이루어질 수 있다. [help]섹션은 학습도중 기술적인 문제가 발생할 경우 담당자에게 연결하여 결함을 해결하도록 도와주는 기능을 한다.

교과목 등록 시에 사전 평가항목을 거치도록 설계되어있어 학습자들의 선수학습정도가 자동적으로 측정된다. 1학점 코스는 하나의 모듈을 학습하고 사후테스를 거치는 것이다. 3학점 코스는 교수에게 연구논문 형식의 페이퍼를 제출하는 것으로 온라인 컨텐츠에 활용할 수 있는 임상 주제와 관련된 것이어야 한다. 이러한 코스에 어려움을 느끼는 학생들을 위해 [온라인 모듈을 사용하는 법]에 대한 온라인 특강 코스도 제공하고 있다. 연구결과 대학원생들은 전통적 교수기법에서 학습하는 것보다 훨씬 더 많은 것을 학습했다고 보고했다. 학습자들은 그래픽, 상호작용적인 사례들, 방대한 관련 사이트 링크 제공에 만족했고 이 온라인 모듈을 시간절약, 편리성, 유용성, 경제적, 혁신적인 면에서 성공적이라고 평가했다. 틀린 문제에 대한 설명 섹션이 없다는 것이 이 과정의 개선점으로 남는다.

출처: Huckstadt & Hayes(2005)

7. 사례연구법 장단점

구체적인 해결을 필요로 하는 문제가 있어야 하고 자유롭고 자주적인 사고 촉진을 위한 교육방법으로서 분석력과 판단력을 길러준다. 교육장면에서 사례를 적용해서 활용할 경우에 단순히 사례발표를 통해서 정의적(情意的)인 태도변화에 중점을 둘 것이 아니라 귀중한 경험을 대리 학습하도록 유도하여 문제해결능력을 획득할 수 있는 보다 고차적인 인지적(認知的) 목표까지 달성할 수 있도록 지도해야 한다.

CHAPTER 7

협동학습 중심의 평생교육방법

제 1 절 문제해결법

1. 문제해결법

문제란 어떤 맥락(목표 상태와 현 상태 사이의 차이)안에 있는 미지의 실재라는 점이다. 그리고 그 미지의 실재를 발견하거나 해결하는 것은 사회적, 문화적 혹은 지적 가치가 있어야 한다는 점이다. 문제는 해결에 필요한 지식, 문제를 나타내는 형식, 그리고 해결에 필요한 과정에서 매우 다양하다(Jonassen, 2009). 문제해결법은 학습자가 여러 일상생활의 상황에서 혹은 직장에서 당면한 문제에 대한 해답을 스스로 해결해 나가는 과정을 경험하게 함으로써 사회에서 능동적으로 살아갈 수 있는 능력과 태도를 기르는데 그 목적이 있다. 즉, 문제해결법은 학습자가 주어진 문제를 인간이 소유한 사고활동을 통해 분석, 파악, 종합하여 최상의 해결안을 찾아가도록 하는 교수학습 방식이다. 따라서 교수자는 학습자가 문제의 인식을 명확히 하도록 지도해야 하며 문제에 연관된 상황을 분석 및 검토하고 명료한 가설을 형성하게끔 유도하는 한편 적용할 수 있는 법칙이나 원리를 활용하도록 지도할 필요가 있다. 또한 학습자들이 문제를 완전히 해결할 때까지 관찰하고자 하는 습관을 갖도록 철저히 지도하는데 심혈을 기울여야 한다. 문제해결학습법은 실제로 학습자들의 문제발견능력을 비롯한 자료수집 및 분석, 비판능력, 결론의 응용 등의 능력을 기를 수 있다.

1) 문제중심학습과 문제해결학습의 비교

문제가 언제 제시되는가?

문제를 활용한 교수학습법은 오래전부터 활용되어 왔다. 전통적 문제해결 교수학습법에서는 개념이나 원리를 다 학습한 후에 문제가 제시된다(최정임 · 장경원, 2011). 그러나 문제중심학습은 문제상황에서 학습이 시작된다. 문제상황이 주어지면 학습자는 교실에서 그들이 해결해야 할 문제와 관련된 지식 목록을 작성하는데 이것은 문제상황을 더 잘 이해하기 위하여 필요한 것이다(백영균 외, 2010). 즉, 문제중심학습은 문제가 먼저 제시되는 경우로서 교수자는 이때 코치로서의 역할을 수행한다. 학습자는 문제해결의 참여자로서의 역할을 수행한다. 인지적 초점은 문제해결을 위해 학습자들이 지식을 종합 문제의 특성은 잘 구조화되지 않은 실제적이고 상황적인 문제가 많다. 교수자에 의해 제공되는 정보는 거의 없으며 필요한 정보는 학습자에 의해 모아지고 분석된다. 반면에 문제해결학습은 문제가 나중에 제시되는 경우이다.

이때 교수자는 자료원으로서의 역할을 수행하고 학습자는 문제해결자로서의 역할을 수행한다.

표 7-1 문제중심학습과 문제해결학습의 비교

	문제중심학습	문제해결학습
문제제시 시기	문제가 먼저 제시됨	문제가 나중에 제시됨
교수자의 역할	코치로서의 역할	학습할 원리나 개념을 소개하고 문제를 제시함, 자료원으로서의 역할
학습자의 역할	문제해결의 참여자로서의 역할	문제해결자로서의 역할
인지적 초점	문제해결을 위해 학습자들이 지식을 종합·구성함	교육과정의 맥락 내에서 문제의 해결을 위해 전달받은 지식과 개인적 특성을 종합
문제에서 학습자의 역할	이해관계자로서의 역할(상황에 몰두함)	학습자로서의 역할
문제의 특성	잘 구조화되지 않은 실제적이고 상황적인 문제	적절하게 구조화됨, 교과의 학습내용을 학습활동으로 개발하기 위한 하나의 전략으로 제시함
정보	교수자에 의해 제공되는 정보는 거의 없으며 필요한 정보는 학습자에 의해 모아지고 분석됨	정보의 대부분이 교수자에 의해 조직화되고 제시됨

출처: 서울여자대학교 교수학습센터(2010). PBL로 수업하기 자료집.

2. 문제의 유형

문제의 유형은 일화형 문제, 결함해결 문제, 사례, 시스템 및 정책분석 문제 등으로 구분할 수 있다. 일화형 문제는 기초 수학의 간단한 문제부터 공과대학 역학 강좌의 복잡한 문제까지 일화형 문제(문장제, story problems)는 가장 흔히 사용되며 폭넓게 연구되는 문제이다. 결함해결 문제는 직업세계에서 가장 흔히 경험하는 종류의 문제라고 볼 수 있다. 불량 모뎀의 문제해결부터 슈퍼마켓의 복합 냉동 시스템까지 결함해결은 기능이 정상이 아닌 시스템에서 불량 상태를 분리해 낸다. 사례분석 문제는 약 130년 전 하버드 법학대학원생들에게 법정 판례의 분석과 소송의 준비, 판결에 대한 변호 등 대학원생들이 미래에 직면하게 될 실제적인 사례분석 문제이다(Jonassen, 2009).

문제에는 다양한 속성들이 존재한다. 문제의 구조성이란 구조면에서 문제가 얼마나 잘 구조화되어 있는가이다. 정구조적인 문제는 제한된 영역 내에서 공부하게 되는 한정된 수의 개념과 규칙, 원리의 적용을 요구하는 경향이 있어 비교적 알기 쉽고 이해 가능한 해결안을 갖고 있다. 반면에 비구조적인 문제는 단순하지가 않고 간학문적 성격을 띠고 있어 주변학문을 섭렵해야 풀 수 있는 문제들이 많다. 또한 문제의 추상성이란 상황·맥락적 특수성을 의미하는 것이다. 즉, 문제해결 활동은 문제 맥락의 본질이나 영역 지식에 의존한다는 것이다. 수학자는 공학자와는 다르게 문제를 해결하며 공학자 역시 정치학자와는 다르게 문제를 해결한다. 어느 한 영역의 문제를 해결하는 데 요구되는 인지적 조작은 그러한 종류의 문제를 해결한 결과라기보다는 실용적 추론의 발달을 통하여 학습되는 것이다(Jonassen, 2009).

1) 결함해결 문제

학습자는 결함 상태와 관련 증상을 식별할 수 있어야 한다. 즉, 결함을 갖고 있는 시스템의 정확한 상태를 파악해야 한다.

(1) 결함있는 하위 시스템을 조사하기
(2) 이전에 해결했던 문제를 기억하기
(3) 이전에 해결했던 문제를 다시 사용하거나 수정하기
(4) 이전에 해결했던 문제가 없을 경우 가장 가능성이 희박한 가설을 제외하기
(5) 문제에 대한 초기 가설과 가정을 생성하기
(6) 영역 지식을 토대로 가설을 검증하기
(7) 검증결과를 해석하기
(8) 가설의 타당성을 확인하거나 기각하기. 만일 기각하게 된다면 새로운 가설을 설정하기

2) 사례분석 문제

(1) 새로운 쓰레기 매립지를 어디에 만들 것인가?
(2) 도시의 임대료 통제 정책을 어떻게 펼칠 것인가?
(3) 의회에서 새로운 자금조달 법안을 어떻게 통과시킬 것인가?
(4) 중동 지역의 정치적 전략에 대하여 대통령에게 어떤 조언을 할 것인가?
(5) 말레이시아 학교에서 발생하는 인종적 편견을 어떻게 해결하거나 완화시킬 것인가?
(6) 제3세계 국가에서 생물학적 다양성을 어떻게 장려할 것인가?
(7) 어느 수준의 농가 보조금을 중서부 지역에 지급할 것인가?

표 7-2 문제의 유형

문제유형	학습활동	투입	성공기준	맥락	구조성	추상성
논리문제 (logical problem)	논리적 통제와 제한된 변수의 조작 퍼즐풀기	퍼즐	효율적인 조작 조처 또는 요구된 조작의 수	추상적인 과제	발견되는	추상적, 발견
알고리듬 (algorithm)	조작의 절차적 순서 유사한 변수에 적용된 알고리듬적인 과정 정확한 해결안의 계산 또는 생성	공식 또는 절차	해결안 또는 생성물이 값과 형식에서 일치	추상적, 공식적	절차적으로 예상할 수 있는	추상적, 절차적
일화형 문제(story problem)	변수의 모호한 점 제거 처방된 방법을 사용하여 정확한 해결안을 생성하기 위한 알고리듬의 선택과 적용	공식을 포함한 문장 또는 내재된 절차	해결안 또는 생성물이 값과 형식에서 일치 정확한 알고리듬의 사용	사용에 정의된 요소에 제한됨, 얕은 맥락	잘 정의된 문제 분류 절차적으로 예상할 수 있는	제한된 시뮬레이션
규칙사용 문제 (rule-using problem)	규칙에 의하여 제한된 절차적 과정 시스템적으로 제한된 해결안을 생성하기 위한 규칙의 선택과 적용	제한된 시스템의 상황 한정된 규칙	생산성(관련되어 있거나 유용한 해결안이나 생성물의 개수)	목적이 있는 학문적, 실세계, 제한적	예상치 못한 결과	요구중심적
의사결정 (decision making)	이점과 제한점 식별 선택권 대안을 선택화하고 정당성 부여	제한된 대안적 결과를 동반한 의사결정 상황	해결안 또는 생성물이 값과 형식에서 일치함	생활관련 의사결정	한정된 결과	개인적인 상황
결함해결 (trouble-shooting)	시스템의 검사 검사 실시 결과 평가 전략(대체, 연속적인 제거, 공간 분리)을 사용하	하나 이상의 결함을 가진 기능이 불량한 시스템	결함 식별 결함 분리의 효율성	폐쇄된 시스템, 실세계	한정된 결함과 결과	문제 상황

	여 결함상태의 가설 설정 및 확인					
진단해결(diagnosis-solution)	시스템 결함의 해결 처방으로 선택한 사항의 평가와 점검 문제 스키마의 적용	결함 및 수많은 선택적인 해결안을 갖고 있는 복잡한 시스템	사용된 전략 처방의 효과 성과 효율성 선택된 처방의 정당화	실세계, 기술적이며 대부분 폐쇄된 시스템	한정된 결함과 결과	문제 상황
전략적 수행(strategic performance)	실시간으로 전략을 충족시키기 위한 전술의 적용 상황적 자각을 유지하는 복잡한 수행	실시간의 경쟁적 요구가 있는 복잡한 수행	전략적 목표의 성취	실시간 수행	비구조적인 전략 정구조적인 전술	맥락적인 상황
사례분석(case analysis)	해결안 식별, 대안적 행동, 논쟁의 입장	복잡하고 다양한 잘못 정의된 목적을 가진 여가시간 시스템	다양하며 불확실	실세계, 제한적	비구조적	사례 상황
설계(design)	인공물을 생산할 목적에 입각한 행동 문제 구조화와 명료화	제한점을 약간 지닌 모호한 목적 진술 구조화 필요	다양하고 기준이 정의되지 않음 옳거나 틀린 것이 아닌 상대적인 양호나 불량	복잡하며 실세계의 자유도 한정된 투입과 피드백	비구조적	문제 상황
딜레마(dilemmas)	해결안이 없는 복잡하고 예상할 수 없고 논란이 있는 결정의 조정 조정할 수 없는 관점	입장이 이율배반적인 상황	정당성을 수반하여 선호사항을 명료화	주제가 있고 복잡하며 간학문적	한정된 결과, 다양한 추론	이슈 상황

출처: Jonassen(2009). 조규락 · 박은실(공역). p. 46-47.

잘 구조화된 문제 잘 구조화가 안 된 문제

논리적 문제	알고리즘 문제	스토리 문제	규칙 사용 문제	의사 결정 문제	분쟁 조정 문제	진단 – 해결 문제	전략적 수행 문제	사례 분석 문제	실제 문제	딜레마

<그림 7-1> 11가지 문제 유형의 구조화 스펙트럼

3. 문제해결 기법

문제를 해결할 때 사용될 수 있는 방안들을 살펴보면 다음과 같다(Jonassen, 2009).

1) 실습예제 활용하기

실습예제에 대한 모든 연구가 일화형 문제(문장제)를 활용하여 실시되었다. 따라서 실습 예제는 일화형 문제와 결함해결 문제에는 적합한 측면이 많다.

2) 말하기

동료와 짝을 지어 작업하면서 한 학생이 문제를 해결하는 과정에서 생각한 것을 소리내어 말하게 한다. 짝을 지어 소리 내어 말하는 것을 실제로 해보는 것이 필요하다. 그 이유는 청자에 의해서 스캐폴드가 이루어지기 때문이다. 청자는 문제해결자가 말하는 것을 듣고 문제해결자의 행동 또는 가정의 정확성을 계속해서 점검한다. 잘못된 점을 집어내면서 청자는 문제해결자가 취한 모든 단계를 따르며 이해하게 된다. 경청하기 역시 문제해결자가 자신의 사고보다 앞서 나가지 못하도록 한다. 이와 같이 말하기 기법에서 중요한 것은 청자가 문제해결자와 함께 문제를 해결해야지 따로 활동하면 안된다는 점이고 청자는 계속해서 말로 표현할 것을 요구해야 한다. 문제해결자가 말을 그만두면 청자는 무엇을 생각하고 있는지 말하도록 촉구해야 한다. 청자는 문제해결자가 무엇을 하고 있으며 무엇을 이해하고 있는지 명확하게 알기 위해 지속적으로 질문을 해야 한다.

4. 문제해결법의 과정

(1) 1단계는 문제인식의 단계이다. 학습자가 문제점을 발견하고 충분히 인식하여 강한 학습동기가 유발되는 단계이다. 또한 교사가 제시할 때는 충분히 설명하여 학습자가 그 문제를 파악하도록 하는 문제의 결정단계이다.

(2) 2단계는 자료수집의 단계이다. 인식된 문제를 해결하는 데 관련된 자료를 계획에 따라 조사하는 단계로 문헌 등을 통해서 자료를 수집한다.

(3) 3단계는 가설설정의 단계이다. 인식된 문제를 해결하기 위하여 해결방법을 계획하는 단계로서 결과를 가정하고 그 문제의 성질에 따라서 해결방법이나 과정, 그리고 과제의 분담 등을 정하는 단계이다.

(4) 4단계는 실행검증의 단계이다. 수집한 자료를 가지고 실제 활동을 전개하는 단계이다. 학습활동은 학습자 중심이며 자유로운 분위기에서 자율적인 활동을 한다. 교사는 단지 문제에 대한 깊은 연구와 정확한 지식을 가지고 학습자에게 시사점을 던져주며 자주적인 활동이 가능하도록 환경을 정비해주는 역할을 한다.

(5) 5단계는 일반화의 단계이다. 실행하고 검증한 결과를 일상생활에서 일반화하는 단계이다. 문재해결활동을 실시한 후 종합적인 결과를 정리, 검토 및 발표하게 된다. 교수자는 학습자의 문제해결과정과 발표를 비판하고 지도함으로써 후속 학습으로 발전할 수 있도록 이끄는 역할을 한다.

표 7-3 문제해결 과제수행계획서

<table>
<tr><td>조명</td><td></td><td>날짜</td><td></td></tr>
<tr><td>조원</td><td colspan="3"></td></tr>
<tr><td>문제명</td><td colspan="3"></td></tr>
<tr><td>학습목표</td><td colspan="3"></td></tr>
<tr><td>가설/해결안
(Ideas)</td><td>이미 알고 있는
사실들(Facts)</td><td>더 알아야 할
사항들(Learning
Issues)</td><td>자료원
(Resources)</td></tr>
<tr><td></td><td></td><td></td><td></td></tr>
</table>

5. 온라인 문제해결법

문제해결학습이란 어떤 내용을 배운다기보다는 문제를 해결하는 방법을 배우는 것을 의미한다. 일반적으로 문제를 해결하는 과정은 문제의 제기, 문제의 개념화, 문제해결을 위한 전략설정, 문제에 대한 정보의 조직, 자원의 할당, 문제해결 과정의 모니터링, 평가를 포함하는 일련의 사이클로 이루어진다. 문제해결 학습과정에서 학습자는 데이터베이스, 전문가 등의 다양한 인터넷 자료원에 접근하여 필요한 정보를 탐색할 수 있다(권이종 외, 2010). 최근 들어 청소년이나 성인학습자들에게 하나의 일상이 되고 있는 이러닝 학습은 학생들에게 문제해결능력을 신장시켜 주는 데 매우 효과적인 교육적 기능을 제공해 준다.

그룹 활동을 위한 시공간을 확보하기 어려울 경우 온라인을 활용하여 문제해결학습을 진행할 수 있다. 대부분의 대학에서는 e-class와 같은 수업보조지원 사이트를 운영하므로 이러한 공간을 활용할 수 있다. 일반적으로 온라인 강의실에는 자료실, 토론실, 게시판 등이 포함되어야 하고 각 그룹별 활동 공간을 제공하여 그룹 활동을 지원해야 한다(최정임 · 장경원, 2011). 인터넷 안에는 수천, 수만 개의 웹사이트가 존재하며 이러한 사이트들의 온라인 데이터베이스 안에는 방대한 양의 텍스트, 이미지, 그래픽, 음향, 동영상 같은 멀티미디어 자료들이 담겨있다. 웹 환경은 학습자들이 상호간에 아이디어를 공유할 수 있는 수단을 제공함으로써 협동학습을 통한 문제해결학습을 가능하게 해 준다. 웹 환경에서 학습자들은 웹 채팅이나 리얼 오디오, 화상강의와 같은 동시적 상호작용과 전자우편, 전자게시판, 컴퓨터 컨퍼런싱과 같은 비동시적 상호작용 도구들을 활용하여 상호간에 다양한 커뮤니케이션 활동을 수행할 수 있다(장정아 · 박성익, 2002).

1. 온라인 문제해결 과정

최정임과 장경원(2011)은 온라인 문제해결 학습을 위한 과정을 다음과 같이 제시하였다.

1) 문제해결 준비시키기

온라인 공간에 자기소개실과 그룹별 학습공간을 마련한다. 온라인 공간에서의 자기소개는 학습자가 온라인 공간에 친숙해지고 다른 사람의 의견에 대한 생각을 읽을 수 있는 연습기회가 된다. 그룹별 학습공간에서는 구성원 간의 논의와 자료공유가 이루어질 수 있다.

2) 문제제시 단계

온라인 공간에 문제를 제시할 때는 문제의 배경 등을 간단히 설명하는 것이 좋으며 결과물 게시 장소, 시간도 함께 제시한다.

3) 문제 확인 단계

가장 핵심이 되는 과정으로 온라인 공간은 그룹별로 문제 확인 단계에서 수행한 활동들, 즉 '생각' '사실' '학습과제' '활동계획'의 내용을 기록해 둘 수 있는 곳으로 활용한다.

4) 개별학습

문제확인을 위한 그룹 활동이 끝나면 학습자는 자신에게 주어진 학습과제를 해결하기 위해 개별학습을 수행한다. 이단계에서 온라인 공간은 학습자 개개인의 자료 저장 공간이 된다.

5) 문제 재확인 및 해결안 도출 단계

이 단계는 학습자가 개별학습한 내용을 서로 공유하면서 문제를 처음 접했을 때 도출한 학습과제를 점검하고 해결안을 마련하는 단계로서 그룹 구성원의 설명과 논의가 활발히 이루어지는 단계이다. 온라인 공간에서는 활동의 결과를 공유하거나 시간이 부족할 때 추후 논의가 이루어질 수 있으므로 유용하다.

6) 문제해결안 발표 및 평가 단계

학습 그룹 수가 많을 경우 문제해결안 발표는 면대면 공간에서 다 발표하는 것이 어렵다. 따라서 세부설명 등의 경우는 온라인 공간을 활용하여 학습자가 공유하게끔 한다.

7) 학습결과 정리 단계

각 그룹별로 문제해결안 발표가 끝나면 교수자가 발표내용과 학습내용에 대해 요약하고 정리하는 시간을 갖는다. 온라인 공간에서 학습 정리를 할 경우 주요 개념을 정리한 글을 작성, 게시하는 것이 일반적이나 10~20분 정도의 동영상 강의를 제작하는 것도 좋은 방법이 된다. 또한 학습자는 성찰일지를 쓰도록 안내한다. 성찰일지에 대해서는 답글을 작성하는 방식으로 가능한 한 모두 피드백을 한다.

2. 온라인 문제해결 기법[1)]

1) 시뮬레이션 구축

실세계의 환경이나 현상을 재창조하는 시뮬레이션은 컴퓨터가 도입되기 전에 오랫동안 교실에서 사용되어 왔다. 학습자는 집단

1) 이하 Jonassen(2009). 조규락 · 박은실(공역). p. 153. 176-186. 참조.

활동에서 모의재판이나 역사 토론처럼 상이한 역할을 맡아 서로 다른 종류의 문제 해결이 필요한 실세계의 활동을 모의할 수 있다.

2) 사례도서관(Case Library): 이야기로 해결하기

역사적으로 아이디어를 나누고 전달하는 지배적인 방법은 이야기를 하는 것이었다. 인간은 자신의 경험을 이야기 형식으로 조직하고 표현하는 선천적인 능력과 기질을 갖고 있기 때문에 이야기는 매우 효과적으로 사람들이 문제해결을 학습하도록 도와주는 교수지원 시스템으로 사용될 수 있다. 특히 비구조적 문제의 경우는 단일 해결안이란 없고 개방적이기 때문에 추상적인 원리보다 과거 경험에 기반을 둔 사례에 훨씬 더 많이 의존한다(예: 의사, 변호사, 건축가, 기술자, 심리치료서, 소방 지휘관, 탱크 지휘관, 시스템 설계자, 냉장고 서비스 기술자).

배수, 파인 땅, 무성한 잡초와 같은 잔디 관련 문제를 해결하기 위해 도움을 구하고 있는 골프장 관리자나 골프장 운영을 배우고 있는 학생들은 웹 사이트에 접속하여 구체적인 잔디의 종류, 잔디의 목적과 같이 잠재적 문제의 본질을 중심으로 하는 사례를 선택하여 이 교수 사례들과 현재 작업하고 있는 문제 사례를 비교해 볼 수 있다. 대부분의 사례에서 가장 중요한 것은 학습된 교훈이기 때문에 학습자들은 문제해결과 관련하여 사례도서관으로부터 많은 것을 배운다. 다음 〈그림 7-2〉는 잔디 관리 사례도서관의 초기화면이다.

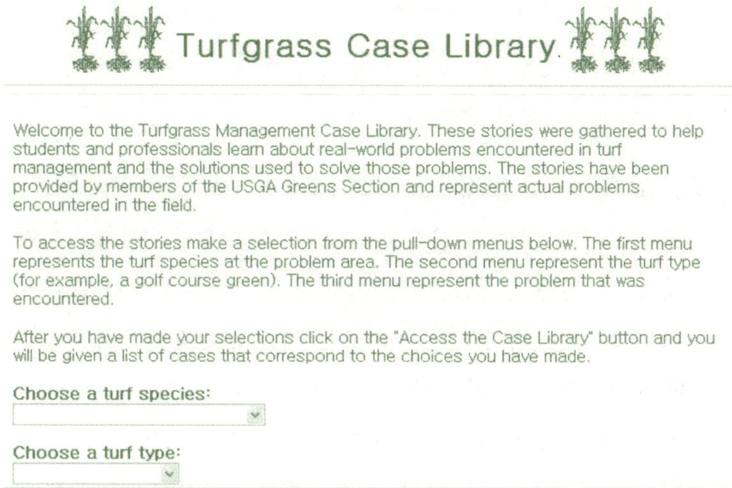

<그림 7-2> 잔디 관리 사례도서관

3) 논증

어떠한 종류의 문제라도 그것을 해결하기 위해서는 학습자가 전제(제안된 해결안)를 진술해야 하며 증거로 그 전제를 뒷받침하는 논증을 해야 한다. 문제해결은 문제해결자로 하여금 암묵적이거나 명시적이거나 논증을 펼칠 것을 요구한다. 어떠한 문제라도 해결안에는 논증이 필요하다. 논증 테크놀러지로서 컴퓨터 지원 협력논증(computer-supported collaborative argumentation: CSCA) 소프트웨어는 주장을 뒷받침해 주는 보증과 증거를 모색함으로써 학생들의 논증의 구성을 스캐폴딩 해주는 것이다. 이런 도구는 학습자들을 '대화 게임(dialogue games)'에 참여시키도록 하는 구조화된 환경이다(Moore, 2000).

3. 온라인 문제해결 유의사항

장정아와 박성익(2002)은 온라인 환경에서의 문제해결법 유의사항을 다음과 같이 제시하고 있다.

(1) 교육목표에 부합되는 문제를 제시해야한다. 문제해결학습의 경우 교육목표는 당면한 문제해결 자체보다도 문제해결력 신장을 그 목표로 삼고 있으므로 이러한 교육목표가 충분히 반영된 문제를 제시하기 위해서는 기존의 제도교육에서 제시한 교과서적인 문제에서 벗어나 사례 중심의 문제, 구조화가 안된 문제를 제시해야 할 것이다.

(2) 문제의 속성, 즉 문제의 구조, 복잡성, 영역의 특수성 등을 충분히 고려한 문제를 제시해야 한다. Jiunde(1999)는 구조화의 정도에 따라 양 극단에 해당하는 '구조화가 잘 된 문제'와 '구조화가 안된 문제'는 보다 분명한 속성에 근거하여 문제를 선정하고 교수설계를 할 수 있지만 양극단의 중간에 존재하는 많은 유형의 문제들에 대해서는 이러한 노력을 기울이는 것이 힘들다고 하였다. 그러나 어떤 문제가 좋은 문제이고 구체적으로 어떠한 문제를 제시할 것인가는 교수자의 경험과 학습자를 고려한 종합적인 판단에 의해 이루어져야 할 것이다.

(3) 학습자의 개인차를 고려하여 문제를 제시하여야 한다. 학습자가 가지고 있는 문제에 대한 친밀감, 문제영역에 대한 지식, 인지적 통제방식, 초인지의 정도 등 문제해결에 영향을 줄 수 있는 개인차변인들을 사전에 고려하여 문제를 제시해야 할 것이다.

(4) 웹 환경의 장점을 충분히 살릴 수 있는 문제를 제시하여야

한다. 이를 위해 교수자는 문제의 선정 시 문제해결을 위해 필요한 자료검색의 가능성 탐색, 이용 가능한 인적자원을 미리 섭외하는 등 철저한 준비를 해야 할 것이다.

(5) 교수자는 학습자들의 문제해결과정을 적극적으로 도와주기 위해서 필요에 따라 특정 학습자가 어느 정도의 분량을 학습했고 어느 곳을 탐색해 보았으며 누구와 어떤 상호작용 활동을 얼마만큼 수행했는가를 수시로 확인한다. 이는 교수자 입장에서의 온라인 학습의 이점 중의 한 가지이다.

(6) 학습자들의 문제해결과정 중에 일어날 학습활동이나 학습결과 등을 교수자가 미리 고려하지 않을 경우 커다란 학습손실을 가져올 수 있다. 즉, 학습자들의 문제해결과정과 자료수집과정, 문제에 대한 학습자의 사고과정 변화 등을 꼼꼼히 기록하고 확인할 수 있는 학습결과 기록장 등을 미리 제시하는 노력을 기울여야 할 것이다.

6. 문제해결법의 장단점

문제해결법의 장점은 학습자의 자발적인 활동에 의해 스스로의 힘으로 문제를 해결함으로 자율성과 능동적인 능력을 기를 수 있다. 기존의 지식을 단순히 적용하던 것을 탈피하여 여러 상황들에 대해 현명하게 해결할 수 있는 능력을 향상시킬 수 있다. 수업활동 자체가 실생활과 유리되지 않으며 학습자의 심리적 단계에 따라 학습되기 때문에 흥미에 맞고 이해하기 쉬우며 실생활에 적응할 수 있는 학습이 될 수 있다. 문제 해결 학습의 목적은 협동적인 학습활동을 통해서 민주적인 생활태도를 기르는데 있으므로 전인적인 발달을 위한 수업이 될 수 있다. 단점으로는 수업활동이 어수선하여 일관성 있는 진행이 어렵고 체계적인 기초 학력을 기르기 어렵다. 학습의 노력에 비해 능률이 낮은 것이 제한점으로 지적되고 있다. 학습의 태도가 적극적이지 않을 경우 효과가 적다. 이러한 단점을 해결하기 위하여 문제 해결 상황을 만들 때 학습자의 능력이나 흥미, 경험 등을 고려하여야 하고 자율적인 학습 분위기를 형성하도록 한다. 학습자가 생각할 시간과 기회를 충분히 갖도록 하며 가능한 한 많은 문제 상황에 접하도록 교육과정을 구성해야 한다.

온라인 문제해결법은 그룹 활동을 위한 교실이 별도로 배정되지 않아도 되고 활동 시간도 그룹의 여건에 맞춰 진행할 수 있다. 또한 그룹 활동이나 토론 내용을 교수자가 점검할 수 있고 관련 자료를 저장할 수 있다는 장점이 있다. 그러나 면대면 활동에 비해 많은 시간을 요구하고 즉각적인 피드백이나 사적인 의견 수렴이 어렵다는 단점이 있다. 교실 수업과 온라인 활동을 병행하는 블랜디드 러닝을 활용할 경우 온라인과 오프라인의 장단점을 활용할 수 있다(최정원 · 장경원, 2011).

제 2 절 프로젝트법

1. 프로젝트법

프로젝트(project)라는 말은 원래 1900년에 콜럼비아 대학교 사범대학 공작과 교수인 리챠드(Richards, C. R)가 처음으로 사용했다. 프로젝트란 '앞으로 던진다'는 뜻에서 '생각한다', '연구한다', '구상한다'의 의미이다(조승제, 2011). 요즘 협동학습 못지않게 주목을 받고 있는 것이 프로젝트 학습이다. 협동학습과 프로젝트 학습은 학습자가 팀을 이루어 협동하면서 학습한다는 공통점을 갖고 있다. 하지만 협동학습은 학습의 결과를 함께 성취한다는 것을 중시하고 프로젝트 학습은 문제를 풀어나가는 과정에서 학습이 발생하는 것에 중점을 둔다(백영균 외, 2010). 구안법 또는 프로젝트 수업 방법이란 학습자가 중심이 되어 진행하기 때문에 학습에 대한 학습자의 책임을 강조하는 교육방법이다. 또한 동료 학습자들과 계획된 일정 안에서 서로 협동하며 작업하고 동료들이 기대하는 바를 충족시키려고 노력하는 과정에서 책무성을 학습하게 된다(Bell, 2010). 즉, 무엇인가 마음속에 생각하고 있는 것을 구체적으로 실현하고 형상화하기 위하여 스스로가 계획을 세워서 수행하는 학습방법이다. 학습자들은 주제, 문제, 쟁점 등에 대한 탐구활동과 표현활동을 하게 된다.

1) 탐구활동

문헌조사, 현상조사(현장활동과 견학활동), 현상실험, 자원인사 면담 등의 다양한 방법을 활용하고 그 결과를 토의하고 분류하고 정리하는 활동이다.

2) 표현활동

책자, 그림, 구성물, 멀티미디어 등의 자료형식을 만들고 이를 동료와 교사 그리고 관계자에게 발표하기, 전시하기, 극 활동하기와 같은 다양한 방법으로 제시하는 활동이다.

즉, 학습자가 교사와 함께 계획하고 운영하며, 전개의 방향을 계속적으로 변화시켜 나가는 과정중심의 교육과정이다.

2. 프로젝트의 유형

(1) 지식을 배우기 위한 지적 프로젝트
(2) 능력이나 기술의 숙련을 위한 프로젝트
(3) 구체적인 생산 활동을 하는 프로젝트
(4) 미적 감상 등의 흥미 있는 프로젝트

3. 프로젝트 계획의 수립

1. 프로젝트 아이디어 개발

(1) 기사, 논제, 현재의 사건, 대화, 의문점들로부터 도출하여 교육과정에 적합하도록 구성
(2) 교육에서 중요하게 다루어져야 할 것을 종합적으로 요약하여 나타냄
(3) 인터넷에서 프로젝트 사례 검색
(4) 지역사회 탐색
(5) 일상적인 삶 속의 소재
(6) 지역 및 국가적 사건
(7) 지역사회 내 봉사활동

2. 프로젝트의 범위

표 7-4 프로젝트의 범위

	소규모 프로젝트	대규모 프로젝트
진행기간	5~10일	한 학기
폭	단일주제	다양한 교과
테크놀러지	제한됨	제한 없음
영역	교실 기반	지역사회 기반
파트너십	교사 1인	다수 교사와 지역사회 일원들
청중	수강생 또는 학교	전문가 패널

출처: 서울여자대학교 교수학습센터(2011). 프로젝트 중심학습 자료.

3. 프로젝트 기준 선택

(1) 프로젝트를 통해 학생이 무엇을 알고 무엇을 할 수 있게 되기를 기대하는가?

(2) 프로젝트가 끝날 때 학생들이 어떤 내용 주제에 대한 지식이 부족할 때 가장 문제가 될 것 같은가?

4. 다양한 과정 산출물

(1) 기술들(skills)은 관련업무능력, 협력 작업, 프로젝트 운영, 작업시한 엄수, 정보표현, 비판적 사고, 문제해결, 테크놀러지 활용 등의 능력을 포함하고 있다. 이때 관련 기술들에 대한 평가표(rubric)도 고려해야 한다.

(2) 사고양식으로 호기심, 인내심, 유연성 등이 있으며 수행 일지 작성 혹은 개인보고서 작성 등으로 평가한다.

이와 같이 프로젝트의 계획이 수립되었다면 다음과 같이 프로젝트를 진행하면 된다.

4. 프로젝트 수업의 과정

프로젝트 수업에서 교수 학습과정은 학습자의 탐구과정과 성찰, 문제해결, 자발성과 능동성을 강조하는 교수학습모형으로서 일반적으로 도입, 전개, 정리의 3단계로 구성된다.

프로젝트 수업은 탐구활동과 표현활동으로 이루어지는 협동학습에 기반을 둔 구성주의적 교육방법이다. 교수자는 프로젝트 수업을 할 때 학습자들이 그들의 경험과 지식을 바탕으로 새로운 지식을 재구성하여 학습 결과물이 나올 수 있도록 하기 위하여 온라인 커뮤니티를 활용할 것을 적극 권장할 수 있어야 한다. 전개 단계에서는 자원기반학습에 입각하여 각종 자료원을 협동적으로 탐구하고 모색함으로써 문제를 해결하는 것을 도모한다. 정리 단계에서는 결과물의 성격에 따라 그림, 책, 구성물, 멀티미디어 등의 자료형식을 만들거나 전시하기, 극 활동하기와 같은 다양한 방법으로 제시할 수 있다. Common Craft에서 제작한 학습주제 설명 동영상으로 시작하여 구글 피카사를 이용해서 포토 스토리를 제작, 유튜브나 블로그에 탑재하는 식으로 다양한 최신 멀티미디어를 활용해서 결과물을 제시하는 것도 효과적일 수 있다(송재신, 2011).

표 7-5 **프로젝트 수업의 과정**

단계		수행활동
1단계: 프로젝트 도입	온라인 커뮤니티 환경 설계	• 프로젝트 중심 학습을 수행할 수 있는 환경 구성 및 개설 • 기존 온라인 커뮤니티 시스템 혹은 일반 홈페이지나 블로그 활용 가능 • 프로젝트 수행에 필요한 메뉴를 구성함 • 온라인 커뮤니티 활용 안내
	소집단 구성	• 프로젝트를 함께 수행할 집단을 구성함 • 각 집단 구성원별 역할 규정
	프로젝트 주제 선정	• 각 집단의 합의를 통해 프로젝트 주제 선정 • 프로젝트 주제는 가급적 실제적용이 가능하고 학습자들이 직접 느끼는 문제의식을 바탕으로 구성하도록 함.
2단계: 프로젝트 전개	관련 자원 탐색 및 공유	• 책, 웹자료, 전문가 등 다양한 출처를 고려하여 자원을 탐색한다.
	협동 학습과 문제 해결	• 자원 탐색 및 분석 과정에서 토론 및 협동 학습 실시
3단계: 프로젝트 정리	결과물 작성	• 산출된 결과물을 정리하고 체계화된 보고서 형태의 결과물을 협동적으로 작성한다.
	결과물 발표	• 가능하다면 현장전문가를 포함한 발표의 장을 마련하다.
	성찰	• 학습과정에 대한 개인별 성찰을 실시한다.
	평가	• 집단간 결과물 상호평가 및 피드백

5. 온라인 프로젝트법

최근 웹의 활용이 높아지면서 협동적인 프로젝트 교수-학습방법에 관하여 새롭게 관심이 집중되고 있다(백영균 외, 2010). 인터넷은 프로젝트 수업법을 하기에 적합한 환경이다(Uribe 외, 2003).

인터넷은 전 세계의 생생한 정보를 다양한 멀티미디어 형태로 제공하며 학습자들을 서로 연결시키는 등 학습자들이 프로젝트를 수행하는 과정에서 유용하게 활용될 수 있다. 프로젝트 학습은 개별 또는 협력학습으로 진행될 수 있으며 일반적으로 장기간에 걸쳐 이루어진다. 프로젝트가 성공적으로 수행되기 위해서는 뚜렷한 목표가 있어야 하며 조정자와 지원체제가 필요하다. 따라서 인터넷은 학습자들이 프로젝트를 수행하는 데 필요한 다양한 자원을 제공하는 도구가 된다(권이종 외, 2010).

프로젝트 수업을 원활히 진행하기 위해 필요한 구성주의적 전략은 협동학습과 협력학습을 포함한다. 프로젝트 수업은 학습자들로 하여금 팀원과 더불어 학습할 기회를 제공한다. 이러한 활동에 참여함으로써 학습자들은 원격통신을 통해 소통하고 협동적으로 일하는 것을 학습하게 된다(Murphy & Gazi, 2001). 좋은 예로서 중앙대학교 경영학과 마케팅 조사론 강의실은 온라인 가상환경인 세컨 라이프내의 CMI 코리아에 있으며 프로젝트 활동을 통해 학습이 이루어진다. 프로젝트는 4명씩 8조로 나뉜 32명의 학습자들이 세컨 라이프 내에서 자율적으로 다양한 사업을 진행하여 수업 시간에 성과 보고를 하고 학기가 끝날 때까지 매출을 올리는 활동이다(백영균, 2010, p. 145). 학습자들로 하여금 예컨대 전자적 포트폴리오를 통한 비평적 사고와 반성적 사고 및 평가를 수행하게 하는 게 중요하다 (Nanjappa & Grant, 2003). 또한 구성주의 학습이론에 기반하여 프로젝트를 위하여 학습자들은 블로그나 지식을 공유하기 위해 위키(wiki)를 사용할 수 있다 (Bell, 2010). 정리단계에서 학습자들은 그들이 학습한 것을 발표하기 위해 다양한 팟케스트(podcast), 비디오, 포토 스토리(photo story) 등을 사용한다(Sadik, 2008). 이처럼 학습자들은 학습의 활동을 보여주기 위해 다양한 소셜 미디어를 포함한 최신 테크놀러지를 사용해야 한다. 다음은 프로젝트 수업에 유용한 소셜네트워크 서비스를 정리한 표이다. 12장에서 SNS를 활용한 평생교육방법을 자세히 다루기 때문에 본 장에서는 간단한 용어 정의만 내린다.

표 7-6 프로젝트 수업에 유용한 소셜 네트워크 서비스

		장단점
블로그 (Blog)	블로그는 웹(Web)과 로그(Log)를 합친 낱말로 웹 1.0시대의 일반 웹페이지와 대비되는 대표적인 웹 2.0서비스 형태이다. 웹상에 일종의 일지(log)를 작성하는 형태의 기술을 말하며 시간의 흐름에 따라 장(page)수가 더해지는 히스토리를 가지고 컴퓨터 용어 로그(log)와 같이 시간의 역순으로 기록되는 특성이 있다. 블로그는 자신의 생각 등을 올리고 다른 사람도 보고 읽을 수 있게 열어놓은 글모음으로 개인마다 소유와 관리가 손쉽고 그에 비해 인터넷을 통해 발휘할 수 있는 힘이 크기 때문에 1인 미디어라고도 불리운다. 댓글과 트랙백, 다른 블로그에 자신의 글을 보내거나 반대로 다른 블로그의 글을 자신의 블로그에 보내는 기능을 달아 블로그 독자들과의 의사소통이 확장되도록 발전하였다	토론, 글쓰기 연습이 용이함/ 공개적임

페이스북 (Facebook)	지인들과의 대화와 정보교류를 도와주는 소셜 네트워크 웹사이트로 국내의 싸이월드, 미국의 마이스페이스, 영국의 베보와 같은 개인 가상공간이다. 교육적 활용이 가능한 이유는 트위터와 달리 Docs 앱, Slide Share, Scribd 앱을 설치함으로써 문서공유가 가능하다는 점이다.	가상공간에서 사회적 상호작용이 가능함 / 개인정보 유출의 문제
트위터 (Twitter)	140자 한도 내에서 트위터 웹사이트로 보낼 수 있다.	제한된 언어
위키 (Wiki)	하와이어로 '빨리빨리'란 뜻을 가진 WikiWiki에서 유래되었다. 즉 위키에 의해서 만들어진 것이 바로 위키피디아이다. 위키는 웹 브라우저에서 간단한 마크업언어(markup language)를 활용하여 공동문서를 저장할 수 있고 사용자들이 내용을 추가할 수 있는 웹페이지 모음으로 문법이 쉽고 글을 고치는 자격이 따로 있지 않아 누구나 함께 글을 써내려 갈 수 있다.	접근성이 좋고 글의 수정보완이 용이/ 정보의 정확성에 문제
팟캐스팅 (Podcasting)	인터넷을 통하여 시청하려는 사용자들이 원하는 팟캐스트(Podcast)를 선택하여 정기적 혹은 새로운 내용이 올라올 때마다 자동으로 구독할 수 있도록 함으로써 방송을 전달하는 방법을 의미한다. 모바일 기기나 개인용 컴퓨터에서 플레이하도록 인터넷을 통해 음악이나 스피치 등의 멀티미디어 파일을 배포하는 방식이다. 팟캐스트는 아이팟(iPod)의 pod과 방송(broadcast)의 cast가 합쳐진 단어이다. 초기에는 오디오를 중심으로 발전하여 오디오캐스팅이라고 불렸으나 최근에는 비디오까지 그 영역을 확장하여 비디오캐스팅이라는 말과 함께 사용된다. 교육적으로 활용된다면 자신에게 필요한 강의 등이 게시된 사이트를 매번 방문할 필요없이 인터넷만 연결되어 있다면 언제든지 새로운 내용을 전달받아 iPod, MP3, laptop, 컴퓨터나 휴대용 장치를 통해 이동 중에 학습할 수 있다는 장점이 있다.	유연성과 휴대성으로 언제 어디서고 들을 수 있음/ 텍스트가 아니라 검색하기가 불편함

포토 스토리 (Photo Story)	포토 스토리는 학습자들이 디지털 카메라를 사용하여 캡처된 자신들의 사진으로부터 비디오 스토리를 생성하거나 혹은 웹으로부터 자유롭게 다운로드 할 수 있게 해준다. 간단한 몇 단계를 통해 학습자들은 자신들의 사진을 편집하고, 타이틀을 삽입하며 나레이션을 녹음, 배경음악 효과를 넣을 수도 있다

6. 프로젝트법 수행 시 유의사항

전통적인 지시적 교수 상황에서 학습한 학생들보다 프로젝트 수업에 참여한 학생들은 표준이 되는 측정과 프로젝트 평가에서 더 나은 수행성과를 나타냈고 기술의 실제상황 응용에 더욱 능할 뿐만 아니라 논리적 사고를 더 잘 할 수 있다(Boaler, 1999). 그러나 다음과 같은 사항이 준수되지 않는다면 협동중심의 프로젝트 수업에서 학습자들은 기대 이상의 효과를 거두기 어려울 것이다.

(1) 학생들의 학습 권리와 능력이 학습과정의 핵심이다.
(2) 프로젝트 수행은 교과내용의 핵심 학습 요소이다.
(3) 실제적 주제의 심층적 탐구가 되게 한다.
(4) 학습, 자기관리, 프로젝트 관리 등을 위해 다양한 도구와 기술 사용이 필요하다.
(5) 결과물을 구체적으로 제시한다.
(6) 지속적인 피드백과 학습 기회를 제공하는 다양한 결과물을 포함해야 한다.
(7) 수행평가 과제를 활용한다.
(8) 다양한 형태의 협력학습을 장려한다.

CHAPTER 8

체험학습 중심의 평생교육방법

제 1 절 역할연기법

1. 역할연기법

역할연기법은 원래 정신과 치료의 일종인 사이코드라마(Psycho drama)에서 발전한 것으로 역할극이라고 알려져 있다. 모의적 상황을 만들어 놓고 그 장면 상황을 체험하게 함으로써 학습의 계기를 만들어 주는 것으로 특정한 상황에서 타인의 역할을 경험해 봄으로써 자신과 타인을 이해하는데 도움을 주고자 하는 극화된 놀이이다. 모의적 상황에서 개인 또는 집단의 사고, 행동, 태도 등을 비롯하여 결혼이나 결과에 이르는 전 과정을 그리고 더 나아가 얻어진 결론이나 결과를 분석하여 해결책을 모색해 나가는 상호학습방법이며 체험학습의 한 형태이다.

상황 속의 인물이 하는 행동과정과 결과에 대해 생각하고 평가해 보고, 문제 상황에 대한 해결책을 제시해 봄으로써 수업목표를 달성하고자 하는 방법으로서 역할연기법이 효과적인 상황은 집단 구성원들의 감정이나 의견의 표현이 원활하지 않을 때, 즉, 직접적으로 이야기하기 곤란한 상황(예: 미묘한 성적 차별이나 성희롱, 대화기법 등), 집단구성원들의 스스로의 욕구 및 장애요인들에 대하여 정확히 파악할 필요가 있을 때, 역할연기법 연기자들이 집단구성원들 앞에서 자기노출을 개의치 않을 때, 집단구성원들의 감정을 완화시킬 필요가 있을 때, 집단의 이질성으로 인해 공통적 상황을 발견하기 어려울 때이다.

1. 역할연기법의 목적

(1) 원리, 원칙, 방법, 기능을 습득하기 위한 것이다. 현재 사용되고 있는 역할연기법의 거의 대부분은 여기에 속하는 것이다. 예를 들어 접객응대, 전화 훈련 등이 그 대표적인 것으로서 '표준화된 역할 행동을 취하는 방법을 체험과 모방으로써 몸에 터득하는 방법'으로써 사용된다.

(2) 돌발적인 문제나 처리가 곤란한 문제의 처리를 연습하기 위한 것이다. 문제해결은 상황이나 상대방의 기분 등 시시각각으로 변하는 가운데 실시되는 것이다. 그 문제해결을 그 장면이나 상대방의 상황에 맞추어 임기응변으로 대응하기 위해서는 여러 상황을 만들어 내서 여러 상황에서의 문제해결을 연습한다. 고충처리에 대한 대응 등이 이러한 교육훈련의 실례이다.

(3) 심오한 심리적인 체험학습활동을 통해 인간적인 통찰력, 감수성 등을 함양하여 바람직한 태도나 행동의 변용을 겨냥하는 것이다. 자기 나름의 그 역할에 대한 생각에 입각해서 자기 나름의 독자적 방법으로 자유로운 역할을 연기하게 하고 그 과정 속에서 자기의 타인에 대한 이해방법이나 대화방법의 문제점을 깨닫게 하고 더 나아가서 이질적인 사람을 이해하는 방법이나 대화를 하는 방법, 타인과의 관계를 맺는 방법

을 시험해보고 태도, 행동을 보다 바람직한 방향으로 변용케 하고자 하는 것이다. 이러한 실례로서는 관리자, 감독자의 리더십 개발을 열거할 수 있다.

기업교육에서 노동조합과 경영자 측의 역할놀이와 성희롱 예방 차원에서의 역할놀이가 유용하게 사용되어질 수 있다. 서로 역할을 바꾸어서 역할놀이를 하는 과정에서 상대방의 입장을 이해하게 되어 문제의 해결을 맞는 국면을 경험할 수도 있다.

2. 역할연기법의 효과성

(1) 우리가 보통 아무 뜻 없이 행동하고 있으며 의식하지 않고 지내고 있는 것도 명확히 의식할 수 있다. 또한 반밖에 의식하지 못한 불명확한 것이 용어나 행위로 표현됨으로써 더욱 명확히 자기의 태도나 행동으로 자각할 수 있다.

(2) 우리의 생각으로는 알고 있어도 실제로 몸에는 지니지 못하고 있는 것을 보다 현실적으로 몸에 지닐 수 있게 된다.

(3) 이렇게 되고 싶다든가 이렇게 되지 않으면 이라는 것과 같이 이상이나 바람이 신체를 움직여 연출해 볼 수 있는 것, 뜻밖에도 상상하고 있던 것과 매우 다르다는 것을 깨닫게 된다.

(4) 타인의 입장이 되어 그 역할을 연출해 본다는 것, 이전에 느끼고 있었던 것보다도 전혀 다른 요소나 부분이 있다는 것을 느끼게 된다. 또한 그 사람이 자기에 대하여 취하는 태도나 행동의 의미, 그 밑바탕에 흐르고 있는 의식 등을 이해할 수 있다.

(5) 감수성이나 통찰력을 배양할 수 있다.

(6) 단기간 내에 교육훈련을 할 수 있고 효과적이다.

(7) 참가자에게 강한 인상과 흥미를 일으켜 향상심을 조장한다.

(8) 공감이 생겨나 상호 이해, 스트레스 내성이 강해진다.

(9) 자기이해를 할 수 있다

(10) 계발동기에 강한 총력을 갖게 하기 위해 경쟁심을 일으켜 능력향상에 유용하다.

(11) 일에 대한 의욕을 북돋는다.

(12) 모든 사물을 다면적으로 파악하고 이해하게 된다.

2. 역할연기법의 과정

1) 준비

역할연기법에 따라 어떠한 교육훈련을 전개해 나가고자 한다면 우선 교육훈련 필요점을 파악하여야 한다. 첫째, 원리원칙적인 기본적인 기술이나 기능을 목적으로 하는가이다. 둘째, 여러 상황이나 문제를 어떻게 해결하고 처리하는지 연습을 목적으로 하는가이다. 셋째, 인간적인 문제, 대인관계나 리더십의 기능향상이나 태도행동의 변용을 목적으로 하는가이다.

2) 역할연기법의 실시

역할연기법은 일반적으로 다음과 같은 단계를 밟아 전개 된다.

(1) 도입단계

우선 역할연기를 하는 사람을 결정, 타인은 관찰자가 된다. 연기자는 어떠한 목적으로 이 역할 연기를 하는지 어떠한 장면이나 상황설정으로 어떠한 역할을 연기하는지를 설명한다. 또한 관찰자에게도 어떤 면에 주안점을 두고 관찰하는 것이 바람직한지를 전달해야 한다.

(2) 실연단계

역할 연기 시간은 보통 30분 정도가 적당하다. 지도자는 단지 그 역할을 취하는 것으로부터 더욱 자발적으로 개성을 발휘해서 역할을 연출하는 것을 촉진하고 또한 새로운 역할 행동을 취해보는 것을 촉진하도록 지도해야 한다. 역할 연기에서 이야기의 교환이 두절되거나 약하게 되면 그 이상은 진전되지 않을 것이라고 생각하게 되며 여기서 일단 정지하고 다음 단계인 분석으로 진입하여 다시 한 번 처음으로 되돌아가 역할 연기를 계속하든가 서로 역할을 교대해서 역할 연기를 계속하는 것도 바람직하다.

(3) 피드백 단계

역할연기의 효과는 역할을 연출해봄으로써 생겨나지만, 그 과정을 뒤에 되돌아보고 분석하고 문제점을 명백히 파악함으로써 더욱 그 효과를 얻어낼 수 있다.

되돌아보거나 분석을 할때 역할 연기가 좋았던 점, 문제점은 무엇인가, 또한 서로간의 어떠한 발언이나 태도가 상대방에게 어떠한 영향을 미쳤는가, 어떤 발언이나 태도 밑바탕에는 어떠한 기분이나 감정이 숨어 있었을까, 그것에 대해 어떠한 조치를 위하는 것이 좋았을까 등에 관해 깊이 생각해보는 것이 바람직하다.

이러한 이야기의 상호교환을 피드백이라고 한다.

Shaftel과 Shaftel(1982)는 역할놀이를 다음과 같이 9단계로 구성하였다.

표 8-1 역할놀이 활동의 교수학습 9단계

단계	교수학습
1. 집단분위기 조성하기	• 문제를 규명하거나 안내하기 • 문제를 명백히 하기 • 문제 이야기를 해석하고 문제점을 탐색하기 • 역할놀이를 설명하기
2. 참여자 선정하기	• 역할들을 분석하기 • 역할 연기자 선정하기
3. 무대 설치하기	• 행동라인 설정하기 • 역할들을 다시 설명해 주기 • 문제 상황의 속사정 파악하기
4. 관찰자들을 준비시키기	• 무엇을 바라볼 것인가를 결정하기 • 관찰 과제를 분담시키기
5. 실연하기	• 역할놀이 시작하기 • 역할놀이 유지하기 • 역할놀이 중단시키기
6. 토론과 평가하기	• 역할놀이 행동을 검토하기 (사건, 입장, 현실성 등) • 중요한 초점에 대한 토론하기 • 다음 시연 개발하기
7. 재실연하기	• 수정된 역할놀이 하기: 다음 단계 또는 행동대안 제안하기
8. 토론과 평가하기	• 단계 6과 같음
9. 경험내용 교환 및 일반화하기	• 문제 상황을 실제 경험과 현존 문제에 관련시키기 • 행동의 일반원칙 탐색하기

표 8-2 역할연기 연습표

팀명		일자	
연기자:		관찰자:	
역할연기 목표			
문제정의			
핵심문제원인 규명			
해결 방안 검토			
원리 혹은 교훈발견			

출처: 권대봉(1996). p. 170.

3. 온라인 역할연기법

역할연기는 오프라인상에서만 할 수 있는 교육방법이 아니다. 최근 웹 2.0의 시행으로 쌍방향 원격교육이 가능한 다양한 교수 매체들이 등장했다. 특히 교수자들은 텍스트중심의 자율학습형이 학습자들로 하여금 능동적 참여를 촉진시킬 수 있다는 점에서 텍스트 기반의 강의 형태를 선호하는 것에 비하여 학습자들은 동영상 강의나 음성 강의를 선호하는 것으로 나타나(임철일, 2011) 교수자의 교수에 대한 수동성 및 소극적 교육방법을 적극적으로 바꾸기 위한 체계적인 노력이 필요한 시점에 도달했다고 해도 과

언이 아니다. 최근 대학 강의에서도 온라인 학습이 병행되어 가상지원센터, 클래스 넷과 같이 온라인 학습을 병행하는 추세이다. 온라인 역할연기는 프로그램 개발자와 교수자의 노력여하에 따라 더욱 양질의 교육과정을 제공할 수 있고 Skype 등 음성이 지원된다면 훨씬 생생한 역할연기를 할 수 있다(Hou, 2012).

이렇듯 역할연기는 또한 토의 기반의 온라인 상황에서도 적용 가능하다. 교수자는 학습자들에게 역할을 부여하거나 혹은 학습자 스스로 역할을 결정할 수 있다. 예를 들어 학습자는 회사에서 각기 다른 직함을 가지고 회사의 경영 문제에 관련하여 주어진 과제를 해결하는 역할 연기를 수행할 수 있다. 학습자는 역할에 따른 안건을 포스팅하고 서로 피드백을 주고받는다. 단, 교수자는 어떠한 안내나 중재를 역할연기가 종료될 때까지 해서는 안된다. 포스팅된 안건들은 코딩처리를 통해서 분석결과가 도출된다. 종결단계에서는 관찰된 행동 패턴에 대한 질적 내용분석이 추가되어 질 수 도 있고 전체 결과에 대한 심층토론이 추가로 이루어 질 수도 있다. 교수자가 학습자들에게 다양한 과제를 부여하고 서로 역할을 바꾸어서 시행하도록 할 경우 학습자들의 지식구성과 인지적 사고의 다양성을 함양시킬 수 있다는 점에서 바람직한 교수법으로 평가된다(Hou, 2012).

1. 온라인 역할연기의 사례

최근에 교육적인 가능성이 탐색되거나 학습에 많이 활용되고 있는 3D 가상환경은 세컨 라이프(Second Life)이다. 특히 온라인 상에서 가상의 역할극을 할 때 많이 사용되는 가상환경이다. 세컨 라이프(www.secondlife.com)란 온라인 가상 커뮤니티를 의미하는 것으로 Linden 연구소 소유의 4년 된 가상 세계이다. 팀워크에 참여하고 다른 학습자들의 의견을 업로드하는 것과 같은 학습 활동, 사용자들에 의해 형성된 정보와 지식을 공유하는 것을 지원하기 때문에 최근 교육적 목적으로 사용되어지고 있다(Rudestam & Schoenholtz-Read, 2010).

텍사스 오스틴 대학교의 조 산체스는 학생들이 실제 교실에서 이루어지는 슬라이드 쇼 강의는 지루해하는 반면 새로운 장소를 방문하는 활동에 대해서는 선호한다는 사실을 발견했다. 이에 영어과 학생들이 말콤 엑스(Malcom X), 테레사 수녀(Mother Theresa), 빌 게이츠(Bill Gates), 루스벨트(Roosevelt) 등의 역할 모델을 고르고 아바타를 만들어 다양한 상황에서 대화하는 역할놀이 학습 활동이 이루어진다(백영균, 2010, p. 137). 산체스[2]는 학습자들이 자신들이 좋아하는 롤 모델처럼 보이기 위해 아바타를 만들고 아바타들 사이에서 작은 그룹 대화를 주도하면서 리더십을 발달시킨다고 말한다.

<그림 8-1> 텍사스 오스틴 대학교의 역할놀이 영어 수업

출처: http://www.usatoday.com/news/education/2007-08-01-second-life_N.htm

2) 이하 http://www.usatoday.com/news/education/2007-08-01-second-life_N.htm에서 발췌 요약·정리함.

산체스는 세컨 라이프에서 학생들을 버지니아텍 기념관으로 인도했다. 참가한 학생들은 실제로 성스러운 곳에 있는 것처럼 느꼈다.

<그림 8-2> 버지니아텍 기념관 가상환경

출처: http://www.usatoday.com/news/education/2007-08-01-second-life_N.htm

DeSales 대학의 Beth Ritter-Guth는 화요일 밤에 8명의 문학수업 학생들과 무덤 근처(가상공간에서의 무덤)에 간다. 그녀는 온라인 코스인 세컨 라이프에서 동시대 문학을 가르치고 있다. Ritter-Guth는 "나는 학생들이 문학을 실제적으로 탐구할 수 있도록 환경을 구축했고 학생들은 무덤을 방문하고 사망 부고 기사를 썼다. 3차원에서의 소설수업이다"

학습자들은 다른 학습자들과 상호작용하고 움직이기 위한 캐릭터의 이미지인-아바타를 사용한다. 하버드와 듀크대를 포함하여 300개가 넘는 대학들이 교육적 도구로서 세컨 라이프를 사용하고 있다. 이를 보충적으로만 사용하는 교수들도 있지만 몇몇 교수들은 이 원격교육을 전면적으로 실시·사용하고 있다.

Bradley는 2백 명에 달하는 유기 화학수업에서 오직 10명만이 참여했지만 참여한 이들은 그 방법이 효과적임을 발견했다고 전한다. "나와 다른 이 들과 상호작용하는 새로운 방법이다. 나는 3차원에서 학습자들에게 분자를 보여줄 수 있었고 우리는 분자 주변을 걸어 다니며 토의했다."

Bradley는 다른 학과들도 세컨 라이프에서 대학 부지를 사용할 것을 촉구하고 있다. 대학들과 다른 교육기관들은 가상환경을 구축 시 땅을 사기 위해 비용을 지불해야 한다. 처음 16 에이커에 해당하는 대학 땅을 사기위해 지불해야 하는 금액은 980달러이고 매달 150달러 유지비를 내야한다. 학생들은 자유 멤버십으로 사인만 하면 되기 때문에 무료로 세컨 라이프를 이용할 수 있다. 그러나 교수들은 모든 학생들이 이 테크놀러지를 사용하는 것을 좋아하지 않는다는 것을 발견했다. 몇몇 학생들은 이 세컨 라이프 시스템이 비디오 게임처럼 빠른 속도로 진행되지 않기 때문에 욕구불만이고 나이 든 성인 학습자들은 테크놀러지에 익숙하지 않다는 점을 유의해야 한다. 그러나 Lehigh Carbon 커뮤니티 칼리지의 52살의 Sue Kern은 "세컨 라이프는 나에게 컴퓨터에 관해 많은 것을 가르쳐 주었다."고 말하고 있다. Kern은 5월에 학교를 졸업하지만 계속해서 오락과 교육 목적을 위해 세컨 라이프를 사용할 것이라고 말한다.

국내에서는 현재 세컨드라이프와 관련된 연구가 많지 않으나 영어교육에 이를 활용해 보려는 경우를 발견할 수 있다. 예를 들어, 세컨드라이프 상에 가상의 상황들을 설정해 두고 이를 연습하는 형태인데 공항에서의 상황과 그에 맞는 대화법을 현실과 거의 흡사한 가상현실에서 미리 충분히 연습한다거나 하는 사례이다(송재신 외, 2011).

4. 역할연기법의 장단점

역할연기는 다른 교육방법보다 학습자의 적극적인 참여를 요구하고 집단 구성원 간의 친근감을 증대, 흥미를 유발시킬 수 있으나 다른 교육방법에 비해 그것을 준비하는 시간이 많이 필요하다는 점이 단점이 될 수 있다. 또한 역할 연기가 학습목표 달성을 위한 하나의 방법으로서가 아니라 결론을 내리는 도구로만 쓰인다면 비효과적인 방법이 될 수 있다(기영화, 2004).

다음은 온라인 역할연기를 대표하는 세컨 라이프의 장단점이다. 7백만 명이 넘는 인구가 세컨 라이프를 활용하고 있고 세컨 라이프 이용자들은 대화하고 파일과 문서들을 공유한다. 이러한 가상공간은 원격교육을 위한 커뮤니티를 지원한다. 세컨 라이프는 원격 교육, 시뮬레이션, 컴퓨터 보조의 협력적 환경, 기업 훈련 등에 관심 있는 교육자들에게 독특하고 유연한 가상환경을 제공하지만 온라인 포럼처럼 세컨 라이프에서 학습자들은 자신을 숨길 수 없다. 그들의 존재감은 모든 이들에게 전달된다. 이렇듯 상호작용의 질은 온라인 포럼이나 온라인 게임과 명확하게 구분이 되며 학습자들을 유인하기에 충분함에도 불구하고 학습자들은 숙제를 마치기 위해 필요한 탐색적 기술들을 배우기 위해 많은 노력을 기울여야 한다는 단점이 있다. 또한 사용자 중심의 환경은 동시에 단점이 될 수 도 있는데 이러한 것들을 학습경험으로 만들 수 있는 것은 전적으로 사용자 능력에 달려 있기 때문이다. 세컨 라이프는 텍스트 기반의 대화이기 때문에 Skype 등을 활용하여 음성지원이 이루어진다면 심도 있는 비즈니스, 교육적 응용도 가능하다. 그러나 세컨 라이프의 몇몇 컨텐츠는 도박, 가상매춘 등을 포함하고 있어 청소년들에게 적합하지 않으므로 Linden 연구소에서는 청소년 버전의 Teen 세컨 라이프를 개발했다(Rudestam & Schoenholtz-Read, 2010).

제 2 절 실습

1. 실습

실습은 어떤 특정한 기술이나 지식을 학습자가 숙달할 수 있도록 동일한 학습 및 훈련경험에 반복적으로 노출시키는 것을 말한다. 실습은 학습자들이 어떤 기능이나 기술을 의식적인 노력을 하지 않아도 자동적으로 어느 수준까지는 숙달할 수 있도록 하고 일에 대한 올바른 태도와 습관을 갖도록 하기 위하여 계속적이고 반복적으로 실행하는 육체적 · 정신적 학습활동이라고 할 수 있다. 최근 들어 과거의 도제교육을 현대식 수업모형에 맞게 재조명한 인지적 도제학습방법도 실습법에서 그 뿌리를 찾을 수 있다.

실습은 직접 해 보는 경험을 통해 직관적으로 익히는 것으로 직관의 원리를 이용하고 있다. 실제적인 기능 습득을 하는 학습자들이 개인적 경험과 구체적인 학습을 필요로 할 때 효과적이다. 즉, 운전면허 습득, 자동차 정비, 악기연주, 요리 등에 실습을 활용하면 좋은 교육적 효과를 기대할 수 있다.

2. 실습의 유형

실습의 형태로는 업무교육(work study), Internship, 산학협동 프로그램이 있다. 업무교육은 학습자들이 표준 직무 조건 상태에서 일을 수행하며 일반적으로 보수를 받고 학점으로 인정을 받는다. 인턴십은 전문 직업인이 수행하는 실제 상황에서 그대로 직무를 수행한다. 최소한 3개월에 걸친 전일 근무를 하며 때로는 숙식 생활을 필요로 한다. 산학협동 교육은 학습자들의 진로 목표에 근거하며 보수를 받고 학점을 인정받는 것이 보통이며 학교 수업과 밀접한 관계가 있다(기영화, 2004).

3. 실습과정

실습과정은 준비과정과 교수자의 시범, 학습자에 의한 관찰과 모방과 반복을 통해 실습이 평가되는 과정을 거친다. 교수자는 작업의 목표와 실습이 왜 필요한지를 설명, 학습자들의 흥미를 일깨우고 학습할 활동을 시범해 보이면서 전반적인 과정을 설명하고 학습자는 교수자가 보여 준 시범 활동을 모방한다(기영화, 2004).

(1) 교수자는 실습의 목표를 설명하여 학습자의 흥미를 북돋운다.
(2) 교수자는 학습할 활동을 시범해 보이며 전반적인 과정 및 개별적 활동을 설명하고 학습자는 교수자가 보여준 시범활동을 모방한다.
(3) 교수자는 중간 중간 학습자의 실습결과를 모니터하면서 부적합한 부분을 교정시켜야 한다.
(4) 학습자는 기능을 익힐 때까지 새로 학습한 활동을 반복하고 교수자는 학습자의 기본 기능을 최종적으로 확인하여 평가한다.

실습식 수업은 다른 교육방법의 수업과 마찬가지로 수업에 대한 평가가 요망되는 수업이다. 학습자는 실습의 과정에 교수자의 시범을 관찰하고 학습내용에 대해 도전하고 스스로 평가하며 전 과정에 적극적으로 참여하여야 한다. 학습자는 교수자의 시범을 평가해 보면서 자신이 학습과정에서 발견한 사실들, 절차, 자신의 능력을 정리 · 요약한다(기영화, 2004). 다음 〈표 8-3〉는 실습식 수업을 전반적으로 평가해보는 평가 질문지이다.

표 8-3 실습식 수업의 수업평가 질문지

※ 아래의 문항은 여러분이 이 강좌에 참여하여 시행한 실습에 관한 진술문입니다. 각 문항에서 여러분의 생각과 일치하는 곳에 √를 표하시오.

	매우 그렇다	그렇다	보통 이다	그렇지 않다	전혀 그렇지 않다
실습내용					
• 주요 영역 및 아이디어를 모두 다루었다	□	□	□	□	□
• 강의내용과 잘 연계되었다	□	□	□	□	□
• 이론을 실제와 관련시키는 데 도움을 주었다	□	□	□	□	□
• 생동감 있고 지적 자극을 주었다	□	□	□	□	□
실습 시범자					
• 학생의 기대에 부응하였다	□	□	□	□	□
• 학생들이 어려움을 겪을 때 잘 도와주었다	□	□	□	□	□
• 학생 및 학생의 향상도에 관심을 보였다	□	□	□	□	□
학생					
• 실습 시간이 기다려진다.	□	□	□	□	□
• 실습하는 일이 즐겁다	□	□	□	□	□
• 실습을 통해 많은 것을 배웠다	□	□	□	□	□
더 좋은 실습을 위한 코멘트를 아래에 적어 주십시오.					

출처: Fry 외 (2006). 전남대학교 교육발전 연구원(공역). p. 232.

4. 온라인 실습

온라인 기반의 가상현실공간에서는 구체적인 실습, 토론, 견학, 시뮬레이션 등 독특한 학습 경험을 제공한다. 세컨 라이프에서 만들어진 공간에는 학습자들이 인터뷰 연습이나 취업에 도움이 되는 기술을 획득하도록 만들어진 것들도 있다. 캐나다 온타리오에 있는 로열리스트 대학 가상 디자인 센터의 켄 허드슨(Ken Hudson)은 학생들이 CBSA(Canadian Border Service Agency)와 함께 실제 상황을 훈련하는 미국의 캐나다 국경 프로젝트(US-Canadian Border Project)를 만들었다. 국내사례로서 한국교원대학교 교육방법 및 교육공학 과목은 세컨 라이프상에서 예비교사를 상대로 수업 실습을 하였다. 수강생들은 기숙사나 집 또는 학교의 컴퓨터실 등 다양한 장소에서 세컨 라이프에 접속하여 강의 내용을 학습하고 교수자가 사용하는 프레젠테이션 툴의 사용법, 교수자와 학생 간의 의사소통 방법, 제스처 사용법 등을 관찰하고 지역 채팅이나 음성 채팅 도구를 사용하여 의사소통했다. 수강생들은 교수자의 시범 수업을 자신들의 수업 실습 모델로 삼았다(백영균, 2010).

5. 실습의 장단점

실습 및 연습은 기술연마교육에서 최고의 방법이 될 수 있으며 경우에 따라서는 이론과 지식 측면의 학습을 더욱 강화시킬 수 있다. 그러나 지식과 기술을 경험으로부터 습득할 수 있게 하나 학습자 수준을 능가할 수 없으며 시간소요가 많고 내용의 계통화에 어려움이 있다. 또한 자칫 무의미한 모방이 될 수도 있다.

온라인 기반의 가상환경에서의 실습 수업은 실제 대상이 아니기 때문에 자칫 실제수업에서 일어날 수 있는 위험 부담을 덜어주고 반복적으로 수업에 적용해 볼 수 있지만 학습자가 세컨 라이프의 사용법을 익힐 수 있도록 시간을 할애해야 하는 등 교사와 학습자의 오리엔테이션 훈련이 요구된다(백영균, 2010).

제 3 절 게임법

1. 게임법

학습자에게 흥미로운 환경과 정해진 규칙에 따라 열심히 노력하면 목적을 달성할 수 있는 경쟁적이고 도전적인 요소를 제공하는 학습의 유형이다.

Whitton(2011)은 게임의 10가지 특징과 게임을 하게 되는 동기를 다음과 같이 제시하고 있다.

표 8-4 게임의 10가지 특징

특징	정의
경쟁	목표는 다른 사람들보다 높은 성과를 달성하는 것이다.
과제	과제 수행은 노력이 필요하고 시시하지 않다.
탐험	탐사할 수 있는 배경-감각적인 게임 환경이 있다.
환상	꾸며진 게임 배경, 캐릭터, 이야기가 존재한다.
목표	명확한 목표와 목적이 있다.
상호작용	활동(action)은 오락(play)의 상태를 변경하고 피드백을 생성한다.
성과	게임 활동(예:점수)으로부터 적절한 결과가 있다.
사람	다른 사람들이 일부분을 맡는다.
규칙	정해진 제약에 의해 활동이 제한된다.
안전성	활동이 현실에서 위험을 동반할 결과로 나타나지 않는다.

출처: Whitton(2011). 백영균 · 박형성(공역). p. 39.

1. 게임을 하게 되는 동기

1) 정신적 자극

대부분 지적변화를 위해 플레이하려는 동기이다. 플레이어들은 퍼즐, 문제해결 게임, 그리고 지적으로 도전적인 형태의 게임을 선호할 수 있다.

2) 사회적 상호작용

경쟁, 공동작업 또는 단순한 소셜 게임 공간에서 다른 사람과 즐기고 상호작용하는 동기이다. 이러한 동기를 가진 사람들은 여러 사람이 함께하는 게임이나 팀 게임을 선호할 수 있다.

3) 신체적 도전

손재주나 손과 눈의 협응능력을 포함하는 컴퓨터 게임뿐만 아니라 운동이나 육체적 노력을 포함하는 신체적 목적을 달성하기 위해서 플레이하려는 동기이다.

2. 게임의 유형

표 8-5 게임의 유형

게임명	정의
면대면 의사소통이 가능한 싱글 사용자 게임 (Single-player games with face-to-face ommunication	두 명이상의 플레이어가 동일한 물리적인 공간에서 협력할 수 있다. 예를 들어 전략 게임에서 플레이어가 솔루션을 만들어 내기 위해서 다른 사람 옆에 앉는 경우이다.
커뮤니티가 지원되는 싱글 사용자 게임 (Single-player games with community support)	개별적으로 게임이 진행되지만 온라인 커뮤니티와 게임 진행에 대한 힌트, 도움, 지원 등을 동시적으로 제공하는 메시지 시스템과 연계하여 플레이할 수 있다.

면대면 반성적 성찰을 할 수 있는 싱글 사용자 게임 (Single-player games with face-to-face reflection)	개별적으로도 게임을 진행하지만 게임이 끝난 후에 하는 추수활동이 가능하고 다른 사람들과 토의도 할 수 있다.
팀 게임 (Team games)	게임의 목적을 달성하고 다른 팀과 경쟁하기 위해서 그룹의 사람들(온라인이든 오프라인이든)이 게임을 같이한다.
동시적인 다중사용자 온라인 게임 (Synchronous multi-player online games)	동시적인 다중사용자 온라인 게임은 게임의 진행과정으로서 실시간으로 협력이 일어나도록 허용한다. 이것은 게임 내에서 채팅이나 음성으로 의사소통을 하거나 또는 다중 그룹으로 하는 오디오나 비디오 화상회의와 같은 부가적인 소프트웨어를 사용함으로써 가능해질 수 있다.
비동시적인 다중사용자 온라인 게임 (Asynchronous multi-player online games)	이 방식에서는 턴테이킹 방식, 즉 한 사람이 움직이면서 다른 사람(또는 다음 그룹)이 움직일 때까지 기다린다. 이러한 유형의 게임은 느릴 수는 있지만 다음 사람이 움직일 때까지 기다리게 할 수 있고 플레이어 간에 시간에 대한 의존성을 높인다.
다중사용자 게임 (Multi-user games)	이 게임은 동일한 물리적인 공간에서는 턴테이킹 방식을 취한다. 예를 들어, 각 플레이어는 게임을 하고 나서 다른 플레이어가 게임하는 것을 관찰한다.
동시적 온라인 의사소통이 가능한 싱글 사용자 게임 (Single player games with synchronous online communication)	이 방식에서는 플레이어들이 게임의 진행과정으로서 토의를 할 수 있다. 예를 들어, 온라인 어드벤처 게임의 플레이어들은 서로 말을 할 수 있고 서로에게 게임에 대한 힌트도 줄 수 있다. 의사소통은 게임 속에 내장될 수 있고 제삼자 적용의 부분일 수 도 있다.

출처: Whitton(2011). 백영균 · 박형성(공역). p. 132-133.

3. 게임법의 교수설계

구성주의, 행동주의, 경험학습, 협력학습, 문제기반학습 등은 학습에 있어서 게임법을 이해하고 사용하기 위한 이론적 근거를 제공하고 있다. 특히 학습자 중심의 온라인 학습환경의 설계는 구성주의적 관점으로부터 많은 영향을 받았다(Whitton, 2011). 다음은 Whitton(2011)이 제시한 6가지 교수설계 지침사항들이다.

(1) 게임 플레이와 학습목표 일치시키기

게임이 학습목표에 근거하여 설계되어야 한다는 것은 매우 중요한 요소이다. 교육용 게임은 일반적으로 몇 가지 유형의 학습목표(학생들이 게임을 하면서 배울 수 있도록 의도된 것)달성을 촉진하기 위해 설계된다. 학습을 위해 게임을 사용하려고 할 때는 교육과정의 일정 기간 동안 학생들이 성취하기를 원하는 학습목표를 가지고 시작한다. 학습과 게임 결과를 결합시키는 일은 게임이 효과적인지 학습의 도구 여부를 판단할 때 효과적이다.

(2) 명확하고 성취 가능한 목적 제공하기

고도의 상호작용으로 탐색될 수 있는 세계를 제공하는 한편 다양한 게임 경로와 게임을 성공적으로 할 수 있는 다양한 방법을 통해 학생들이 몰입하게 한다.

(3) 학습 맥락과 부합하기

게임이 교육과정과 꼭 맞지 않더라도 관련성은 반드시 있어야 한다.

(4) 게임 활동은 반성적 성찰의 기회이다.

게임 환경이나 관련 활동들은 반성적 성찰의 기회를 지원하고 학생들이 그들 학습을 맥락화하도록 허용한다.

(5) 학습자 환경 고려하기

게임이 어떤 방식으로 설계되었든지 간에 사용자들의 경험과 지식이 다르고 도전과제를 해내거나 다른 플레이어들에 대항하여 경쟁을 하기 위해 개인으로 또는 팀의 팀원으로 게임을 하기 때문에 다른 학습자들에게 미치는 영향을 고려해야 한다.

(6) 지속적인 지원 제공하기

게임의 환경은 초기의 오리엔테이션에서부터 학습자가 초기에 가장 빠르게 달성할 수 있는 최초의 임무까지 복잡도를 점차 증가시켜 단계적인 안내와 지속적인 지원을 제공할 필요가 있다.

게임법의 활용 · 지도방법은 다음과 같다.

(1) 게임 수업의 목적, 장소, 인원수에 대한 예비지식을 습득해야 한다.

(2) 게임의 가치를 학습자에게 납득시키고 게임에 놀이 이상의 뜻이 내포되어 있음을 설명해야 한다.

(3) 게임의 내용을 잘 익혀두고 여유 있는 진행을 준비해야 한다.

(4) 게임의 선택, 진행 시간, 방법 등에 대한 반응을 면밀히 주시한다.

게임법의 활용유의점은 다음과 같다.

(1) 학습자의 수준에 맞는 난이도가 다양한 게임을 준비한다.

(2) 게임의 방법과 규칙을 미리 주지시킨다.

(3) 학습자에게 학습목표 달성 시점에서 즉각적인 피드백을 제공한다.

(4) 한 가지 역할을 두 명 이상이 할 수 있도록 배려할 수 있다.

(5) 적절한 시기, 한창 흥미로운 때에 끝내는 것이 좋다.

(6) 게임이 끝나고 결과 및 토론으로 학습을 정리한다.

4. 온라인 게임법

최근에는 컴퓨터 네트워크의 보급이 증가하고 온라인 다중 플레이어 게임이 크게 성장하여 다른 사람들과 협력하여 게임을 할 수 있는 새로운 장이 열리게 되었다. 블랜디드 혹은 완전한 온라인 교육과정의 일부로 온라인 게임을 활용시 학습자들은 전혀 면대면으로 만날 필요가 없으며 동시적으로 혹은 완전히 독립적으로 오로지 온라인에서만 학습을 수행한다. 이러한 게임유형은 완전히 온라인 가상 세계에서의 사용을 의미하거나 플레이어들의 독립적인 학습활동과 공유 리소스와 힌트를 다른 사람들에게 지원하는 양상을 포함한다. 이 경우에는 물리적으로 표현된 생명력 있는 교수자가 없기 때문에 의사소통과 백업 방식을 구성할 필요가 있다. 이와 더불어 증강현실 게임과 모바일 게임은 최근에 급부상하고 있는 게임의 유형이다(Whitton, 2011). Whitton(2011)은 온라인 기반의 게임시 유의사항을 다음과 같이 설명하고 있다.

1. 지속적인 지원

만약 학습자가 게임 상에서 마주치는 객체들이 의미하는 것이 무엇인지, 학습내용과 객체들이 어떻게 인터페이스와 통합되고 있는지 충분히 이해하고 그러한 게임 상황의 가정에 대해 어려움을 느낀다면 나중에 선생님이나 다른 학생들에게 도움을 요청할 수 있을 것이다. 이러한 것은 온라인 원격학습 맥락에서 초기에 겪는 어려움으로서 게임기반 학습의 시작을 위한 초기 지원이 탄탄해야 하고 문제를 지닌 사용자가 유사 시 대비할 수 있는 백업 시스템(예: 전화지원)을 보장하는 것이 중요하다. 즉, 온라인 상황에서 지속적이고 적절한 기술 지원이 언제라도 가능해야 된다. 세심한 상황 지원, 힌트, 지원 그룹과 전화 지원을 포함하고 있다.

2. 자주성

온라인 상에서 학습자들에게 요구되는 자주성의 수준은 면대면으로 공부하고 있는 학습자들보다 높다. 학습자들은 자신의 학습 패턴과 적시의 학습 시간, 적절한 위치와 장소에서 보다 융통성을 갖기 때문에 학습자들이 시간 관리와 학습계획을 자주성을 갖고 수립하는 것이 중요하다.

3. 윤리적 문제

효율적으로 설계된 교육용 게임은 이기는 데 초점이 맞춰져 설계되어서는 안 되며 플레이어의 부정행위는 실제 자신과 집단의 성취가 아님을 알 수 있도록 하고 더욱 협력적이며 집단의 목표와 목적을 달성할 수 있도록 설계되어야 한다.

5. 게임법의 장단점

게임법의 장점으로는 수업환경이 흥미롭고, 새로우며, 공부가 아닌 놀이라는 느낌이 들어 학습자들이 이에 열중할 수 있도록 유도할 수 있다는 장점이 있으나 단점으로는 잘못 설계될 경우 학습활동 목적과 어긋날 우려가 있으며 과도한 경쟁심을 불러일으킬 수 있고, 흥분과 재미에만 집중하여 본래의 목적인 학습을 하지 못하는 경우가 있다. 게임 후 반드시 토론이나 질의응답을 통해 총체적인 정리를 해주는 시간을 갖는 것이 필요하다. 또한 지나치게 길게 게임을 진행하는 것은 바람직하지 못하다.

CHAPTER 9

직무현장중심의 평생교육방법

제 1 절 OJT

1. OJT

권대봉(2003)은 기업교육의 3대기둥을 전통적인 개인개발방법으로 OJT(On the Job Training), Off-JT(Off the Job Training), 자기계발(Self-Development)로 구분하여 제시하였다. OJT는 전통적인 개인개발방법의 하나로서 실제적인 직무현장교육(OJT: On the Job Training)의 특징을 띤다. 한국 기업에서 가장 많이 실시하고 있으며 대체로 비계획적인 특성을 갖는다. 이렇듯 OJT가 기업에서 많은 비율로 사용되고 있는데 이에 대한 체계적인 접근을 시도하는 경우는 부족하였다. 많은 현장교육의 비체계성 때문에 원래의 목적에 부합되는 효과를 발휘하지 못하는 것으로 평가받았다. 이러한 평가를 기반으로 구조화된 OJT가 등장하게 되었고 현재는 대부분의 기업에서의 현장교육, 즉 OJT라는 것은 구조화된 OJT를 의미하게 되었다(권대봉, 2008).

OJT는 조직에 있어서 상사나 선배가 부하나 후배에게 업무를 통하여 업무에 필요한 지식/기능/태도를 지도 · 육성하는 모든 활동이다. OJT는 On-The-Job Training의 약자로 선임자가 후배사원의 직무 성숙 및 향상을 위해 교육계획을 세워 그의 주관 하에 지도하고 평가함으로써 후배의 지도육성에 관한 책임을 체계적으로 수행하는 기업 내 교육훈련이다. Off-JT는 현장외 교육 또는 집합교육(classroom training)이라고도 번역되어 일을 실시하는 장소를 떠나 직무수행에 공통적으로 필요한 지식, 기술, 태도에 대해서 시행되는 교육훈련을 의미한다. 참가자의 교육요구에 밀착된 내용이 아니면 그 효과는 반감될 수밖에 없으며 주로 신입사원교육, 중견사원교육, 감독자교육, 관리자교육, 경영자교육 등의 계층별 교육과 영업, 연구개발 등을 대상으로 한 직능별 교육, 사업과제 등 과제별 교육으로 대별된다. 집합교육은 본래는 자기계발(SD)과 함께 OJT를 뒷받침해주는 기능을 가지며 상호간에 관련성을 갖도록 체계화 하여야 한다.

OJT는 일대일 학습이라는 점에서 코칭과 유사하지만 코칭은 수직적 관계인 반면 OJT는 조금 더 수평적으로 실시되는 경우가 많은 점이 차이점이다. OJT와 또 다른 유사한 개념으로 OJL(On the Job Learning)은 직장에서 다른 구성원간의 상호교류나 관찰을 통해 또는 담당직무의 수행과정에서의 직접적인 경험을 통해 '스스로 깨닫는' 것으로서 새로운 견해와 기능을 습득하여 주체적으로 행동을 변화시키는 과정이다.

2. OJT의 유형

OJT는 크게 비구조화된 OJT 와 구조화된 OJT로 구분하여 실시할 수 있다(Jacobs, 2003).

1. 비 구조화된 직무현장교육 OJT

체제적인 접근을 사용하지 않는다. 결과를 미리 정의, 예견할 수 없고 OJT리더가 되기 위해 별다른 교육을 받지 않는다. 주로 의사소통 기술에 의존한다.

2. 구조화된 직무현장교육 (Structured OJT: S-OJT)

체제적인 접근을 사용하며 트레이너나 퍼실리테이터의 참여아래 실제 작업현장에서 일어나는 학습을 대표한다. 액션러닝이 이러한 범주에 속한다(Jabobs & Park, 2009). 결과를 미리 정의하며 예견할 수 있고 OJT 리더가 되기 위해 교육을 받는다.

이상의 두 가지 유형을 더 세분화하여 Jacobs와 Park(2009)는 OJT 교육방법을 제시하였다.

1) 직무중심(OJT)/비구조화된/소극적인 유형

이 유형은 체제적 접근의 사용 없이 트레이너나 퍼실리테이터의 제한된 참여하에 실제적인 작업 환경에서 일어난다. 우연적 코치, 임시(특별) 멘토링, 잡 쉐도우잉(Job shadowing), 일하면서 배우기, 실천공동체 등이 이 유형에 해당한다.

2) 직무중심(OJT)/비구조화된/적극적인 유형

이 유형은 체제적 접근의 사용 없이 트레이너나 퍼실리테이터의 직접적인 참여하에 일어난다. 이 유형을 가장 잘 대표하는 예는 비구조화된 OJT 혹은 Follow Joe 훈련이다.

3) 직무중심(OJT)/구조화된/소극적인 유형

이 유형은 트레이너나 퍼실리테이터의 제한된 참여와 체제적 접근 사용의 결과로서 실제적인 작업장 환경에서 학습이 일어나는 것을 대표하는 유형이다. 액션러닝이 이러한 유형에 속하는 좋은 예이다.

4) 직무중심(OJT)/구조화된/적극적인 유형

이 유형은 트레이너나 퍼실리테이터의 직접적인 참여와 체제적 접근의 사용의 결과로서 실제적인 작업장 환경에서 일어난다. S-OJT, 공식적 멘토링, 공식적 코칭이 여기에 해당된다.

표 9-1 직무현장중심의 교육방법에 대한 이해

변인		정의
학습이 일어나는 장소	집합교육 (Off the Job)	실제 직무현장으로부터 떨어진 곳에서 학습이 일어남
	OJT (On the Job)	실제 직무현장에서 학습이 일어남
계획의 정도	비구조적 (Unstructured)	체제적 접근 사용여부에 대한 증거가 작거나 없음
	구조적 (Structured)	체제적 접근을 사용한다는 증거가 있음
트레이너나 퍼실리테이터의 역할	소극적	트레이너와 퍼실리테이터는 학습과정 동안에 피훈련인에게 참여할 것을 요구하며 제한된 역할을 수행
	적극적	학습 과정동안에 트레이너와 퍼실리테이터는 직접적인 역할을 수행

출처: Jacobs & Park(2009). p. 143. 참조.

3. OJT의 기대효과

공식교육(formal education)은 특정한 태도와 사회적 배경을 가진 인력을 선발하기 위한 심사 장치로서 자주 사용된다. OJT는 직무수행에 있어 실제로 사용되는 기술의 많은 부분을 습득하게 해주거나 공식적으로 받은 교육(formal education)을 직무현장에서의 성공적으로 활용할 수 있도록 하기 위해 요청되어지는 선행조건이다(Wang & Holton, 2005).

(1) 신입직원의 기본기술에 대한 결함을 초기에 해결
(2) 신입직원의 비생산성을 나타내는 기간을 단축
(3) 신입직원의 불안과 이직률 감소
(4) 관리자들이 자신의 학습능력 부족을 인식
(5) 집합연수, 자기계발로는 업무 · 업적 직결되는 인재육성 불충분함

4. OJT의 과정

비구조화된 직무현장교육은 일반적으로 즉흥적으로 이루어지는 직무현장교육이며 사전에 치밀한 계획을 세운 후 교육을 실시하거나 교수설계의 방법을 적용하지 않고 실시한다. 반면에 구조화된 직무현장교육, OJT는 현장교육을 실시하기 전에 훈련에 대한 구체적인 계획을 세운다는 점에서 비구조화된 직무현장교육 OJT와 차별된다(권대봉, 2008). 대체로 직무현장에서 구조화된 OJT는 다음과 같은 과정을 거쳐서 실시된다.

우선 1단계에서는 체계적인 OJT를 실시할 수 있고 적절한 교육매체와 도구들이 갖춰져 있는가를 사전 조사한다. 다음으로 2

단계에서 부서에 속한 부하가 담당해야 할 업무에 필요한 능력요건을 정리한다. 3단계에서는 부하의 현재보유능력을 파악해야 정확한 요구분석을 할 수 있다. 4단계에서는 능력개발 니즈를 파악하는 단계이다. 5단계는 구조화된 OJT 목표를 설정하는 단계이다. 6단계는 4단계 니즈 분석과 5단계 목표설정을 바탕으로 모듈을 구성하고 각각의 세부목표를 작성하는 단계이다. 7단계는 OJT를 실시하는 단계이다. 8단계는 실시한 OJT의 교육효과성을 측정 · 평가하고 피드백을 받아 문제점을 해결하는 단계이다.

표 9-2 OJT의 세부추진과정

단계	개요
1단계	체계적인 현장교육을 실시하는 것이 적당한가에 대한 사전조사
2단계	부하의 담당업무에 필요한 기술 및 과업과 능력에 대한 요건 정리
3단계	담당업무에 대한 부하의 현재보유능력 파악
4단계	능력개발 니즈(NEEDS) 파악
5단계	OJT 목표 설정
6단계	OJT 플랜(지도계획) 작성
7단계	OJT 실시
8단계	교육효과의 측정, 평가와 피드백

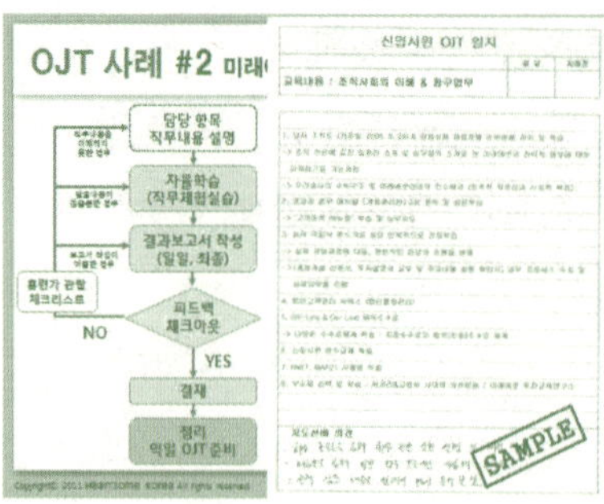

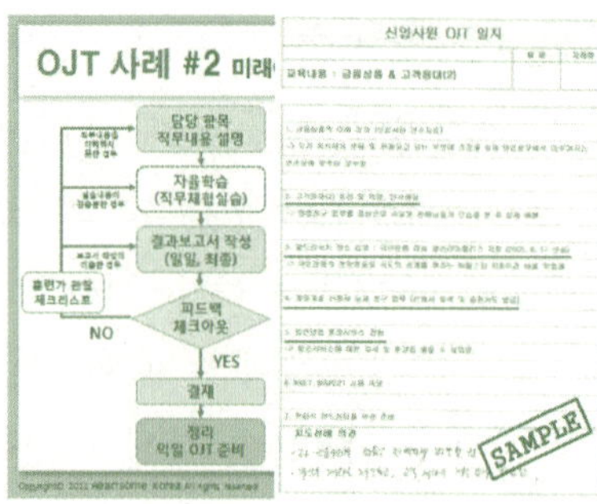

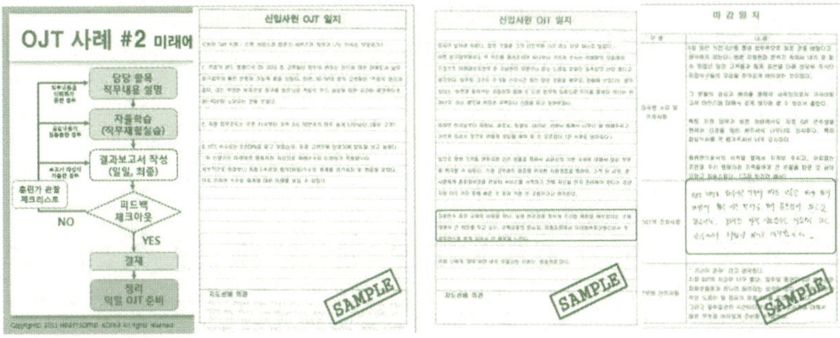

<그림 9-1> OJT 사례

5. OJT의 장단점

OJT의 장점으로는 교육하면서 직무수행이 가능하기에 교육이 매우 구체적이고 현실적이다. 상사와 부하 동료간에 자연스럽게 커뮤니케이션을 유도할 수 있고 비용 및 시간이 절약된다. 단점으로는 교육의 질이 현장상사의 전문성에 의존할 수밖에 없다. 현장상사의 전문성이 뛰어나다면 크게 효과성을 기대할 수 있지만 교육전문성에 한계가 있을 때는 크게 교육효과를 기대하기 어렵다. 또한 다수 종업원을 대상으로 하는 교육은 불가피하며 비숙련자이기에 사고위험이 있고 직무수행 도중에 이루어지기 때문에 작업, 실무에 지장을 가져올 수도 있다.

제 2 절 코칭

1. 코칭

코칭은 학습자가 새로운 개념을 습득할 수 있도록 도와주고 그 개념을 실천하는 것을 보조해 준다. 학습자가 교정과 실천을 통해서 즉각적인 피드백을 받을 수 있기 때문에 매우 효과적인 학습방법이다. 1:1 의사소통 과정진행을 통해 학습자의 능력개발을 도모하고 학습자와 관리자가 공동으로 노력하는 과정을 말한다. Jones 외(2006)에 따르면 코칭은 코치이(coachee-피코치자)의 직무관련 특정 이슈들을 해결하기 위한 훈련 및 개발 도구(tool)로서 발전하였고, 코칭은 기본적으로 조직구성원의 직무성과에서 부족한 부분을 파악하여 보다 높은 성과를 보일 수 있도록 도와주는 기술이다.

2. 코칭의 유사개념

코치의 어원은 중세 헝가리의 kocs라는 지방에서 사용하던 마차에서 유래하였다. 19세기말에 스포츠 코치로 시작하여, 20세기에는 비즈니스, 라이프 코치로 확대, 발달되었다. 코칭과 자주 상호 교환적으로 사용되는 말은 멘토링, 액션 러닝으로서 코칭과 다른 의미로 해석하여 사용하는 경우도 있다(D'Abate 외, 2003).

1. 멘토링

1970년대 중반이래로 멘토링과 코칭의 개념은 서로 구분하기가 어렵다(Gray, 1988). 어떤 이들은 멘토링과 코칭이 같다고 보는 견해도 있고(Sperry, 1996) 멘토링은 스폰서쉽, 가이던스, 코칭, 전통적인 상사-부하 관계와 다르다고 보는 견해가 있다(Chao, 1998). 전통적인 멘토링은 전반적인 발달상의 목표를 가진 반면 코칭은 어느 특수한 영역의 발달에 더욱 관련성을 가지고 접근한다. 코칭을 위한 시간소요는 전통적인 멘토링은 장기간에 걸친 발달과 관련이 있다. 멘토링은 모델링, 카운슬링, 지원, 고문, 소개와 같은 유형인 반면 행동 코칭은 실제적인 적용과 피드백과 교수를 제공하면서 궁극적으로 목표 설정에 있다(D'Abate 외, 2003). 또한 멘토링은 대체로 구조화되어 있지 않고 사람 중심인 반면에 코칭은 체계적, 구조화되어 있고 문제, 이슈 중심이며 단기간에 이루어진다는 특성을 가지고 있다(Joo, 2005).

2. 액션러닝

액션러닝은 관리교육과 발달의 한 형태로서(MacNamara & Weekes, 1982) 사람들은 실제로 문제를 해결하면서 실제적인 경험으로부터 배운다(Revans, 1986). 액션러닝은 문제를 검사하고 해결함에 있어 활동적인 프로젝트 혹은 도전이 되는 과제를 수행, 경험과 실천을 제공, 전문성, 기술, 지식이 학습되는 것이다(D'Abate 외, 2003). 액션러닝의 개념은 프로그램화된 지식의 토대 위에 현장에서의 실행과 이에 대한 질의 과정, 그리고 성찰과정을 통해 진정한 학습이 이루어진다는 가정에 기반하고 있다. 최근에는 초고속 정보통신망의 발달에 따라 사이버공간에서의 액션러닝 팀 구성원 간, 액션러닝 팀 간의 상호작용이 중요하게 대두되고 있고 카페, 블로그 등 가상공간과 SNS를 이용하기도 한다. 온라인과 오프라인의 장점을 적절히 배합한 블랜디드 액션러닝 지원 시스템(http://jdoldari. cafe24.com/new_home/)도 있다(박수홍 외, 2012).

3. 코칭의 목적과 필요성

결국 개인의 성과 향상과 만족을 통해 궁극적으로 조직의 효과성에 기여하고자 하는 것이 코칭의 목적이라고 할 수 있다. 코칭은 기업과 같은 수직적 관리체계에서 사원교육 프로그램으로 쓰이는 경우가 많으며 조직의 실질적인 필요에 의해서 결정된다. 코칭은 학습을 통해 조직 내 신뢰관계를 향상시키고 조직의 시스템화를 이룰 수 있다. 부가적으로 컴퓨터진단 등을 통해 여러 가지 능력과 태도를 피드백하고 체계적이고 실천적인 교육을 통해 조직원과 조직의 힘을 극대화시켜 나갈 수 있다.

4. 코칭의 스킬

Lowe(1995)는 적극적 경청, 질문하기, 구조 제공, 제안, 피드백 제공의 5가지 스킬을 소개한 바 있다. 다양한 기술들과 훈련에도 불구하고 Lowe는 그러한 기술들이 어떻게 파악되고 발달되는지에 대한 이론적 근거를 제공하지 않았다. Berry 외(1995)는 CFRAI(Coaching for Results Assessment Instrument)를 개발했다. 이 도구는 코칭 스킬 발달 요구를 측정하기 위해서 고안된 것으로 14개의 모듈 안에 36가지의 기술이 전개되어 있다. 이때 모듈 수는 훈련 세션에 참가하는 수를 의미하며 세션에서 기술을 습득하게 된다. CFRAI는 사용자들이 자신을 평가하고 그들의 상사들이 그들을 평가할 수 있도록 설계되어 있다. 또한 사용자들은 상사들, 부하, 동료들의 의견을 구하도록 되어있어 그들의 코칭 스킬의 360도 평가가 이루어지게 된다(McLean 외, 2005).

이러한 문헌고찰 후에 McLean 외(2005)는 다음과 같이 네 가지 코칭 스킬을 제안했다.

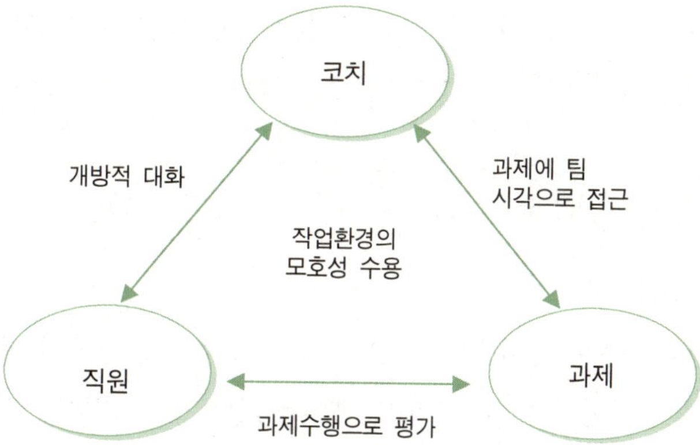

<그림 9-2> 네 가지 코칭 스킬

출처: McLean 외(2005). p. 164.

(1) 개방적 대화

코치로서 관리자는 다른 이들(부하 및 동료 들)과 언제라도 대화에 임할 준비가 되어 있어야 한다.

(2) 과제에 팀 시각으로 접근

개인으로서 과제에 접근하는 것이 아니라 팀 관점에서 과제에 접근하다.

(3) 과제수행으로 평가

코치로서 관리자는 다른 방식이 아닌 과제 수행측면에서 사람들을 평가해야 한다.

(4) 작업환경의 모호성 수용

대부분의 작업장들은 대체로 고정되어 있지 않다. 코치로서 관리자는 작업환경의 모호한 속성들을 받아들여야만 한다.

코칭은 종업원들의 전문성과 지속적인 수행성과향상 개발의 목적에 사용되어야 한다(Deegan, 1979).

5. 코칭의 유형과 과정

1. 경영간부 코칭(executive coaching)

HRD 영역에 있어 코칭은 조직의 학습과 발달전략에 있어 매우 중요한 부분이 되어 가고 있다. 학습, 발달, 행동 변화, 수행, 리더십, 경력 성공 그리고 조직 몰입 등은 경영 간부 코칭과 매우 깊은 연관이 있다. 코칭은 전통적으로 취약한 수행을 개선하고 조직성과에 개인적 효과성을 접목시키기 위해 실행되어져 왔다. 그러나 코치로서 관리자와 경영간부 코칭(executive coaching)사이에는 차이가 있다. 전자는 코치로서 관리자가 코치로서의 역할을 수행하는 것인 반면에 경영간부 코치는 전문적인 코치에 의해 코치를 받는 것을 의미한다(Joo, 2005). 경영간부 코칭은 전문적인 코치와 경영간부(coachee)가 일대일 관계를 맺고 자기 인식과 학습을 통해 그리고 궁극적으로 개인과 조직의 성공을 달성하기 위해 경영 간부의 행동 변화를 유발하고자 수행되는 일련의 과정으로 정의될 수 있다(Joo, 2005).

1) 경영간부 코칭의 과정

Joo(2005)는 경영간부 코칭의 전 과정을 다음과 같이 제시하였다.

(1) 선행조건

성공적인 경영 간부 코칭이 이루어지기 위해서는 선행조건으로 코치특성에 코칭 경험과 학문적 배경 등이 포함 · 수반되어야 한다. 무엇보다도 성공적인 코칭을 위해서는 코치의 역할이 강조되어지지 않을 수 없다. 코치는 공식적인 훈련을 받은 자로서의 풍부한 개인적 경험들과 통찰력을 가지고 있어야 하며 자신감, 높은 발달 수준, 경험, 도덕성에 흠이 없는 정직하고 성실한 사람이어야 한다. 코치이의 중요한 특성들로는 개인적 인성(특성), 동기적 요소, 코칭에 임하는 준비도 등을 들 수 있다. 또한 이 단계에서 필요한 것은 조직의 관심과 지원이다.

(2) 코칭 프로세스

코치이들이 어떠한 종류의 코칭을 원하고 있는가를 파악해야 한다. 예를 들어 지시적인 혹은 비지시적인 방법 중 어느 것을 선호하고 있는가 등이다. 충고, 상담, 교수, 자문, 피드백 중 어느 유형이 도움이 될 것인가를 파악한다. 이와 같이 코치이들의 상황과 요구에 의거하여 코칭에 접근해야 한다. 코치와 코치이를 짝지어주는 일은 코칭의 성과를 극대화하는데 매우 중요한 요소로서 그들의 성, 사회경제적 배경, 인생 경험과 같은 요소들을 반드시 고려해야 한다. 코치이가 피드백을 얼마나 잘 수용하려는 자세를 가지고 있느냐에 따라 코칭의 단기 및 장기성과 결과가 달라질 것이다.

(3) 단기성과

코칭의 과정동안 코칭 접근 방식에 따라 자기인식(카운셀링), 혹은 학습(컨설팅)에 포커스를 맞출지도 모른다. 그러나 최종목표는 같다. 근시안적인 측면에서 경영간부의 행동변화이다.

(4) 장기성과

장기성과는 두 가지 측면으로 나누어 질 수 있다. 우선 개인적 성공으로서 개인적 수행, 보상, 승진, 직무만족 그리고 몰입, 심리적 웰빙 등을 포함한다. 다른 하나는 조직적 성공으로서 조직 수행, 조직 변환, 보유 등이다. 조직 구성원들은 경영 간부 코칭을 통해 문제해결능력을 향상시킬 수 있고, 관리자적 그리고 대인관계 기술과 능력, 관계형성 기술, 자신감, 변화적응력, 일-삶의 조화, 감소된 스트레스를 경험한다.

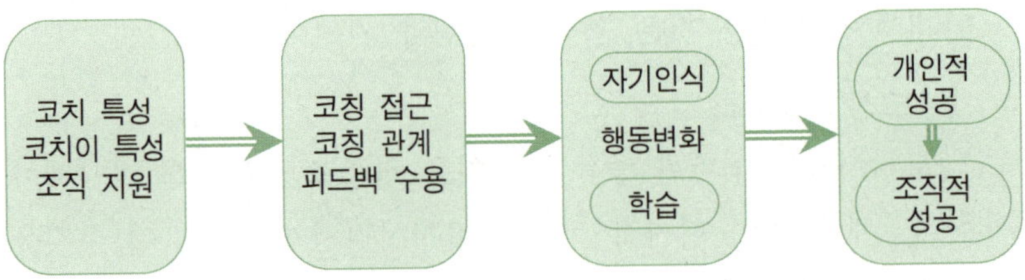

<그림 9-3> 성공적인 경영 간부 코칭을 위한 과정

출처: Joo(2005), p. 476.

2. 리더십 코칭(leadership coaching)

최근 경영 관련 서적들을 보면 기업의 CEO나 경영진들이 전문가의 코치를 받아 변화를 이끌어 내는 사례를 흔히 찾아 볼 수 있듯이, 고성과 창출을 위해 임원의 리더십 관련 이슈들을 빠른 시간 내에 해결하고 리더십 역량을 향상시키기 위해 시행되는 일련의 코칭 과정이라고 정의 할 수 있다. LG Electronics 사의 리더십 코칭 사례를 살펴보면 일차적으로 우선 리더십 진단 결과 개선이 요구되는 임원들과 2차적으로 특정 직위 보임 대상으로서 리더십 향상을 필요로 하는 임원들을 코칭 대상으로 선발하였다.

단기목표는 리더십 사전 진단 결과의 향상과 스스로 선언한 리더십 개선 액션 플랜(Action Plan)의 완성이었다(최종국, 2009). LG Electronics 사의 리더십 코칭 사례는 다음과 같은 과정으로 진행되었다.

표 9-3 리더십 코칭 과정

	← 3주 →	← 3개월 →	← 1주 →
	착수 및 코칭 목표 설정	코칭	평가공유
코칭 활동	• 대상자 선발 • 코치 Matching • 리더십 진단(인터뷰/기존 자료) • 행동수정목표 합의서 작성 • 자기선언 및 코칭 계약	• 코칭 세션(최소한 7회, 격주 1회 기준) • 중간 보고	• 행동변화 결과평가 • 코칭 목표 성취도 평가 • 리더십 서베이 결과 비교평가(필요시)
스폰서	• 대상자 선정 • 스폰서의 기대사항 전달(개별 면담)	• 대면 미팅을 통해 혹은 e-메일을 통한 격려(HR로부터 월 1회 중간 보고)	• 성취에 대한 축하
내부 코치	• 코치의 진단 과정 지원 • 코치 Matching 참가 • 최초 코칭 세션 참가	• 코칭 세션 Monitoring • 스폰서 중간 보고	• 코칭 결과 평가지원 • 스폰서 최종 보고
러닝 센터	• 대상자 선발 추진 • 표준 프로세스 정립 • 코칭 계약	• 코칭 세션 진행 코디네이션 • 내부코치에 대한 지원 및 육성	• 코칭 결과 평가 수행 • 리더십 코칭 최종보고

출처: 최종국(2009). p. 356.

3. 비즈니스 코칭(business coaching)

한국라이프코치협회(2005)에 따르면 비즈니스 코칭이란 개개인에게 숨겨진 잠재능력을 개발하여 조직 내 최대의 능력을 발휘할 수 있도록 지원해주며 일과 개인 생활의 균형, 조직경영, 대외 이미지 관리, 연설 능력 등의 이슈들을 다룬 코칭활동을 일컫는다(선우미란, 2009, 재인용, p. 17.).

조직 내 비즈니스 코칭이 성공적으로 이루어지기 위해서는 다음과 같은 성공요인들이 포함된 과정으로 진행되어야 한다(홍의숙, 2009).

(1) 코칭 친화적 분위기 조성이 이루어져야 한다. 이해관계자들의 인식 및 지원이 일어나야 하겠고 내부 코치의 양성 및 코치로서 관리자 육성 분위기가 활성화되어야 한다.
(2) 조직의 전략적인 목표와 코칭 목표가 연계성이 있어야 한다. 즉, 조직의 비전 및 가치와 연계된 목표가 설정되어야 하겠고 조직의 성과는 HR성과로 코칭의 성과 간 연결고리가 구축되어야 한다. 제도적으로도 이러한 연계성을 지원해야 한다.
(3) 코칭에 대한 체계적인 관리 및 평가측면이다. 증거 기반한 코칭으로 체계적인 코칭 교육 설계 및 평가 시스템을 구축하고 HPT, SCM 등의 방법론을 활용한다.

6. 코칭의 장단점

코칭의 장점은 일대일 대화소통을 통해 문제점을 빨리 깨달을 수 있어 능률적이라는 점, 학습자의 문제해결능력을 향상시킬 수 있다는 점, 성인학습자들의 특성과 능력에 맞게 목표 수행 가능성을 높이는 역할을 해준다는 점, 학습자가 교정과 실천을 통해 즉각적인 피드백을 받을 수 있다는 점이다.

제 3 부

원격교육과 평생교육방법

CHAPTER 10

이러닝

제 1 절 이러닝

1. 이러닝

이러닝이란 정보통신기술을 활용하여 언제(anytime), 어디서나(anywhere), 누구나(anyone) 수준별 맞춤형 학습을 할 수 있는 체제로서 학습자 상호작용을 극대화하면서 분산형의 열린 학습 공간을 추구하는 교육을 의미한다. 특히 이러닝은 컴퓨터 네트워크 테크놀러지를 사용하여 주로 인터넷을 통하여 정보와 교수(instruction)를 학습자에게 전달하는 것이다(Wang 외, 2010). 인터넷은 학습자의 요구에 부응하고 학습자 중심의 교육과 다양한 훈련의 기회를 제공하며 웹을 기반으로 하는 학습형태로 이러닝, 웹기반 학습, 웹기반 교육, 웹기반 훈련, 인터넷 기반 훈련, 분배 훈련, 고차원 분배학습, 원격학습, 온라인 학습, 이동학습, 원거리 학습, 교실 외 학습 등의 다양한 용어로 불리고 있다(Khan, 2005).

온라인 러닝과 이러닝의 개념구분은 매우 모호하다. 협의의 이러닝은 온라인 또는 웹 기반 학습에 국한될 수 있다(백영균 외, 2010). 따라서 온라인은 좁은 의미의 이러닝으로 보면 된다.

이러닝(e-Learning)

(1) 협의의 의미

e-Learning을 하나의 학습 프로그램, 연수 혹은 훈련 프로그램에 국한하는 것으로서, e-Learning에 포함되는 컴퓨터 관련 테크놀로지를 단편적인 주제 하에 학습의 증진을 위해서 주로 사용하는 것을 의미한다. 컴퓨터 기반 교육, 인터넷 교육, 웹 교육, 사이버 교육, 네트워크 교육 등의 개념이 여기에 해당된다. 학습자들은 학습 주제에 따라 구성된 프로그램으로 학습을 수행할 수 있도록 지원하고 관리하는 학습 관리 시스템(Learning Management System), 혹은 학습 콘텐츠 관리 시스템(Learning Content Management System)

(2) 광의의 의미

협의의 의미를 가지는 e-Learning 시스템을 교육기관이 속한 조직의 다른 시스템들, 예를 들어 지식경영 시스템, 전사적 자원관리 시스템(Enterprise Resource Plan), 포탈 시스템 등과 같이 조직의 생산과 효율성 향상을 위한 시스템들과 연계하여 학습자들이 학습과 현장 업무를 용이하게 연계할 수 있도록 구성하는 것을 의미한다.

2. 이러닝의 유형

(1) 수업전체가 이러닝 형태로 운영되는 유형이다. 수업의 설계단계에서부터 이러닝으로 개발할 것을 고려하여 내용을 구조화하고 이에 맞는 운영 전략을 수립하는 형태이다. 시간과 장소, 업무공백을 최소화하는 즉, 비용을 고려하는 기업교육에서 자주 사용되고 있다. 국내 기업체의 이러닝 운영은 대기업을 중심으로 자사의 직원들을 대상으로 이러닝 프로그램을 개발하여 운영하는 것이다. 대체로 전문직무, 직급필수, 경영 일반 등 업무와 직접

적으로 관련된 세부과정과 MBA과정, 그리고 IT, 외국어, 교양필수 등 업무를 지원하는 과정 등 다양한 과정이 인터넷 기반으로 제공되고 있다. 또한 2000년 이후로 다양한 형태의 이러닝프로그램 개발 및 운영 전문회사인 크레듀, 유비온, 테크빌 등이 설립되어 인터넷 교육형태만으로도 일반 기업체에서 운영하는 대부분의 교육 프로그램을 제공할 수 있는 시스템을 구축하고 있다(임철일, 2011).

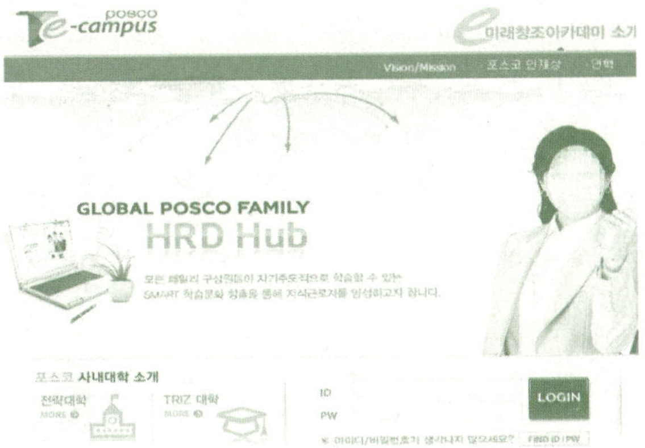

<그림 10-1> 일반기업의 이러닝 사례

출처: 포스코(e-campus.posco.co.kr). 이러닝 초기화면.

(2) 수업 운영의 중심은 이러닝이나 오프라인 교육을 병행하는 유형이다. 사이버대학에서 주로 활용하는 유형이며 수업을 설계할 때 이러닝과 오프라인 교육을 함께 고려해야 한다.

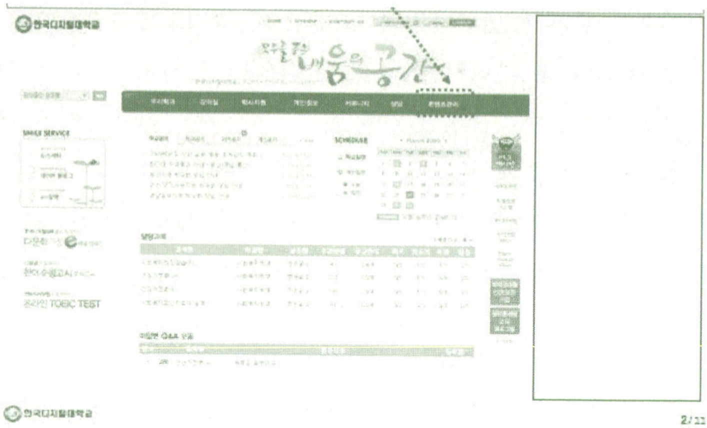

<그림 10-2> 사이버대학의 수업운영의 중심인 이러닝 사례

출처: 한국디지털대학교.

(3) 수업 운영의 중심은 오프라인 교육이며 이러닝을 보조적으로 사용하는 유형이다. 주로 일반대학에서 활용되는 유형이다.

<그림 10-3> 일반대학에서 이러닝을 보조적으로 사용하는 경우의 이러닝 사례

출처: 서울여자대학교 가상강의시스템.

백영균 외(2010)은 이러닝의 유형을 교수방법, 면대면 활동의 유무, 활용되는 기술, 콘텐츠의 유형, 실시간 여부 등으로 분류하고 있다.

표 10-1 이러닝의 유형

기준	유형
교수방법	반복연습형, 개인교수형, 게임형 시뮬레이션형, 문제해결형, 자료제시형
면대면 활동의 유무	온라인 학습, 혼합 학습
활용되는 기술	가상현실기반 학습, 증강현실기반 학습
콘텐츠의 유형	동영상 강의 기반 학습, 화상시스템 기반 학습, 애니메이션 기반 학습
실시간 여부	실시간 학습, 비실시간 학습

출처: 백영균 외(2010). p. 348.

3. 이러닝의 교수설계와 개발 과정

1. 이러닝의 교수-학습

많은 연구자들이 웹 2.0툴의 사용으로 인해 구성주의적 학습 이론에 입각한 과정설계를 고려하고 있다. 구성주의적 커리큘럼은 수업활동들을 구조화해나가는 과정에서 개방적, 협상적 접근 방식을 취함으로써 학습자들이 협동적으로 지식을 구성해나가고 학습을 맥락화하는 기회를 갖게 한다. 구성주의의 대표적 두 가지 원리는 첫째, 학습은 획득하는 것이다라기보다는 지식을 구성해나가는 능동적 과정이다. 둘째, 교수(instruction)는 지식전달이 아니라 지식구성을 지원해주는 일련의 과정이다(Duffy & Cunninghan, 1996).

2. 이러닝의 교수설계

전통적인 교수설계 방법을 적용하여 이러닝에서 적합한 교수학습을 구축할 수 있을 것인가의 문제를 고민해야 할 것이다. Appleman(2005)은 전통적인 교수설계방법은 교수공학적인 관점에서 지향하는 학습환경을 설계하는 데 적합하지 않다고 지적한다. Appleman(2005)은 학습환경의 속성을 네 가지로 구분하고 각 속성에 대응하는 학습자의 지각요인을 설명하고 있다. 네 가지 속성은 가상성(virtuality), 물리적 구조(physical structure), 공간적 경계(spatial boundaries), 시간적 경계(time boundaries)로 구분된다. 가상성은 학습공간에서 제공하고 있는 표상수준의 정도를 의미하는 것으로 가상현실이 될 수록 더 높은 차원의 표상체제가 동원되어야 한다고 보기 때문에 전통적 교수설계 방법은 이러한 학습설계의 원리를 충족시키기 어려운 상황이다(류지헌, 2007, p.79. 재인용).

이상과 같이 이러닝 교수설계 및 프로그램의 개발은 기존의 교육 프로그램 개발과 유사한 것 같지만 실제로 각 단계에서 투입되는 인원이나 조직의 특성 및 각 단계에서 수행되는 작업의 내용은 상당히 다르다(백영균 외, 2010). 면대면 교실 수업과의 가장 큰 차이점 중의 하나는 전통적인 면대면 교실수업이 대체로 교수자의 개인적 책임 하에 수업이 개발되어 운영되는 것에 비하여 원격교육과정은 교사 이외에도 많은 관련된 사람들의 협조 하에 개발되어 운영된다는 점이다. 인쇄자료와 같은 전통적인 원격교육 매체뿐만 아니라 다양한 형태의 기술적 지원 팀의 협조는 필수적이다. 교수자, 튜터, 코디네이터, 기술지원담당 등 많은 인력들 간의 협동적 작업 및 의사소통이 필요하다.

표 10-2 이러닝의 인력, 운영활동의 주체와 역할

운영활동의 주체	역할
교수자(instructor)	• 한 강좌만 운영될 때 그 강좌를 담당하는 강사 • 학습내용의 선정 및 조직, 강의 진행, 학습 안내 및 지도, 학습촉진자
개인교수(tutor)	• 동일한 여러 개의 강좌가 운영될 때 한 강좌를 담당하는 강사 • 한 강좌의 수강 인원이 많을 때 담당 교수자를 지원하면서 강의 운영을 담당하는 강사 • 교수의 보조자로서 자율권을 가지고 학습을 지원, 촉진
운영자(coordinator)	• 강좌 전체 운영 담당자(교수, 학생 지원)
기술지원 담당 (technical assistant)	• 강좌의 기술적 지원 담당자 • 시스템과 관련하여 발생할 수 있는 기술적인 문제 해결

출처: 임철일(2011). p. 229.

이러한 많은 인력과 기술 지원이 투입되기 때문에 이러닝 교육과정은 면대면 교실수업과 많은 차이점이 있다. 교육과정 설계면에서도 더욱 치밀하게 계획되어야 하며 각 단계마다 검수작업을 거치는 노력이 필요하다.

3. 이러닝의 개발과정

(1) 개발계획 수립단계에서는 이러닝 콘텐츠를 개발하려고 하는 목적에 근거하여 필요한 인력, 예산 및 소요 기간을 조정하는 워크숍이 진행되어야 한다. 프로그램 개발자, 콘텐츠 개발팀의 디자이너, 코디네이터와 튜터 사이에 충분한 논의가 이루어져야 한다.

(2) 분석단계에서는 기존 이러닝 컨텐츠들을 분석, 벤치마킹하는 한편 적용할 대상인 학습자 및 미디어 특성들을 분석하는 단계

로서 학습자의 특성을 고려하여 동기유발와 흥미를 고려하는 다양한 교수전략에 대한 계획을 세우는 단계이다.

(3) 설계 및 개발단계로서 교수자의 원고를 바탕으로 골격을 잡고 스토리 보드 작성을 통한 구체적인 화면설계를 실시한다. 각종 이미지, 동영상 자료들을 확보하고 스토리 보드에 기록된 내용을 중심으로 실제 디자인 개발과 영상(또는 음성)개발을 진행 즉, 나모, 플래시, 디렉터와 같은 저작도구를 사용하여 이를 통합하는 프로그래밍 과정이 필요하다.

(4) 디자인, 영상파일과 같은 해당 콘텐츠 산출물에 부합되는 검수 작업을 진행하고 파일럿 테스트를 통해 시범 적용해본다. 내용에 대한 타당성, 콘텐츠 간의 연계성, 활용의 편리성, 그래픽 및 인터페이스의 적합성 등을 알아보는 단계이다.

(5) 마지막 최종 보고 과정에서 평가를 수행하는 것이 바람직하다. 이러한 평가의 목적은 콘텐츠의 지속적인 수정 · 보완을 통해 질을 향상시키는 데 있다.

표 10-3 이러닝의 개발과정

구분	내용	산출물
1. 개발계획을 위한 워크숍	• 콘텐츠 개발 절차, 각 기관별 역할, 품질 향상 및 관리를 위한 지침 연수 및 전략 도출 • 개발기관(집필진, 설계 및 개발진, 검토진), 품질관리단 참여	회의록
2. 기존 콘텐츠 분석 및 요구분석(학습자, 환경, 내용)	• 이러닝 기존 콘텐츠의 내용과 수준, 유형 분석 • 학습자 분석 • 학습환경 분석 • 미디어 특성 분석	콘텐츠 분석서

기획서 및 계획서 작성	• 기획, 분석 단계를 토대로 도출된 내용을 수업계획서, 교과목 기획서, 콘텐츠개발계획서화 함	기획서, 계획서
프로토타입, 원고, 스토리보드 개발	• 수준별 콘텐츠, 교과수업용 콘텐츠의 프로토타입 개발, 즉, 실제 개발 원형을 제작하는 단계	
	• 교강사는 기획 및 유형에 알맞은 교안을 작성하여 설계자에게 전달	원고 (교안)
	• 교수설계자는 교안을 바탕으로 교수학습 전략을 반영해 실제화면 설계작업을 진행	스토리보드
	• 프로토타입 원고, 스토리보드, 콘텐츠의 적절성 검토	검토결과, 조치결과서
검수 및 수정	• 교강사 및 설계자는 내용 및 오류 검수를 통해 스토리보드의 적합성을 검토	
디자인 및 매체 개발	• 최종 스토리보드를 바탕으로 실제 디자인 개발과 영상(또는 음성)개발을 진행	
검수 및 수정	• 디자인, 영상파일과 같은 해당 콘텐츠 산출물에 부합되는 검수 작업을 진행	
콘텐츠 변환	• 콘텐츠 표준화를 위해 콘텐츠에 부합하는 학습구조와 메타데이터를 입력	콘텐츠 결과서
파일럿 테스트	• 개발된 최종 콘텐츠를 서버에 업로드 한 후 최종 검수를 진행	시험적용 결과분석서
포팅 완료	• 최종 산출물을 서버에 탑재	
최종 보고	• 결과 보고 및 최종콘텐츠 샘플 시연	최종콘텐츠

4. 이러닝의 강의 유형

이러닝 과정은 전통적 교실수업과는 달리 테크놀러지에 기반한 다양한 강의 유형이 존재한다.

표 10-4 이러닝의 강의 유형

강의 유형	기반 기술 및 특성
VOD (Video on Demand) 강의형	각종 저작도구(Presto, Active tutor) 혹은 Wincam 등 동영상 캡처 도구를 활용하여 교수자의 강의 장면을 녹화하여 학습자가 다운로드 혹은 스트리밍(streaming)기술을 활용하여 보는 방식
AOD (Audio on Demand) 강의형	각종 저작도구 혹은 일반 음성 저장 소프트웨어를 활용하여 교수자의 강의음성을 녹음한 후 학습자가 다운로드하여 볼 수 있는 방식 HTML 텍스트 등이 보통 병행하여 제시됨
FLASH형	웹상의 전문적인 애니메이션 저작 도구인 FLASH를 기반으로 하여 많은 멀티미디어적인 요소가 추가된 강의 형태
텍스트형	HTML 텍스트를 기본으로 FLASH를 활용하여 간단한 애니메이션, 그래픽이 추가된 강의 형태

출처: 임철일(2011). p. 297.

1. VOD 강의형

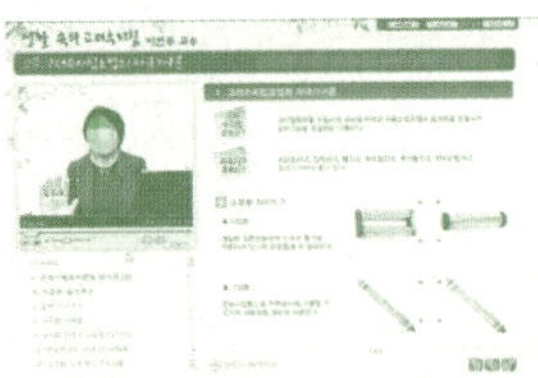

- 교수자 주도로 영상강의가 진행되는 일반적인 강의
  - 주로 설명식 강의에 자주 이용되는 강의로서 개념이나 지식의 제공시 활용되는 유형

- 교수님의 설명과 함께 학습교안이 제공되는 형태로 가장 기본적인 유형

- 좌측에 영상+우측에 교안(학습내용)이 제시
- 교수자가 주도적으로 학습자에게 정보를 전달하는 강의형태

2. AOD 강의형

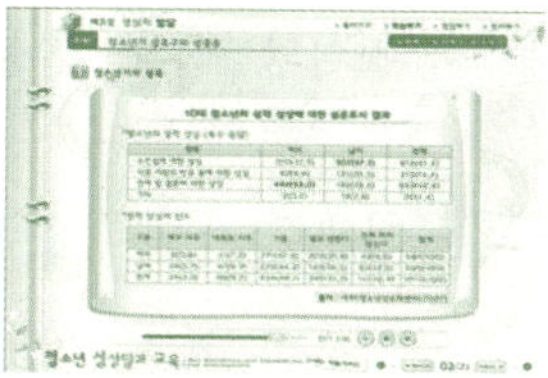

- 교수자 주도로 음성강의가 진행되는 일반적인 강의
  - 주로 설명식 강의에 자주 이용되는 강의로서 개념이나 지식의 제공시 활용되는 유형
- 교수님의 설명과 함께 학습교안이 제공되는 형태로 가장 기본적인 유형
- 음성으로 강의가 진행되므로 화면 전체가 학습영역으로 학습내용이 제시됨
- 음성 콘트롤러와 음성목차가 제공되며 음성목차의 경우 숨김, 보임 등 다양화된 형태로 제작될 수 있음

3. Flash형

(1) VOD 타입

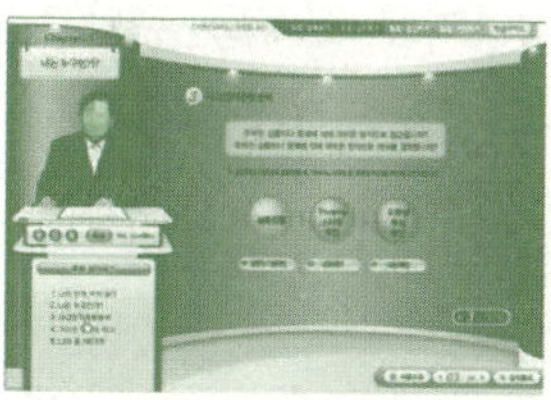

- 교수자 주도로 영상강의가 진행되는 일반적인 강의
  - 주로 설명식 강의에 자주 이용되는 강의유형으로 개념이나 지식을 제공할 때 활용되는 유형
- 교수님의 설명과 함께 학습교안이 제공되는 형태로 가장 기본적인 유형
- 교수자가 주도적으로 학습자에게 정보를 전달하는 학습형태
- 다양한 내용을 통해 학습자와의 상호작용이 가능

(2) AOD 타입

• 교수자 주도로 음성강의가 진행되는 일반적인 강의
  - 주로 설명식 강의에 자주 이용되는 강의로서 개념이나 지식의 제공시 활용되는 유형
- 교수님의 설명과 함께 학습교안이 제공되는 형태로 가장 기본적인 유형
- 음성으로 강의가 진행되므로 화면 전체가 학습영역으로 학습내용이 제시
- 음성 콘트롤러와 음성목차가 제공되며 음성목차의 경우 숨김, 보임 등 다양화된 형태로 제작될 수 있음

4. 전자칠판형

(1) Full VOD 타입

• 교안을 PPT로 제작하여 전자칠판을 활용하여 강의를 진행
  - 동일 영상 영역에 교수님 강의모습과 판서 화면이 번갈아 가며 제시되는 형태
- 화면에 제시될 내용이 적고 문제풀이 시 유용
- PPT에 들어갈 폰트는 약 40폰트 이상 크게 들어가야 함
- 한 화면에 들어갈 폰트의 분량을 제한함
- 교수자가 직접 칠판에 보다 강조하여 설명해야 할 도표, 이미지 등을 판서하며 설명하는데 활용하기 유용함

(2) VOD + 교안 타입

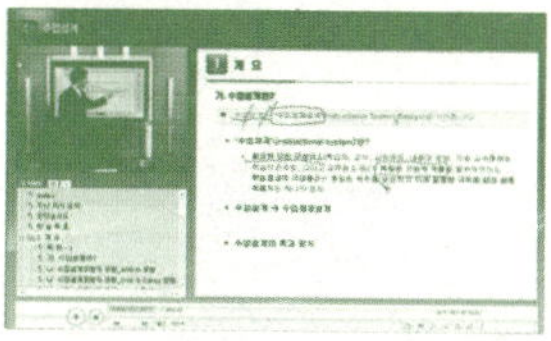

- 교안을 PPT로 제작하여 전자칠판을 활용하여 강의를 진행
  - 영상영역에는 강의하는 모습만이 제시되고 판서 영역에 강의내용이 보여지는 형태

- 많은 내용을 한 화면에 보여줄 필요가 있을 때 유용하고 개념 설명 강의 시 밑줄 등의 강조표시가 교안영역에 노출됨

5. 저작툴: 윈캠 & 캡티베이트 형

(1) 윈캠

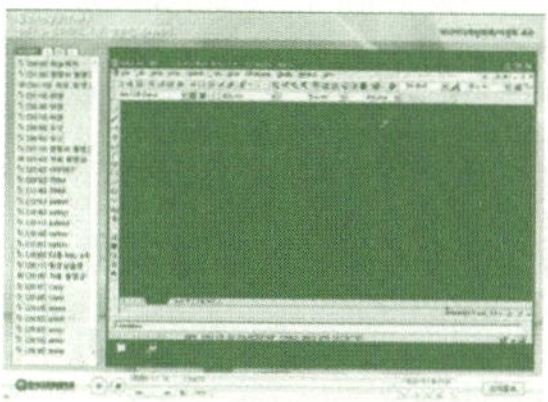

- 컴퓨터 화면을 통해서 보여지는 내용을 동영상으로 만들어서 제공하는 유형
  - 주로 컴퓨터를 활용하는 실습 과목에서 활용

(2) 캡티베이트

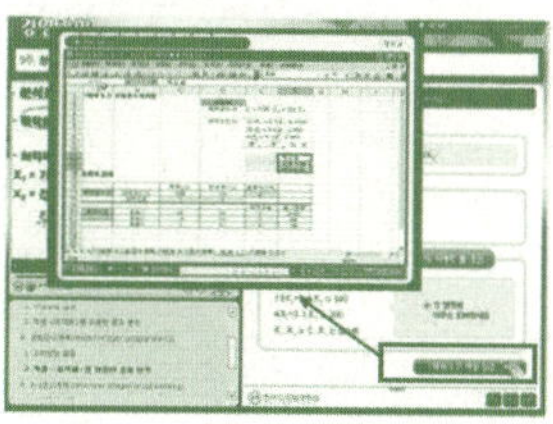

- 컴퓨터 화면을 통해서 보여지는 내용을 동영상으로 만들어서 제공하는 유형
  - 주로 컴퓨터를 활용하는 실습 과목에서 활용

◈ 강의 제작 시 유의사항

1) 판서 사용 강의

- 글자는 정자체로 일정한 크기로 유지한다.
- 교수자의 시선은 여러 대의 카메라 중 메인 카메라만 응시한다.
- 교수자의 위치는 글자를 가리지 않게 한다.
- 가로로 길게 쓰지 않고 칠판을 2등분하여 정사각형의 범위 안에서 판서한다.

2) 대담 형식 강의

- 녹화에 들어가기 전에 전반적인 대화의 내용을 이해하도록 한다.
- 카메라를 의식하지 않고 자연스럽게 대담에 임하도록 한다.

3) 전자칠판 강의

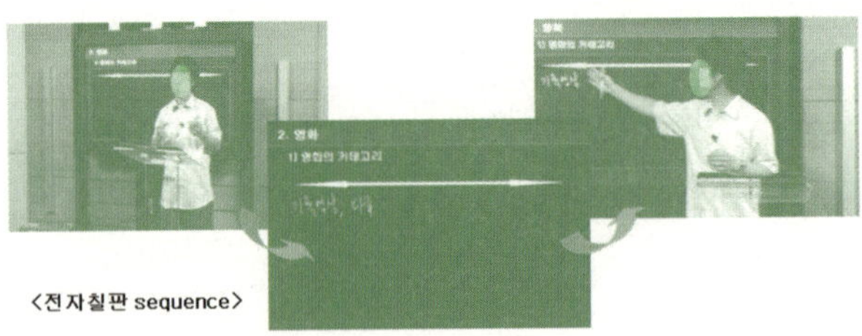

〈전자칠판 sequence〉

- 교안(PPT)텍스트 크기는 최소 20포인트 이상으로 제작해야 한다.
- 교수자의 시선은 여러 대의 카메라 중 메인 카메라만 바라보도록 한다.
- 교수자는 학습자가 PC의 화면을 같이 보고 있는 상황이라고 인식하고 설명해야 한다.

5. 이러닝 수업과정

1. 이러닝 수업 요소

이러닝 수업과정은 면대면 수업과정과는 다르다. 친밀감과 소속감, 사회적 실재감을 면대면 수업같이 느끼지 못할 가능성이 매우 크기 때문이다. 따라서 이러닝 수업에서는 교수자간 학습자 간에 다음 그림과 같이 교수자와 학습자간에 5가지 주요요소가 작동하고 있어야 하며 수업을 성공적으로 운영하기 위해 효과적인 수업전략을 세울 필요가 있다.

다음 〈그림 10-1〉에서는 교수자와 학습자간 사이에 일어나는 5가지 중요한 교류요소들이 도식화되어 있다. 우선 목적에 기반하여 교류가 일어남을 알 수 있는데 학습자의 역할은 반응하기, 교수자의 역할은 말하고 보여주고 질문하고 피드백을 주는 것이다. 학습에는 자기주도적 혹은 그룹, 혹은 동료 학습이 있듯이 역할에 대한 강조는 어떤 경우에 따라서는 한 가지 혹은 두 가지 역할을 동시에 할 수도 있음을 의미한다. 즉, 예를 들어 말하기, 보여주기의 경우 반드시 교수자의 역할로 한정지을 필요는 없을 것이다. 왜냐하면 그룹 학습 상황에서는 동료 학습자의 역할이 될 수도 있기 때문이다. 따라서 다음 그림의 상황은 일반적인 것일 뿐 어떤 상황을 막론하고 이러한 순서로 일어난다는 것을 의미하지는 않는다(Gilbert & Gale, 2008).

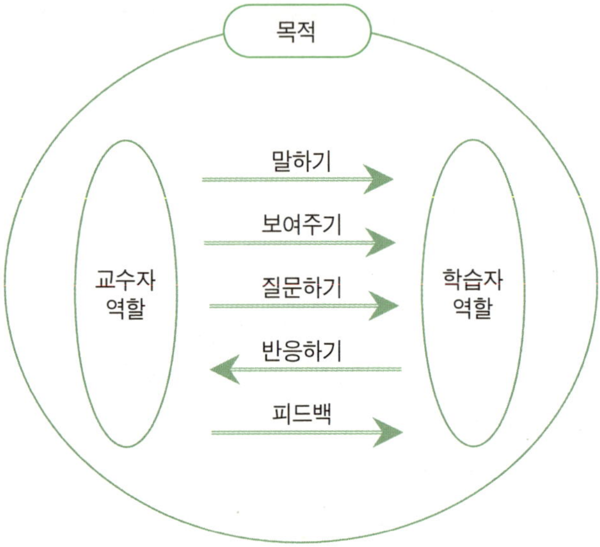

<그림 10-1> 교수자와 학습자간에 5가지 주요요소

출처: Gilbert & Gale (2008). p. 41.

또한 이러닝을 성공적으로 운영하려면 다음과 같은 수업전략들이 포함되어 있어야 한다.

(1) 재미있고 흥미로워야 한다. 이러닝은 면대면을 통한 수업이 아니기 때문에 친밀감이나 소속감이 낮아질 수 있어 중도탈락을 하거나 초기에 접속을 꺼리는 경향이 있을 수 있다. 학생들이 지속적으로 동기를 유지하고 학습에 임할 수 있도록 흥미로운 수업요소가 포함되어 있어야 한다.

(2) 긍정적인 격려가 필요하다. 이러닝 학습환경에서 편안하면서도 격려하는 분위기로 긍정적인 학습이 이루어진다면 학생들의 학습 효과에도 영향을 미칠 것이다.

(3) 능동적이어야 한다. 보통 학생들은 학습 과정에 적극적으로 참여하고 스스로 자신의 지식을 형성하며 깊이 이해할 수 있을 때 가장 잘 학습하며 만족도도 높다. 실제로 학생들의 참여와 학습결과물은 정적인 상관관계를 갖는다(Wang, 2004).

(4) 협동적이어야 한다. 지식정보화 사회에서 혼자서 모든 학습을 해나가기는 쉽지 않다. 다른 학생들과 함께 배우면서 서로를 지지해주는 학습 공동체가 필요하다.

(5) 맥락적이어야 한다. 학습의 내용과 방법은 실제적인 수행과 일치하거나 밀접하게 관련된 형태로 이루어져야 한다.

2. 이러닝 수업과정

일반적으로 수업은 9가지 수업 사태로 이루어진다(Gagne, 1985). Gilbert와 Gale(2008)은 Gagne(2004)의 9가지 수업 사태에 2가지를 첨가해서 다음과 같이 11단계의 이러닝 수업과정을 제시하였다. 이러닝 학습환경에서 상호작용의 양과 질을 높이기 위해서 고려해야 할 점들은 무엇이 있는지 살펴보면 다음과 같다.

표 10-5 이러닝에서의 수업과정

단계	이러닝에서 적용방법
1. 주의력 획득	수업 초대장 발송, 중요한 시나리오나 오디오 클립 제공, ice breaking 전략 사용, 수업 주제에 대한 브레인스토밍 실시
2. 학습목표 제시	학습 목표에 대한 토론 및 목표 설정, 학습 계약서 작성, 샘플 프로젝트 제시
3. 선수학습 회상	선수지식에 대한 마인드맵, 사전 테스트, 가상 인터뷰
4. 선수학습 평가	의도된 학습결과를 낼만한 능력을 이미 갖추고 있는가를 평가하는 것
5. 학습내용 제시	파워포인트 슬라이드, 웹 사이트 제공, 교재 사용
6. 학습촉진을 위한 안내 제공	마인드맵 그리기, 동료 간 학습 활동 제시, FAQ포럼 개최
7. 수행유도	내용 검토 및 실습, 시나리오 학습과제 제시
8. 피드백 제공	교수자의 피드백 제공, 동료 평가, 자기 평가, 외부 평가
9. 수행 평가	학습자 포트폴리오 작성, 평가 항목 합의
10. 파지와 전이 향상	이메일을 통한 확인, 학습 내용 파지, 응용 유도
11. 수업 평가	데이터의 수집, 기록, 분석

출처: Gilbert & Gale(2008). p.193-199.에서 발췌 수정 · 보완함.

(1) 주의력 획득

이러닝 코스는 학습자가 웹을 통한 학습을 즐길 수 있도록 해야 한다. 즉, 새롭고 불확실하거나 놀라움을 제시하여 학습에 주의 집중하도록 해야 한다. Cornell 과 Martin (1997)은 코스 설계자가 다양한 자극요소와 변화된 전략, 그리고 다양한 형식의 매체 등을 제공할 것을 권하고 있다. 이러닝 환경은 첫째 긍정적인 인상을 심어줄 수 있어야 하고 가독성이 높아야 하며 적절하고 유용한 그래픽 요소를 사용해야 한다. 또한 학습자에게 제공하가 학습자가 코스를 완수할 수 있도록 초기에 흥미를 자극해 주어야 한다(Khan, 2005).

온라인 커뮤니티나 이러닝 학습환경에 참여할 수 있도록 공식적인 초대장을 이메일로 보낸다거나 트위터나 페이스 북 등을 통해 공지할 수 있다. 학습자들에게 발송한 이메일에 대해 학생이 스스로 수업 목표를 작성하여 회신하도록 하거나 이러닝 학습환경에 학습자들이 가장 좋아하는 사진을 공유하고 설명하도록 요청하면 참여율을 더욱 높일 수 있다.

(2) 학습목표제시

본 이러닝 학습 과정에서 학습자들이 성취할 수 있는 의도된 목표를 제시하고 학습자들이 스스로 설정하도록 하고 수행 준거를 설명한다.

(3) 선수학습회상

학습자들이 이미 갖고 있는 선행 지식과 경험을 확인하고 공유한다.

(4) 선수학습의 평가

선수학습의 평가가 이루어져야 한다. 학습자들이 현재 기술과 이해수준에 기초하여 학습목표나 의도된 학습결과를 생산해 낼 만한 능력이 있는지를 평가하는 것이다.

(5) 학습내용제시

본 학습 내용을 설명하거나 이해하도록 한다. 학습자와 학습하려고 하는 내용의 관계는 매우 중요하다. 학습자와 학습내용과의 지적인 상호작용을 통해 학습자의 이해력과 인지 및 지각 능력이 발달하게 되기 때문이다. 재미있고도 학습동기를 유발시킬 수 있는 내용은 학습자의 주의를 집중시키기에 한 편의 시나 시나리오로 수업을 시작하거나 시각 및 동영상 자료, 퀴즈, 게임 등 다양한 교육방법을 적용하여 학습내용을 구성하고 제시한다.

(6) 학습촉진을 위한 안내제공

학습 내용에 대해 학습자의 이해를 도울 수 있도록 내용을 효율적으로 요약하거나 보충 설명을 제공한다.

(7) 수행유도

학습자에게 계획성 있는 온라인 토론과 온라인 활동에 자주 참여하도록 요구하지 않는다면 학습자는 학습을 미루게 되며 결과적으로 동기에도 영향을 미치게 된다(Khan, 2005).

(8) 피드백 제공

비동시적 온라인 토론에서 교수자가 제공하는 시기적절한 피드백은 학습자가 학습에 집중할 수 있도록 해주며 그 결과 학습과정에서 학습동기를 유발하는 유익한 요인으로 작용하게 된다(Bischoff, 2000). 교수자는 학습에 필요한 것을 명확히 요구하고 공지사항, 게시판, FAQ를 통해 학습자의 질문에 신속하게 답변하여야 한다.

(9) 수행평가

학습자들의 목표 성취 여부를 측정한다.

(10) 파지와 전이 향상

학생들의 기억력을 향상시킬 수 있는 전략과 새로운 지식을 적용할 수 있는 방안을 모색한다. 즉, 학습자들이 익힌 내용이 수업 종료 후에도 보유될 수 있도록 하고 다른 상황에서 응용·가능하도록 한다.

(11) 수업평가

마지막 단계인 수업평가는 수업·관리측면에서 엄격하게 이루어져야 한다. 데이터의 수집, 기록, 분석 작업에 만전을 기하도록 한다. 이러닝은 수업의 한 부분으로서가 아닌 높은 수준의 프로그램으로서 통합·조정되어야 하기 때문이다.

표준이 되는 평가 양식들은 특정한 목표와 이러닝의 교수 요구를 언급하지는 않으나 어느 코스를 막론하고 적용되는 일반적인 평가 항목들이 있다. 전반적인 평가는 반드시 과정의 마지막 부분에 이루어질 필요는 없다. 중간 평가는 이러닝 코스가 제공되는 동안 실시되어 단순히 이러닝이 잘 운영되고 있는가를 점검할 수 있고 개선 사항을 안내할 수 있어서 유용한 사항이다.

다음은 Scottish 고등교육 기금 협회에서 개발한 평가준거 항목이다. 이 평가기준은 어떠한 이러닝 코스 평가에도 적용될 수 있는 표준 항목들로 구성이 되어 있다(Gilbert & Gale, 2008).

표 10-6 이러닝 코스의 평가 준거 리스트

1	코스목표는 분명하고 알 수 있도록 제시되어 있는가?
2	코스목표는 학습자, 고객, 그리고 다른 이해관계자들의 요구에 부합하는가?
3	코스 내용은 코스 목표를 반영하고 있으며 일치되는가?
4	코스 구조는 코스의 길이, 지속기간, 출석, 위치, 구조, 연속성과, 선택적 요소의 견지에서 학습자들의 요구에 부합되며 요구를 충족시키고 있는가?
5	코스 수용인원은 충분한가?
6	전공자 편의수단지원은 충분하고 보조 지원도 적당한가?
7	코스 구조는 분명하게 전개되고 있으며 논리적으로 계열성 있게 소통되어 있는가?
8	코스 평가는 분명하게 일정이 계획되어 있는가?
9	코스에 대한 피드백은 주기적으로 주어지는가?

10	받아들여진 피드백에 대해 적절한 방안이 주어지는가?
11	학습자 자문 상담 서비스가 주어지는가?
12	지원주체들 사이에 효율적인 소통이 이루어지고 있는가?
13	정보와 어드바이스는 잠재적 학습자들에게 제공되고 있는가?
14	튜터와 다른 직원들은 학습자 관리에 전념하고 있는가?
15	성공적인 학습과 교수 경험은 학습자 수행과 태도에서 나타나고 있는가?
16	스텝과 학습자들에 의한 우수성에 기여가 있었는가?
17	내용 전문가와 튜터들은 적합한 자격과 경험적 지위를 가지고 있는가?
18	코스 전달 방법은 수업 목표와 관련이 있는가?
19	코스 제공은 적절한 속도로 이루어지고 있는가?
20	코스에 취해지는 접근방식은 독립적인 학습과 학습자 책임성을 강조하고 있는가?
21	코스 내용은 혼합교과, 조사, 산업 영역과 연계되어 풍부하게 제작되는가?
22	코스 평가와 코스 작업은 코스 목표에 부합되고 있는가?
23	측정과 코스 학습과제는 정기적으로 부여되고 있는가?
24	학습의 적절한 기준이 주어지고 있는가?
25	학습자의 성취도는 다른 어디에고 견줄만한 정도인가?
26	코스 측정은 진단적이고 형성적인 누적되는 방법에 의해 적절한 수준으로 이루어지고 있는가?
27	각 측정단계의 기준과 비중이 사전에 명시되는가?
28	수행되어야 하는 학습 분량의 기준이 명백히 명시화되었고 지속적으로 적용되는가?
29	측정 과정은 타당도, 신뢰도 및 공정성에 문제가 없는가?
30	평가결과에 대한 피드백이 적절한 시기에 학습자들에게 제공되는가?
31	코스 과정이 이성적이었고 유용하게 준비되는가?
32	선수학습 지식의 수준이 정확히 측정되는가?

출처: Gilbert & Gale (2008). p. 213.

이러닝 학습의 평가는 다양한 견지에서 이루어질 수 있다. 학습자, 교수자, 과정, 테크놀러지, 디자인, 그리고 환경면에서이다(Sun, Tsai, Finger, Chen, & Yeh, 2008). 온라인 기반의 학습과 전통적 학습환경의 차이로 인하여 테크놀러지 사용에 대한 평가와 학습자의 통제 그리고 책임은 학습자 견지에서 바라본 두 가지 중요한 요인들이다. 이러닝 학습이 효과적으로 이루어지기 위해서는 첫째, 학습자들은 높은 컴퓨터 자기효능감을 가질 수 있어야 한다. 즉, 컴퓨터를 잘 다룰 수 있다는 자기 자신에 대한 믿음을 증가시켜야 한다. 둘째, 참여에 대한 자기조절력이다. 온라인 토론, 읽기, 다른 학습자들과 교수자들의 높은 상호작용은 학습 성취도와 만족도를 높일 수 있다(Lai, 2011). 이러닝은 능동적 학습, 학습 선호도, 독립적 학습과 네트워크 사용능력에 해당하는 인터넷 기술과 정보평가가 잘 이루어질 때 그 효과성이 크다고 할 수 있다(Lai, 2011).

6. 이러닝의 평생학습 가능성

1. 청소년 부문

정상적인 교육을 받지 못하여 학업이 중단된 청소년들, 정규교육 미 이수자, 재소자, 탈북자, 노인 등 정규교육에 쉽게 접근하지 못하는 계층의 교육기회 접근성을 제공하기 위해 이러닝이 적극 활용되고 있다.

교육복지투자 우선지역의 '아동청소년 공부방'등 공공시설에 e-러닝 인프라를 구축하고 학습 지도사를 배치하여 무료 e-러닝을 지원하는 '사랑의 e-러닝 존' 시범사업 등을 펼치고 있다.

또한 미인가 대안학교 및 야학 학생들에 대한 e-러닝 지원 사업도 추진하고 있다.

2. 성인 부문

평생학습 실현을 위한 시간 · 공간적 제약을 받고 있는 성인들을 위해 'e-러닝을 통한 직업능력개발 지원' 정책을 사무관리, 정보통신, 금융보험 등 인터넷 통신훈련기관을 특성화시켜 다양화하고 성인들도 언제 어디서나 학습할 수 있도록 도서관, 평생학습관 등에 이러닝 배움터가 구축 · 활성화되어 평생학습 실현에 기여하고 있다. 2005년 통계를 보면 기업의 30.4%가 이미 이러닝을 적용하고 있는 상황이고 대학에서도 이러닝은 물론이고 모바일 학사행정지원 시스템을 구축하고 있어 고무적인 방향으로 나아가고 있다.

정부는 공무원 · 교원 · 군인 등 공공부문의 이러닝 확산에도 적극 나서는 한편 중장기적으로는 각 부처에서 구축 중인 지식관리 시스템(KMS)과 이러닝을 유기적으로 연계한다는 방침이다. 특히, 2005년도 초에 부내 직원을 대상으로 '혁신 마인드 확산 이러닝 과정'을 개설 · 운영함으로써 공공기관 이러닝 확산에 기여하였고 2006년도부터는 최전방 군인 또한 이러닝을 통해 대학 학점을 이수하거나 자기계발학습을 할 수 있도록 국방부와 합동으로 '군 인적 자원개발을 위한 이러닝 지원 체제'를 구축하고 있다(박숙희 · 염명숙, 2010).

경기도 여성능력개발센터에서는 고학력 경력단절여성들을 위해 이러닝으로 맞춤형 교육과정을 보급하고 있다. 여성능력개발센터의 온라인 경력개발센터(http://m.dream.go.kr)에서는 모바일을 통해 IT, 여성창업분야 교육과정을 지원하고 있다. 경력개발을 위한 상담과 코칭도 직접 면대면 하지 않는 온라인 커리어 코칭(online career coaching)을 하고 있다는 점이 센터의 특징이다(조정아 · 김선영, 2012).

<사례>

출처: 온라인 경력개발센터(http://m.dream.go.kr)

외국의 사례들을 살펴보면 영국 개방대학(the British Open University)은 온라인 교육의 선두주이다. 20만 명 이상의 학생들이 등록하여 교육을 받고 있으며 7천에서 8천명에 달하는 파트타임 튜터들이 촉진자로서 활동하고 있다(Rudestam & Schoenholtz-Read, 2010). 또한 사내대학에서 성인학습자들을 위한 이러닝이 활발히 일어나는 것을 볼 수 있다. 사내대학들은 온라인 요소들을 포함하고 있다. 대표적인 기업들은 Motorola University, Daimler Chrysler University Online, McDonald's Hamburger University, EMC University, General Motors University, NCR University, Shell Open University, Vanguard University와 Cisco 사에서 제공하고 있는 Cisco Networking Academies 등이다

또한 Kaplan 사는 1998년이래로 Washington Post사와 파트너십을 형성하여 Kaplan College Online을 구축하여 학위와 자격증 프로그램을 제공하고 있다. 또한 도서관 서비스를 제공하기 위해 Alabama 대학과도 파트너를 형성하고 있다. Sylvan 사는 California 대학과 협력하여 온라인 프로그램을 개발하고 있다. 또한 온라인 역량을 증진시키기 위해 Liverpool 대학과도 비슷한 관계를 맺고 있다(Garrett & Verbik, 2004).

많은 선진 국가들이 시민들을 교육시키기 위해 온라인 학습 포탈을 구축하고 있다. 영국정부의 가상대학(Virtual School at the United Kingdom's National School of Government), 미국 연방정부의 고우런(the United States' Federal Government's GoLearn), 캐나다 공공서비스 학교의 캠퍼스 다이렉트(the Canadian School of Public Service‘s Campusdirect), 싱가포르의 시민 서비스 대학의 오픈 아카데미(Singapore's Civil Service College's Open Academy) 등이 좋은 예이다.

이렇듯 인터넷 테크놀러지의 발달과 더불어 온라인 학습은 학교뿐만 아니라 민간 기업 및 공공기관에서까지 큰 주목을 받고 있다. 온라인 러닝은 성인 교육의 실천에 있어 상대적으로 여전히 새로운 영역이다. 온라인 러닝의 진보되고 독특한 특성들은 성인학습자들로 하여금 관련된 준비와 기술을 먼저 습득할 것을 요구하고 있다(Lai, 2011).

2008년 ASTD에 의해 수행된 조사를 보면 기업들이 비즈니스 스킬, 업무수행 기술 등의 교육훈련에 이러닝을 사용하는 것으로 보고되어 진다. 이러닝과 관련된 문제점들을 살펴보면 종업원들의 적극적 참여, 기술적 능력 등이다. 몇몇 기업들은 대학과 파트너쉽을 형성하여 종업원들에게 온라인 학위 기회를 제공하기도 한다.

우리나라는 OECD회원국이 되면서 많은 선진국과 여러 가지 지표들을 공유하게 되었는데 다른 OECD국가의 학교교육 체제 지표와 구내의 학교교육 체제 지표는 어느 정도 비슷하나 평생교육 체제는 미비한 것으로 나타났다. 따라서 향후 국가적인 차원에서 평생교육 체제를 확대하기 위한 노력이 경주될 것이 분명하며 정보인프라의 시설확보와 활용 촉진 차원에서 원격으로 이루어지는 교육에 대한 투자가 많이 이루어질 것이다. 몇 년 사이에 평생교육 체제의 확보를 위한 사이버대학의 설립인가와 기업의 사이버 교육훈련 프로그램 활용을 위한 정부의 지원전략 등이 좋은 예라고 할 수 있다(임철일, 2011).

7. 이러닝의 최근 동향

Drucker(1999)에 따르면 미래의 지식근로자들은 그들의 학습에 책임을 지고 그들의 기술을 빠르게 업데이트함으로써 능력을 보유하기를 원한다. 실제로 온라인 학습자들의 수가 매년 9.6% 증가하고 있는 반면 전통적인 교실 수업 기반의 학습자 등록률은 오직 1.5% 증가율에 머물고 있다. Sloane 2007의 조사에 따르면 고등교육기관의 약 35%가 4분의 3의 온라인 등록률을 가지고 있다. 2년제 대학은 62%로서 가장 높은 온라인 학습을 하고 있고 석사나 박사과정의 연구중심 대학들은 낮은 비율을 보인다. 작은 규모의 사립대학들과 온라인 학습에 가장 낮게 참여하고 있는 것으로 나타났다. 전체적으로 온라인 학습자들은 전체 학습자의 20%에 해당한다(Allen & Seaman, 2007).

최근 들어 웹 2.0의 응용으로 더욱 더 쌍방향적인 이러닝 학습이 이루어지고 있다. 웹 2.0은 사용자들의 의사소통 역량과 대안을 확장시키는 웹 기반 테크놀러지의 집합체를 일컫는 용어이다. 사용가능한 도구들은 블로그, wikis, RSS[3] feeds, 온라인 비디오 공유(예: 유투브, 구글 비디오) 그리고 온라인 사회적 네트워킹 사이트이다(예: 페이스 북, LinkedIn, Ning)(Yoo & Huang, 2011). 웹 2.0 으로 인하여 참여적이고 협동적 학습환경의 구축이 가능해졌다는 점은 교수자들에게 시사하는 바가 크다. 전통적인 일방향적 교수방법을 탈피하여 쌍방향 소통이 가능한 교수학습 환경체제를 구축해야 한다. 이렇듯 공간을 초월하여 국경간의 경계선이 희미해졌기 때문에 상호 협동적 학습환경에서 학습자들을 쉽고도 긍정적으로 연결시켜서 평생 학습의 지평이 확장되었다. 즉, 시공간을 초월하여 다른 학습자들과의 지속적인 협력체제하에 테크놀러지 기반의 무형식 학습이 가능해진 것이다.

비용절감과 교육의 즉시성 측면으로 기업에서의 이러닝 도입율도 증가추세에 있다. 1998년도 이러닝 훈련 참가자는 19천명에서 2007년 1,347천명으로 증가해서 69.9배의 증가했다. 즉, 이러닝은 불과 10년 만에 기업 교육의 교육방법론 중심에 위치한 것이다. 2008년 300인 이상 기업 이러닝 교육 비율은 87.6% 달하며 공공부문 이러닝 이용 비율은 47.9%에 달한다(정진호, 2008). 기업 이러닝 교육은 직무교육(87.1%), 소양교육(74.2%), 외국어교

3) RSS는 새로 업데이트된 정보를 사용자가 해당 사이트에 방문하지 않더라도 확인할 수 있도록 하게 해주는 기능으로 RSS Reader들이 각각의 사이트와 자신의 상황을 비교하여 자동적으로 최신내용을 가져다주며 RSS로 콘텐츠를 구독하기 위해서는 구독 받아볼 페이지(RSS Feed)가 필요하다. 초기 RSS는 뉴스나 블로그에만 국한되어 사용되었지만 증권사, 여행사, 쇼핑몰 등 다양한 곳으로 확산되고 있다(송재신 외, 2011, p.60).

육(72.9%), IT(71.5%) 순으로 나타났다(2006 이러닝 산업실태조사). 특히 500인 이상 대기업에서의 도입률은 70.4%로 전년대비 8.4% 증가한 수치이다(지식경제부, 2009)

그러나 이와 같이 한국 노동정책 특유의 고용보험 환급제도에 의한 기업교육 이러닝의 양적성장에도 불구하고 질적 성장은 여전히 과제로 남아있다(정진호, 2008).

8. 이러닝의 장단점

이러닝 장단점 측면을 살펴보면 다음과 같다. 장점으로는 장소와 시간이라는 제약을 극복하여 학습자들이 자기주도적으로 학습할 수 있다. 둘째, 학습자 및 교수자들의 집단지성 구축으로 인하여 온라인상에서의 협력학습이 가능하다. 셋째, 강의실, 기타 강의준비에 필요한 부대비용을 절약할 수 있다. 단점은 이러닝 구축시 초기비용이 많이 들고 수많은 이러닝 교육 컨설팅회사들과 솔루션들 중 적합한 이러닝 솔루션을 선정하기가 쉽지 않다는 점이다.

제 2 절 블렌디드 러닝(Blended Learning)

1. 블렌디드 러닝

블랜디드 러닝은 면대면 교실수업(face-to-face learning)과 인터넷 기반의 수업인 이러닝의 장점을 통합하여 수업을 운영하는 것이다. 블랜디드 러닝은 동일한 코스나 프로그램 내에서 면대면 학습과 온라인 학습을 결합한 것으로 자주 하이브리드 학습(hybrid learning)이라고도 불리 운다(Rudestam & Schoenholtz-Read, 2010). 블랜디드 러닝은 시기적절성, 즉시성과 적용가능성, 업무공백을 줄일 수 있고 다양한 교수 전달 도구들을 사용할 수 있다는 점에서 기업교육에서도 많이 활용되고 있는 교수방법이다(Collins, 2011).

2. 블렌디드 러닝의 유형

Bielawski 와 Metcalf(2003)은 블랜디드 러닝을 다음과 같이 분류하고 있다.

1) 교실수업과 비실시간 이러닝 통합 블랜디드 러닝

비실시간 이러닝이란 생방송 화상강의와 달리 사이버 공간에서 가르치고 배우는 것이 동시에 이루어지는 것이 아니라 비동시적으로 이루어지는 것을 말한다. 따라서 비실시간 이러닝은 덜 구조화된 문제를 학습할 때 더 적합하다. 동시에 이루어지지 않기 때문에 학습자들은 교수자가 텍스트나 파워포인트로 제시한 수업자료를 자신이 편리한 시간에 다운받아 학습하고 리포트실에 과제를 제출하는 형식이다.

2) 교실수업과 실시간 이러닝 통합 블랜디드 러닝

실시간 이러닝을 병행한 교실수업에서는 반드시 선행학습으로 개념에 대한 학습이 이루어져야 한다. 교수-학습 과정에서 강의와 함께 인쇄자료, 오디오, 비디오, 시뮬레이션, 오디오 컨퍼런싱, 텔레컨퍼런싱 등의 다양한 매체와 테크놀러지를 적절히 활용해야 한다.

3. 블랜디드 러닝의 개발과정

Boyle(2005)은 블렌디드 러닝 환경을 개발함에 있어 중요한 요소들을 다음과 같이 정의하고 있다

1) 문제의 본질을 파악

사용자의 요구를 분석한다. 블렌디드 러닝의 요소들은 학습자가 당면한 문제의 수와 문제의 본질을 반영하고 있어야 한다.

2) 요구되는 변화에 대한 상세한 분석 및 정리

문제의 본질을 파악하였다면 수반되어야 하는 적절한 변화를 파악해야 한다. 교수접근에 있어 요구되어지는 변화에 대한 열거가 이루어져야 한다. 문제를 가장 잘 다룰 수 있는 학습자원 및 도구들, 온라인으로 할 것인가 오프라인으로 할 것인가에 대한 결정, 미디어 선택 등이다.

3) 설계 및 개발

이 단계는 새로운 개발 도구의 선택, 교수보조원의 조직화, 웹상에서의 학습환경의 개발, 멀티미디어 학습 도구의 개발, 평가툴의 개발을 포함하고 있다. 또한 블랜디드 러닝 기간 동안 학습

자들의 흥미를 유지시키고 학습증진을 북돋우려면 블랜디드 학습경험을 적용 가능한 것으로 만들어야 한다. 즉 학습의 전이를 위한 다양한 학습 활동으로 구성되어야 한다(Lim & Morris, 2009).

4) 설계 단계의 산출물

- 코스 수업계획서에 대한 문서화
- 코스의 도입부분을 위한 툴의 실행과 새로운 툴의 선택
- 오프라인 및 온라인 교육 자료
- 코스를 전달하기 위한 인력의 선택과 배치
- 교수/학습 자료: 강의 노트, 그룹 프로젝트 내역
- 온라인 멀티미디어 학습 자료
- 평가 툴과 테스트 자료

5) 실행 및 평가

새로운 블렌디드 러닝 환경의 소개는 실천 연구의 형식으로서 다루어질 수 있다. 평가의 목적은 문제의 진원지, 혁신의 효과성 등을 어떻게 다루어야 하는지 등에 대한 정보를 팀원들에게 제공한다. 평가는 단지 요소들의 효과성을 측정하는 것이 아니라 어떻게 잘 혼합되어있는가를 측정하는 것이다. 혼합 요소들에 대한 효과적이고 덜 성공적인 접근에 대한 파악과 기록은 평가로부터 나올 수 있는 중요한 결과물이다.

4. 블랜디드 러닝의 장단점

블랜디드 러닝의 사용은 급속하게 증가하고 있다. 교수자들은 블랜디드 러닝이 학습자들의 학습 성취도를 향상시킬 뿐만 아니라 학습자 만족도까지 증가시키고 있다고 믿고 있다. 면대면 학습이 없이 순전히 테크놀러지 기반의 학습에 의존할 때 나타날 수 있는 현상은 다음과 같다. 우선 학습자들은 피드백의 지연, 인간적 상호작용을 할 기회가 결여되며 학습 지체현상을 경험하게 된다. 또한 새로운 테크놀러지 툴(technology tool)에 적응하느라 학습곡선에 이상이 나타난다(Lim & Morris, 2009). 이처럼 100% 온라인 수업의 효과성에 대한 의견은 분분하다. 최근의 연구조사들은 블랜디드 러닝이 최상의 학습결과를 가져온다는 것에 동의하고 있다. 즉 면대면 오프라인 수업과 온라인 수업을 함께 병행하는 것이다. 학습자들은 면대면 수업만 하는 것보다 온라인 학습을 결합하여 학습할 때 더 잘한다(Hockly & Clandfield, 2010). 학습자의 원격교육 경험, 전달 매체에 대한 기호, 기관적, 동기적 요인들이 블랜디드 러닝의 학습 성취에 영향을 미치는 요인들로 나타났음으로(Lim & Morris, 2009) 교수자는 블랜디드 러닝의 장점을 극대화하기 위해서 이러한 요인들을 고려해야만 한다.

CHAPTER 11

유비쿼터스 러닝

제 1 절 유비쿼터스 러닝

1. 유비쿼터스 러닝

유비쿼터스 러닝이란 언제 어디서나 학습한다는 의미로서 가장 널리 알려져 있다. 유비쿼터스 러닝은 휴대 기기 간의 네트워크를 기반으로 단말기와 사물에 이식된 각종 센서, 칩, 태그, 라벨 등을 통해서 학습자의 상황정보는 물론 해당 사물의 정보를 실시간으로 인식할 수 있다(변영계 외, 2010). 유비쿼터스 러닝은 모바일 러닝과 자주 혼용되는데 엄밀히 말해 유비쿼터스 컴퓨팅 기술과 유비쿼터스 러닝은 모바일 러닝(mobile learning), 확산적 러닝(pervasive learning) 그리고 상황 인지적 러닝(context-aware learning)을 포함하고 있다(Shih et al., 2012).

최근 학습자들은 다양한 장비들을 가지고 있고 학습자와 컴퓨터의 일대일 관계가 가능해졌다. 그러한 스마트폰, 랩탑 혹은 E-Book들은 다른 유비쿼터스 컴퓨팅 장비들과 결합해서 학습을 지원할 수 있다. 다양한 모바일 복합기구와 환경에 확산적으로 장착된 센서와 주변부 장비들을 통해 학습자들은 교실 내외의 환경과 언제든지 연결될 수 있고 어느 곳에서든지 자기주도적 학습을 할 수 있는 유비쿼터스 러닝 환경 속에 살고 있다. 더불어 모바일과 유비쿼터스 컴퓨팅 환경은 동료 학습자 및 학습 상황을 인식하는 과정을 통해 사회적 학습을 가능하게 했다(Liu & Milrad, 2010). 이렇듯 유비쿼터스 러닝에서의 학습자는 기존 교실 수업과는 달리 자기 혼자서 학습을 시작하고 마쳐야 하는 한계가 있어서 자기 동기화가 잘 되어져야 하며 이를 위해 학습지원시스템에서 학습자들이 러닝의 자원을 효과적으로 사용하고 스스로 학습활동을 촉진해야만 한다.

유러닝에서는 모든 교실에 정보기기뿐만 아니라 유비쿼터스 네트워크와 센서, RFID 등과 같은 아주 작은 컴퓨터가 심어진다. 학습은 컴퓨터와 네트워크 또는 인터넷에서만 이루어지는 것이 아니라 교실 내에 있는 각종 사물을 통해서도 이루어진다. 이 사물들에는 이미 센서와 RFID 등이 이식되어 있어 살아 있는 컴퓨터처럼 움직인다. 예를 들어 교실의 온도와 습도 등을 센서가 감지함과 동시에 공기조화설비가 가동되어 최적의 학습환경을 유지한다. 학생들은 학교나 교실에 들어서는 순간 옷이나 가방에 부착된 RFID를 통해 출석이 확인되고 확인된 출석여부는 모바일 단말기를 통해 학부모에게 전송된다. 수업은 인공지능 전자칠판과 전자북, 전자책걸상 등을 통해 이루어진다(박정환 외, 2007).

유비쿼터스 러닝은 조만간 우리의 일상이 될 것이다. 데스크탑에 이어 노트북, 아이패드와 갤럭시 탭 등의 등장으로 지하철이나 버스 어디에서고 학습을 자유롭게 할 수 있기 때문이다. 즉, 원격교육은 이러닝, 모바일 러닝, 유비쿼터스 러닝으로 진화되어 가는 양상을 띤다. 유러닝의 초기단계는 진정한 의미의 편재성(ubiquitous)이나 내재성 보다는 이동성을 강조하는 경향이 있으며 이동성을 강조하는 엠러닝은 유비쿼터스 컴퓨팅 기술이 발전하면서 자연스럽게 유러닝 쪽으로 통합·발전될 가능성이 있다(임철일, 2011). 즉, 유러닝은 기존의 이러닝이나 엠러닝과 완전히 구분되거나 대체되는 개념이 아닌 기술의 발전으로 교육관련 개념이 변화하여 발전해가는 학습형태를 의미한다(백영균 외, 2010). 김찬옥(2008)은 유비쿼터스 러닝의 3가지 특성을 살펴보았다. 첫째, 자연적 이동성, 학습자의 이동이나 디바이스의 변경과 상관없이 최적화된 콘텐츠를 제공한다. 둘째, 맥락 인식성으로 학습자가 의도적으로 시스템에 접속하지 않더라도 실제 세계의 보이지 않는 다양한 센서를 통해 학습자의 위치를 확인한다. 셋째, 지능적 컴퓨팅으로 학습자의 환경정보, 개인정보, 학습포트폴리오 등에 기초한 개별화된 학습지원이 가능하다. 이처럼 모바일 기기를 이용한 학습과 유비쿼터스 러닝은 서로 구분이 되는 개념이 아니다. 유비쿼터스 러닝은 모바일 러닝, 확산적 러닝(pervasive learning) 그리고 상황 인지적 러닝을 포함하고 있다(Shih et al., 2012). 그러나 모바일 러닝이라는 말이 편의상 보편적이고 대중적으로 사용되고 있음으로 본서에서는 독자들의 이해를 위해 모바일 러닝을 유비쿼터스 러닝과 다른 절로 구분하여 설명하기로 한다.

2. 상황-인지적, 확산적 유비쿼터스 러닝

최근의 상황-인지적 유비쿼터스 러닝에 대한 연구의 관심이 뜨겁다. 상황-인지적 유비쿼터스 학습환경에서는 학생들의 학습 행동이 외부 자원에 장착된 센서에 의해 감지될 수 있고 이에 학습 시스템은 적절한 학습 지원을 제공해 줄 수 있다. 주로 구조화된 지식이 존재하는 교과목에 적용되어 왔다. 예를 들어 자연과학, 과학 실험, 그리고 언어 훈련과 같이 지식이 명확한 답을 가진 교과목이었지만 비구조화된 상황에서 문제해결을 하는데도 적용이 되고 있다. 즉, 스마트폰의 GPS(Global Positioning System)가 사용되어 학습자들의 위치가 감지되고 서버에 등록되면 학습자들은 학습자 자신의 학습경험과 학습 활동을 향상시키는 데 필요한 적절한 추천과 안내를 받을 수 있다. 학습자들은 또한 사진이나 문자 태그를 전달함으로서 학습한 것에 대한 평가와 전체적인 학습 개념을 표현할 수 있다(Shih et al., 2012).

이러닝의 경우에는 인터넷으로 사이버공간에 접속하여 학습활동이 이루어지는 반면 유비쿼터스 환경에서는 사이버공간과 현실공간의 구분이 없이 공원, 놀이동산, 박물관 등 도처에 존재하는 모든 지능형 사물(smart object)에 의하여 학습자가 있는 공간이 모두 학습 공간이 될 수 있다. 미래의 학습 도서관은 생생히 느끼고 체험하는 학습의 장이 될 것이며 e-북, 3차원으로 제시되는 학습자료 등이 제공되는 환경이 보편화될 것이다.

이와 같이 유비쿼터스 러닝은 학습자가 알아차릴 수 없도록 일상생활에 깊숙이 스며들어 있기에 확산적 러닝(pervasive learning)의 속성을 가지고 있다. 상황-인지적 유비쿼터스 학습 시스템은 학습하려고 하는, 학습의 효과성을 증진시키려고 하는 학습자들의 동기를 향상시킬 뿐만 아니라 그들의 창조성, 새로운 지식을 탐구하고 흡수하는 능력 및 문제해결능력을 증진시킨다. 다음은 타이완의 Meiyuan, Wenshui 초등학교 6학년 80명의 학생들과 2명의 초등학교 교사가 참여한 상황-인지적 유비쿼터스 러닝 사례이다(Chen & Huang, 2012).

<상황-인지적 유비쿼터스 러닝 사례>

RFID(Radio-frequency Identification)의 기술로 말미암아(El-Bishouty 외, 2010) 교재, 교육 및 학습활동을 교실수업으로 제한할 필요가 없게 되었다. RFID기술로 말미암아 학습자들이 미리 정해진 학습 장소를 지날 때마다 언제든지 미리 정리된 풍부한 정보를 학습자들에게 제공할 수 있게 되었다.

타이완의 Atayal u-박물관은 6개 유형의 가공된 토착식물로 분류 · 구성되어있다. 각각의 토착식물 가공물은 RFID 태그(RFID tag)가 달려있고 학생들은 RFID 판독기(RFID reader)가 장착되어 있는 휴대용 기기를 갖고 있다. RFID 기술은 학생들에게 음성지원을 통해 이 식물들을 항해할 수 있게 지원해주는 한편 기기의 스크린 터치를 통해 다양한 멀티미디어적 정보를 얻을 수 있게 지원한다. 학생들이 식물에 접근할 때, 기기는 RFID 태크를 인식하고 이에 적합한 오디오 안내를 시작한다. 이것은 학생의 RFID 판독기로 인해 가능하다. 곧 기기는 RFID 태그를 인식하고 RFID 판독기는 유일한 RFID 태그 아이디를 받아들이고 자신의 데이터베이스와 들어맞게끔 한다. 결과적으로 데이터베이스에 저장된 관련성 있는 대상정보는 학생의 기기로 전송된다.

상황-인지적 학습에 참여한 실험집단의 학생들이 통제집단의 학생들보다 우수한 학습 성취도를 보였다. 조사 결과 대부분의 학생들은 상황-인지적 유비쿼터스 학습 시스템(Context-Aware Ubiquitous Learning System)이 사용하기 쉽고 학습에 도움이 된다고 생각했다.

출처: Chen & Huang (2012)

3. 평생학습에서의 유비쿼터스 러닝의 가능성

이러한 유비쿼터스 러닝으로 미래 가정, 학교, 병원, 박물관, 평생학습관, 도서관을 주요 테마로 유기적 연계 및 오감을 통한 생생한 학습과 체험중심의 평생학습환경이 가능해질 것이다. 예를 들면 학습자가 박물관, 식물관 등 야외 학습활동을 수행할 경우 해당 장소의 주요 사물에 이식된 전자 태그를 통해서 학습자 자신의 학습수준과 과정에 대한 정보와 통합하여 학습자 수준에 맞는 내용이 실시간으로 학습자의 단말기에 전달될 수 있다(변영계 외, 2010). 사물에 부착된 센서에 의해 사물이 지능화되기 때문에 환경속의 이러한 보이지 않는 컴퓨터가 다양하고 풍부한 학습자료를 학습자들에게 시간과 공간을 넘어서 언제 어디서고 제공해주는 것이다. 미래의 학습 도서관은 생생히 느끼고 체험하는 새로운 학습의 장이 되며 지능형 학습장, 멀티미디어 학습장 서비스가 가능하게 되며 원격교육 서비스가 가능할 것이다.

박성익 외(2011)에 따르면 유비쿼터스 러닝은 단순히 특정의 단말기나 매체를 활용하는 학습환경을 의미하기 보다는 그 이상의 교육 패러다임의 변화를 의미하고 있다. 학습자 중심이 되는 다양하고 풍부한 학습자료를 시간과 공간의 제약 없이 제공해주기 때문에 평생학습을 위한 기반이 된다. e-러닝에서의 단말기가 있는 곳은 '언제 어디서나'의 개념과 달리 단말기의 역할을 하는 기술이 이미 환경에 장착되어 있어서 단말기가 있건 없건 학습자가 어디에 있건 상관없이 평생학습이 가능해진다. 즉, 학습을 전생애로 확장하여 형식교육과 비형식 교육을 포함하여 언제, 어디서나, 어느 시기나 학습이 가능하게 되는 환경이 된다는 것이다.

이와 같이 u러닝은 학생들에게 언제 어디에서나 내용에 상관없이 어떤 단말기로도 학습할 수 있는 교육환경을 조성함으로써 보다 창의적인 학습이 가능하게 한다. 교사, 학부모, 학습자 상호간 적극적인 커뮤니케이션이 이루어지며 센서나 칩 형태의 컴퓨터를 내장한 모든 현실 세계가 학습 공간이 될 수 있다. u러닝은 모바일 단말기나 네트워크 인프라 외에도 전자태그(RFID)와 센서 판독기가 핵심적 역할을 담당한다. 다음은 유러닝을 가능하게 하는 기술매체를 설명한 표이다.

표 11-1 유러닝을 위한 학습지원 기술매체

기술매체	활용 설명
Laptop (notebook computer)	전통적인 노트북은 데스크 탑 컴퓨터보다 덜 무겁기 때문에 휴대하기 편리하다. 인터넷 브라우저, 윈도우 소프트웨어, 접을 수 있는 키보드와 모니터 그리고 가장 최신의 하드웨어와 그래픽을 제공하지만 언제 어디서고 휴대하기에는 큰 편이다.
PDA (Personal Digital Assistant)	PDA는 개인용 단말기로서 휴대성과 성능이 비교적 뛰어나고 무선 네트워크를 이용한 인터넷 접속으로 최근에도 다양하게 많이 사용되고 있지만 자체 입력을 위한 인터페이스가 불편한 것이 무엇보다 큰 단점이다.
블루투스 (Bluetooth)	10미터 내외 범위의 단거리 무선 시스템이다. 무선기기들간에 정보를 주고받을 수 있는 근거리 통신망 표준이다. 블루투스의 기본 개념은 휴대용 장치간 양방향 근거리 통신을 케이블 없이 저 가격으로 구현하기 위한 근거리 무선통신 기술로서 2.4GHz의 ISM(Industrial Scientific Medical)밴드를 사용하고 장애물이 있을 시 무선데이터 통신을 사용한다.
Wi-Fi (Wireless Fidelity)	일반적으로 기업용 LAN에 연결하여 인터넷 연결을 제공하는 데 사용되는 무선 시스템이다. 호텔, 카페, 역과 같은 공공장소에서도 언제나 무선이 가능하다.
GPS (Global Positioning System)	인공위성을 통해 위치 정보를 제공한다.
WIPI (Wireless Internet Platform for Interoperability)	모바일 플랫폼 혹은 무선 인터넷 플랫폼은 모바일 플랫폼을 이동통신 단말기에 탑재하여 응용 프로그램을 실행시키기 위한 환경을 제공하는 기반 소프트웨어를 말한다.
RFID (Radio-Frequency Identification)	개인용 단말기에 장착된 RFID칩을 이용해 학생의 상황을 인지하고 학생에게 적당한 학습환경과 자료를 제공한다.

과거 교육인적자원부에서는 u러닝 시범연구학교를 선정해 실제 u러닝 사례를 만들어내는 등 u러닝 구축에 노력을 하였다. 현재는 PDA와 태블릿PC를 활용해 학습활동과 학교경영 개선 연구를 시범 실시하고 있다.

대학교에서는 U-캠퍼스라는 내용으로 캠퍼스의 유비쿼터스화를 꾀하고 있다. 2차원바코드, RFID, 모바일 디바이스 등을 중심으로 구축하고 있으며, 학생증, 출입증, 현금카드를 통합하고 수강정보, 학사행정 등을 교내 어디에서나 편리하게 제공하는 형태로 만들고 있다. 연세대학교를 시작으로 하여 서울대, 숙명여대 등 수많은 대학교들이 U-캠퍼스 구축에 나서고 있다.

실생활에서 체감할 수 있는 관점에서의 유비쿼터스 환경 구현은 "유비쿼터스 네트워크"에서 "유비쿼터스 컴퓨팅"의 단계로 진행될 것으로 보인다. 정보통신부에서는 U-코리아를 구상하며 지난 2004년에 IT839정책을 제시하였다. IT839는 국민 소득 2만달러 조기 달성을 위한 정책의 일환으로서 8대 신규 서비스, 3대 인프라, 9대 신성장 동력으로 구성이 되어 있다. 유비쿼터스와 IT839가 서로 연계가 되면서 유비쿼터스 코리아를 구현하기 위한 전략으로 자리를 잡게 되었다.

유비쿼터스를 체험할 수 있는 공간으로는 정보통신부가 만든 유비쿼터스 드림전시관이 있다. 유비쿼터스 드림 전시관은 정보통신부 서울 광화문 청사 1층에 위치하고 있으며 지난 2004년에 처음 개장을 한 이래, 2005년에 새로운 모습으로 재개장을 했다. 이 전시관에는 IT839를 기반으로 유비쿼터스 생활의 모습을 가정, 학교, 사무실, 병원, 공공장소 등으로 전시하고 있다. 이외에도 부산 동서대에서 유비쿼터스 체험관을 구축하는 등 일반인들이 유비쿼터스를 체험할 수 있는 공간 구축 사례가 늘어나고 있다.

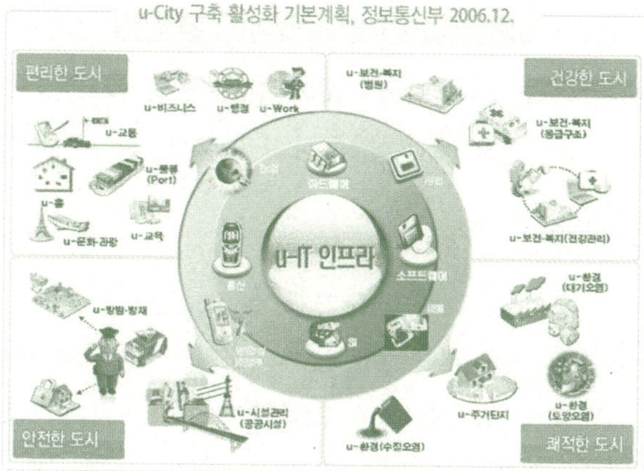

<그림 11-1> U-IT 인프라

제 2 절 모바일 러닝

1. 모바일 러닝

21세기 지식정보화 사회에서는 지식과 정보의 홍수 속에서 지식의 생명주기가 날로 단축되어가고 있다. 따라서 시간과 공간의 제약을 받지 않고 적시학습이 가능한 모바일 러닝의 필요성이 더욱 중요하게 대두된다. 모바일 러닝은 학습 효과를 극대화하기 위해 모바일 통신환경을 기반으로 하는 교수-학습방법을 의미한다. 모바일(mobile)은 이동성을 의미하는 것으로 모바일 통신 기기에는 노트북, PDA(Personal Digital Assistants: 개인용 휴대용 단말기), PMP(Personal Media Players: 개인용 미디어플레이어),

핸드헬드 PC, 스마트폰, 아이패드 등의 휴대용 장비 등이 있으며 이러한 장비를 이용하여 언제 어디서나 쉽고 저렴하게 무선으로 인터넷에 접속하여 다양한 형태의 정보를 획득하고 활용하여 학습을 하는 것을 모바일 러닝이라고 한다.

1. 모바일 러닝의 역사

우리나라 모바일 러닝의 역사를 살펴보면 1990년대의 데스크탑 위주의 ICT 활용 교육에서 2000년대 초의 이러닝 시대로 접어들면서 인터넷을 활용한 교육으로의 전환과 더불어 학습자들의 학습 이력을 관리하는 학습관리시스템(Learning Management System)이 개발되어 단순하게 일차적인 학습으로 끝나지 않고 지속적인 학습 형태가 체계화되는 교육이 이루어지는 단계로 발전하였다. 이러한 이러닝 시대는 2005년 이후 유비쿼터스라는 개념이 도입되면서 모바일 기기와 더불어 모바일에 가능한 콘텐츠의 개발이 함께 이루어져 시간과 공간을 초월한 학습환경의 기반이 마련되었다. 휴대기기, 스마트폰, PDA의 경계선이 사라지고 있다. 핸드 헬드 PDA 컴퓨터(hand-held PDA computer)와 전통적인 휴대폰기기가 점진적으로 통합되고 있기 때문이다. 이와 같이 휴대가 편리한 스마트폰은 전화, 이메일, MP3, 전자책, 음성녹음, 캠코더, 카메라, 일정, 게임, SMS(Short Message Service), 인터넷 등 매우 다양한 서비스를 제공하고 있다.

스마트폰 시장 규모는 2010년부터 4년 동안 연평균 33.5%씩 증가할 것으로 전망되고 있으며(이종만, 2012) 국내 스마트 폰 가입자 수가 2011년 3월에 이미 1,000만 명을 돌파하는 등 스마트 폰을 포함하여 갤럭시 탭, 아이패드 등과 같은 다양한 스마트 기기들이 국내에 빠르게 보급되고 있어 모바일 러닝에 대한 관심의 귀추가 주목된다. 특히 2012년에 스마트폰 시장규모는 개인용 컴퓨터 시장규모를 추월할 것으로 전망되고 있어 정보통신기술과 교육이 융합된 모바일 러닝은 최근 신성장 원동력이 되고 있다(문철우 · 김재현, 2011).

또한 국내 초등학교 등에서 무선랜을 사용할 수 있는 노트북을 가지고 인터넷 활용수업을 진행하고 있어 교내에서 학생들은 언제든지 원하는 장소에서 무선랜에 접속하여 원하는 정보를 검색해 볼 수 있고 국내 대학에서는 캠퍼스 전체에 무선랜을 설치하여 모바일 도서관을 구축하였다. 즉, 도서관에 물리적으로 방문하지 않고서도 학내에 설치된 기기나 인터넷에 접속하여 언제 어디서나 자료검색 및 정보 습득이 가능하고 여러 가지 정보들을 학생 개인의 휴대용 단말기로 전송받을 수 있다(송재신 외, 2011).

2. 모바일 러닝의 기술

모바일 러닝 환경을 가능하게 만드는 주요 기술을 살펴보면 다음과 같다(Hashemi 외, 2011).

표 11-2 모바일 러닝의 기술

기술	설명
SMS(Short Message Service)	모바일 폰 사용자끼리 (텍스트 메시지) 160자 까지 주고받을 수 있게 하는 서비스
MMS(Multimedia Messaging Service)	SMS와 비슷한 목적이나 차이점은 그래픽을 첨가할 수 있다는 점이다.
WAP(Wireless Application Protocol)	컴퓨터나 모뎀을 거치지 않고 휴대전화나 개인정보단말기(PDA), 무선터미널 등 이동형 단말기에서 인터넷에 접속할 수 있도록 하기 위해 고안된 통신규약으로, 무선으로 자료를 전송하고 받을 수 있는 국제적 프로토콜로서 대화에

	필요한 통신 규약이다. WAP는 GSM, TDMA, CDMA, CDPD 등을 포함한 모든 무선 네트워크에 연결할 수 있는 모빌컴퓨터용 아키텍처(하드웨어와 소프트웨어를 포함한 컴퓨터 시스템 전체의 설계방식)다.
GPRS(General Packet Radio Service)	빠른 연결(171kb/s) 속도를 제공하기위해 인터넷 연결하는 5세대 이동전화기술. GPRS는 빠른 속도를 바탕으로 데이터 전송에 적합하도록 설계된 기술로 GSM의 채널당 통신속도를 9600bps에서 14400bps까지 향상시킨다. 또 데이터 압축기술을 통해 기존의 GSM망 환경에서 115,000bps의 전송속도를 구현한다. GPRS 단말기는 현재 GSM 방식의 이동전화기술보다 2배 이상 빠른 속도로 무선인터넷에 접속할 수 있게 해주며 인터넷에 계속 연결된 상시접속 상태를 유지해 주는 장점을 갖췄다.
블루투스 (Bluetooth)	10미터 내외 범위의 단거리 무선 시스템이다. 무선기기들 간에 정보를 주고받을 수 있는 근거리 통신망 표준이다. 블루투스의 기본 개념은 휴대용 장치간 양방향 근거리 통신을 케이블 없이 저 가격으로 구현하기 위한 근거리 무선통신 기술로서 2.4GHz의 ISM(Industrial Scientific Medical) 밴드를 사용하고 장애물이 있을 시 무선데이터 통신을 사용한다.
3G, 4G 폰	4세대 모바일 폰은 멀티미디어 전송을 위해 1초당 100 메가바이트까지 제공한다.
PDAs	PDA(Personal Digital Assistant)는 큰 PC의 기본 기능을 많은 부분을 수행할 수 있는 Palm OS 나 MS 포켓 PC 작동 시스템을 사용하는 미니 PC로 발전되었다. 개인용 단말기로서 휴대성과 성능이 비교적 뛰어나고 무선 네트워크를 이용한 인터넷 접속으로 최근에도 다양하게 많이 사용되고 있지만 자체 입력을 위한 인터페이스가 불편한 것이 무엇보다 큰 단점이다.
MP3s	파일을 효과적으로 압축하고 공유가 가능하게 만드는 오디오 파일 포맷이다.
CAMs	모바일 폰이나 PDAs에 장착된 비디오 카메라이다.

출처: Hashemi 외(2011). p. 2480.

2. 모바일 러닝의 교수와 학습

현재 모바일 러닝 이론들은 행동주의, 인지주의, 구성주의, 상황학습, 문제중심학습, 상황인식 학습, 사회-문화적 이론, 협동학습, 대화형의 학습, 평생학습, 무형식 학습에 기반하고 있다. 행동주의 학습 이론의 예는 대체로 연습, 피드백, 강화가 주어지는 영어학습 애플리케이션, SMS, MMS, 음성 녹음 소프트웨어, 모바일 반응 시스템 등이다. 반응과 자극의 연합의 적절한 강화로 학습이 일어나는 원리이다. 인지주의의 예는 팟캐스팅, 모바일 TV, 멀티미디어, SMS, MMS, 이메일 등이다. 인지주의적 학습은 인간 과정과 정보 저장을 통한 인지적 구조의 재조직화 혹은 습득이다. 구성주의적 학습으로 설명되는 것은 모바일을 통한 게임, 시뮬레이션, 가상현실, 상호작용적인 팟캐스팅과 SMS 가 대표적이다. 구성주의 학습이론에서 학습은 활동적인 과정이다. 그 안에서 학습자들은 현재와 과거의 지식에 기반하여 새로운 아이디어나 개념을 구축하게 된다(Keskin & Metcalf, 2011). 이렇듯 모바일 러닝 이론들은 대부분의 교수학습이론에 기반하여 설명될 수 있고 이론에 기초하여 설계, 개발되고 활용될 수 있기 때문에 모바일 러닝이 갖는 교육적 시사점은 매우 크다고 할 수 있다. 편재성, 접근성, 유연성(언제, 어디서건), 자율성, 확실성(대화의 촉진과 사회적 네트워킹)은 모바일 러닝의 장점이다(Ljungdahl, 2011).

우리나라는 스마트폰 보급률과 무선인터넷 환경을 고려할 때 모바일 러닝을 구현하기에 최적의 장소라 할 수 있다. 특히 웹 1.0의 단방향적인 정보 소통방식에서 정보소비자가 정보제공자가 되는 웹 2.0으로 대표되는 SNS는 집단지성, 소셜지성을 기반으로 소셜 미디어를 대중화시켰다. 소셜 미디어를 기반으로 하는 모바일 러닝의 학습환경은 시공간의 제약, 대상의 제약, 콘텐츠의 제약 없이 어느 누구나 수평적인 관계에서 함께 지식을 창출, 공유, 흡수 할 수 있다는 장점이 있다. 이렇듯 의사소통방식, 정보의 접근과 활용, 정보의 생산과 재조합 등에 있어서 커다란 변화를 가져왔다. 이로써 교육에서도 교수학습방법, 콘텐츠 모형에 커다란 변화를 가져와 새로운 교육을 실현할 수 있게 된 것이다(이웅달, 2012). 많은 성인학습자들이 일상에서 그리고 일터에서 SNS의 온라인과 모바일이라는 장점을 활용하여 전통적인 학습의 선을 넘어선 무형식학습을 하고 있다(김경숙 · 이성엽, 2010; 안병룡 · 김혜의, 2012). 또한 온라인과 모바일을 통한 직장 내 학습네트워크는 SNS내에 관심사가 같은 직원들끼리 자연스럽게 학습동아리를 만들어 학습하고 있어(김경숙 · 이성엽, 2010) 모바일 러닝이 평생학습의 지평을 더욱 확대시키고 평생학습 역사에 새로운 획을 긋게 될 것인지 그 귀추가 주목된다.

3. 모바일 러닝 개발과정

모바일 러닝은 이제 더 이상 교육훈련예산이 책정되어 있는 선택된 기업들만이 고려해 볼 수 있는 사항이 아니다. 앞서 생각하는 조직들은 반드시 모바일 러닝을 탐색해봐야 한다. 현재 밀레니엄 세대는 노동인구의 22 퍼센트를 차지하고 있지만 2014년이 되면 이들은 노동인구의 거의 47퍼센트를 차지하게 된다. 이들은 테크놀러지와 스피드를 좋아하는 세대로서 학습 전달방식의 이동성, 접근성을 요구할 것이다(Biggs & Justice, 2011). 따라서 다음과 같이 모바일 러닝 개발과정에 필요한 내용들을 제시하였다(이성호, 2010; Biggs & Justice, 2011).

1) 1단계. 비즈니스 도전을 파악하고 전략을 수립한다.

리더들은 어떤 학습인가를 막론하고 효과적이 되기 위해서는 우선 주도권을 가지고 해결해야 할 문제가 무엇인가를 파악해야 한다. 모바일 러닝의 시작은 다른 교육계획과 결코 다른 것이 아니다. 다른 모든 이들이 하기 때문에 하는 것이 아니기 때문에 조직이 이것을 받아들여야만 하는 이유를 분명히 하고 시작하는 게 바람직하다(Biggs & Justice, 2011).

2) 2단계. 솔루션을 정의한다.

비즈니스 도전을 파악하고 솔루션을 정의하고 전략적 비전을 상세화 한다. 리더들(교육 책임자)은 모바일 러닝의 요소와 관련된 조직 내 특정 부서영역을 고려해야 한다. 모바일 러닝의 특성을 살릴 수 있는 적합한 과정선정을 해야 하되(예: 문제풀이, 자격대비, 영어회화 등의 주제로 수시 학습이 가능한 분량을 산정) 단순 동영상 VOD는 지양한다(이성호, 2010). 이러한 영역들은 다음과 같다.

(1) 테크놀러지 혹은 인프라 구조

수 없이 많은 모바일 디바이스, 유용가능한 모바일 편집지원 프로그램에서 선택을 하고 다른 학습 테크놀러지와 어떻게 통합될 수 있는지 고려한다.

(2) 문화

특성이 다른 노동인구의 성격을 고려한다. 밀레니엄 세대들은 다른 어떤 테크놀러지보다도 모바일 폰을 선호한다. 사회적 학습(social learning)과 적시 학습(just- in time)을 선호하는 측면이 강하다.

(3) 내용

모바일 디바이스를 위한 내용 전환 전략을 고려한다. 모바일 러닝 프로그램을 지원하기 위해 교수 모델을 어떻게 수정할 것인가 고려해야 한다.

(4) 교수 디자인

모바일 러닝을 효과적으로 전달하기 위해 전통적 교수 디자인을 수정한다. 모바일 러닝은 단순히 이러닝 콘텐츠를 변환하는 것이 아니라 모바일 디바이스에서 접근 가능하도록 만드는데 있다는 것을 알아야만 한다. 교육내용은 MP3 플레이어, 핸드헬드(handheld) 컴퓨터, 노트북, iPads, iPods, 혹은 스마일 폰과 같은 다기능 복합 기구에 전달될 수 있다(Biggs & Justice, 2011).

이러닝 콘텐츠를 모바일로 변환하기 위해서는 다음과 같은 과정이 필요하다(이성호, 2010).

표 11-3 이러닝의 컨버전-변환과정

기존 과정 변환	신규과정 제작
• 가독성을 고려한 폰트, 페이지 등 변환-기존 이러닝 과정의 18폰트 이하의 과정은 그 이상으로 폰트를 수정 • 한 프레임에 많은 내용을 담고 있는 프레임은 분리를 통한 화면 수정 • 기존 flash이러닝을 모바일용 mp4로 변환-이러닝에서 e-HRD와 연동, 진행 바 등 모바일에 적용 안되는 부분을 편집 • 모바일 학습을 위한 UX개발-단순 영상의 학습이 아닌 상호작용 등 학습요소를 위한 학습단계의 UX 개발을 통해 모바일 학습의 학습효과를 제고함	• 가독성을 고려 폰트 사이즈 18이상 활용 • 과정 진행을 위한 제어버튼 제거 • 상호작용을 대신할 수 있는 캐릭터 활용

출처: 이성호(2010). p. 231.

3) 3단계 모바일 러닝 솔루션을 예비 테스트(pilot)한다

모바일 러닝 솔루션을 예비 테스트하는 것은 프로그램 성공 확률을 높이는 방법이다. 조직의 독특한 요구와 요청에 부합하기 위해 모바일 러닝과 조직구조 환경이 맞는지를 확인하는 일, 즉 모바일 러닝 예비테스트를 하는 것은 매우 중요한 일이다.

4) 4단계 정보수집과 결과측정

대부분의 성공적인 학습을 실행하는 조직들은 학습 효과성을 측정하는 전략을 가지고 있다. 모바일 러닝 또한 평가를 해야 한다.

5) 5단계 프로그램의 조정

이상의 4단계의 과정을 통해 필요하다면 모바일 러닝 전략을 조정할 필요성을 감지했을지도 모른다. 조정은 부정적인 것이 아니고 전체적인 프로그램 성공을 보장하기 위해 거치는 통합적인 과정으로 받아들여야만 한다. 모바일 러닝을 기존의 학습전략에 보충적으로 추가하려고 모바일 러닝을 계획하는 조직은 이러한 접근법으로부터 많은 도움을 받을 수 있다. 간단히 말해 모바일 러닝은 기존의 전통적인 이러닝 교육 내용개발을 위한 교수설계 과정이나 학습 테크놀러지를 완전히 대체하는 성질의 것이 아니라는 점이다(Biggs & Justice, 2011).

4. 모바일 러닝과 기업훈련 사례

스마트폰 보급률이 19.57%로 급격히 증대함에 따라 스마트폰 이용이 빠른 속도로 대중화되고 있다. 스마트폰을 통한 일평균 인터넷 이용시간은 1.9시간이며 주로 이동 중인 교통수단(79.2%)에서 이용하고 있으며 스마트폰을 통한 인터넷 접속경로는 '모바일 웹사이트(41.9%)', '모바일앱(36.0%)', '일반 웹사이트(22.1%)'의 순이다. 스마트폰 이용자 중 40.9%는 학업 또는 업무생산성을 높이는데 효과적이라고 응답하였고 모바일 오피스 이용자의 69.9%가 모바일 오피스가 업무 수행에 도움을 준다고 응답하였다. 스마트폰과 소셜미디어의 확산으로 학습자 중심의 무형식 평생학습(informal lifelong learning)이 증가할 전망이고 인터넷 환경이 데스크 탑에서 스마트폰을 중심으로 빠르게 변화하고 있어 원격교육 시장 성장세를 모바일이 대체할 수 있을 것으로 관측된다(정윤호, 2011). 이와 더불어 다양한 모바일 기기인 스마트폰, 아이패드, 소셜미디어를 가지고 친구들과 의사소통을 하며 학습을 한 세대인 밀레니엄 세대 학습자들이 가까운 시일 내에 조직에 진입할 것으로 예상되고 있어 모바일 러닝 실천을 위한 역량을 준비하고 개발할 필요성이 절실해졌다(조대연, 2012). 기업에서 제공되는 교육훈련은 대학에서 제공되는 교육보다 종종 더 반응적이고 기업조직은 신기술을 빠르게 도입하여 대학처럼 오랜 타당성 검증 절차를 필요로 하지 않고 빠르게 코스를 제공할 수 있다. 또한 기업들은 대학보다 코스의 '투자수익률(ROI: Return on Investment)' 문제를 더 잘 인식하고 있다(Kukulska-Hulme & Traxler, 2005). 이와 같이 모바일 러닝 사례는 그것이 단기간 내에 지역적 효율성 획득과 비용 절감을 창출해야 한다는 명백한 필요성에 입각하여 이루어지기 때문에 기업교육에서 더욱 빠르게 확산될 전망이다.

표 11-4 국내기업들의 모바일러닝 도입현황

분야	도입기업	도입내용
원격근무 (영상기반 원격협업)	KT	수도권 10개 지역에 '위성오피스'구축 및 본사, 대전연구소 간 실감형 영상회의 시스템 구축 및 운영
	현대 모비스	본사 및 국내외 지사 간 화상회의를 실시하여 국내 지사 및 해외지사 간 출장 감소
	삼성 석유화학	생산 공정 정보시스템을 구축하여 관리자가 서울 본사에서 원격으로 현지 공장의 업무 진행사항을 파악
모바일 러닝 (스마트폰 기반)	한국IBM	시간 · 장소에 관계없이 필요한 업무를 수행할 수 있는 '모바일 오피스' 도입
	현대중공업	설계도면 조회, 공정 입력 등이 가능한 '와이브로 조선소'를 구축하여 현장에서 실시간 업무처리
	포스코	스마트폰을 활용한 '스마트 팩토리'를 구축하여 생산현장 혁신 및 신속한 의사결정 지원
	신한은행	주로 출퇴근 시간이나 직무관련 자격증 과정을 중심으로 모바일 러닝시스템인 '스마트 에듀'를 2년 전부터 운영 중임.
	CITI 은행	기본적인 동영상 강의 이외에도 SNS(Social Network Service)기능을 활용한 씨티트위터와 씨티피디아 메뉴를 개설하고 각종 학습관련 전달사항을 스마트폰을 활용하여 제공함.
	삼성SDS	스마트폰과 태블릿 PC에 걸맞는 미래형 학습 콘텐츠를 조만간 상용화하고 있으며 모바일 기기에서 쓸 수 있는 모바일 LMS(Learning Manage System)인 학습관리시스템(강의,토론,상담관리 등 토털 서비스 제공)이 핵심

출처: 국가정보화전략위원회(2010). 안병륭 · 김혜의(2012). p.188. 재인용.

1. 모바일 러닝 국내 사례

모바일 러닝을 실천하고 있는 사례들을 살펴보면 학습자의 초기관심을 유지시키고 지속적으로 그들을 유인한 만한 양질의 모바일 러닝의 컨텐츠 업데이트의 중요성을 상기시켜준다. 초기의 학습자를 지속적으로 유인하기 위해서는 모바일 러닝 컨텐츠를 지속적으로 개선하고 양질의 컨텐츠를 개발 · 보급하는 일이 무엇보다 중요한 일일 것이다. 이와 같이 모바일 러닝에 대한 개선점은 여전히 남아 있는 상태이다. 기존의 컨텐츠 변환도 고 비용을 발생시키는 원인으로 작용하고 있으며 신규 컨텐츠 제작 시 수요가 부족할 가능성, 학습사이트 관리 및 개선점에 대한 사항은 앞으로 풀어나가야 할 숙제라고 보아진다(정윤호, 2011).

<사례 1> 신한은행

신한은행은 선도적으로 모바일 러닝 학습환경을 구현하고 적극적으로 실천하고 있는 대표적 한국기업이다. 모바일 러닝을 위해 직원들에게 스마트폰을 제공하고 학습을 독려하고 있으며 그 결과 2012년 현재 3,000여 명의 직원들이 접속하여 학습하고 있다. 주요 사용시간대는 출근시간대인 오전 7시부터 8시와 퇴근 시간대인 오후 4시부터 5시 사이이다. 교육담당부서는 최초의 교육과정 접속 초기단계에서 흥미를 얻지 못한 학습자는 그 후로 다시는 들어오지 않음을 발견하였다.

출처: 안병룡 · 김혜의(2012).

<사례 2> SK그룹

SK그룹은 정보기술(IT) 업계의 리더답게 2010년 하반기부터 전 직원에게 스마트폰을 나눠 주면서 모바일 오피스를 도입했다. 스마트폰을 통해 사내 메일 작성 및 전송은 물론 전자결재도 가능하게 해 불필요한 시간 낭비를 최소화한 것이다. 특히 SK텔레콤은 구성원의 업무 효율을 높이기 위해 태블릿PC 기반의 '페이퍼리스 오피스(Paperless Office)'를 최근 도입했다. '페이퍼리스 오피스'는 △언제 어디서나 문서를 자신의 태블릿PC에 내려 받아 열람할 수 있는 '싱크보드' △업무매뉴얼, 교육자료 등 사내 출판물을 전자 매거진 형태로 제공하는 '인포보드' △태블릿PC를 통해 카탈로그를 제공해 보다 설득력 있는 고객 컨설팅을 지원하는 'T 비즈 카탈로그' 등 총 3개의 서비스로 구성됐다.
SK텔레콤은 구성원들에게 50기가바이트(GB)의 클라우드 저장 공간을 제공해 직원들이 개인 컴퓨터로 언제 어디서나 업무와 관련된 문서들에 접근할 수 있다.

출처: 동아일보 2012.5.31일자[SMART 혁명/하이테크특집]SK그룹, 스마트 워크-오피스 통해 업무 효율 극대화]

2. 모바일 러닝 외국 사례

Keskin & Metcalf(2011)은 센트럴 플로리다 대학의 시뮬레이션과 훈련을 위한 연구소에 위치한 METIL LAB(Mixed Emerging Technology Integration Lab)에서 개발된 최신 모바일 러닝 애플리케이션을 소개하였다. 이 연구소는 시뮬레이션과 직원 훈련을 위한 가상 시스템 개발, 응용에 있어서 세계 주도적인 센터이다. METIL은 모바일 러닝 애플리케이션을 생산하고 공공, 민간, 사회적 부문에 모바일 러닝 연구와 개발을 제공하고 있다. 다음은 METIL의 대표적인 애플리케이션들이다.

1) Johnson & Johnson's 社 프로젝트

Johnson & Johnson PRD 3D University 은 Johnson & Johnson을 위해 만들어진 가상 월드 탑재시스템으로 직원들 간의 대화를 촉진시킬 뿐만 아니라 전 세계 곳곳에서 지속적으로 실시되고 있는 신입직원교육과 오리엔테이션에 적합하다. 직원들은 회사 학습 자료를 가지고 연습하고 HR 부서로부터 도움을 받을 수도 있다. 또한 글로벌하게 동료들과 협력할 수 있다. METIL은 이 PRD 3D University을 위해 컨설팅과 개발서비스를 지속적으로 제공하고 있다.

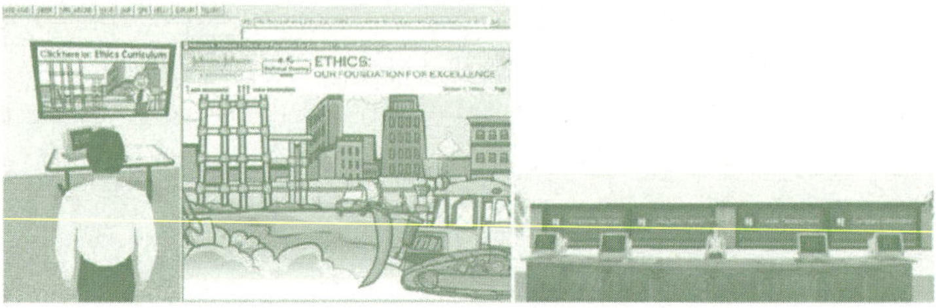

<그림 11-2> Johnson & Johnson's 프로젝트

2) 마이크로소프트社 모바일 코스와 IVR 세일즈 자료

스마트폰이 점점 상용화되고 모바일 웹 브라우징이 발달함에 따라 모바일 접근방식으로 학습과 훈련자료를 습득하고자 하는 요구가 증가하고 있다. 그리고 이러한 현상들은 비즈니스 전문가들에게 큰 영향을 주고 있다. METIL은 기존의 웹 코스를 SCORM-compliant 모바일 웹 템플릿으로 전환했다. 세일즈맨들은 그들의 생산라인의 추가 자료에 모바일로 접근하는 방식, 이용자의 요구에 따라 네트워크를 통해 필요한 정보를 제공하는 방식을 선호한다. 운전 도중 이러한 것을 하는 것은 위험하고 또한 몇몇 주에서 스마트폰의 사용법이 강화되었기 때문에 세일즈 데이터에 양손을 사용하지 않고 간단하게 접근할 수 있는 음성 인식 시스템인 음성 인식 IVR(Interactive Voice Response)시스템이 개발되었다. 세일즈맨들은 마이크로소프트사 제품 정보 도서관을 탐방하고 음성으로 듣기 위해 오디오를 선택하면 된다.

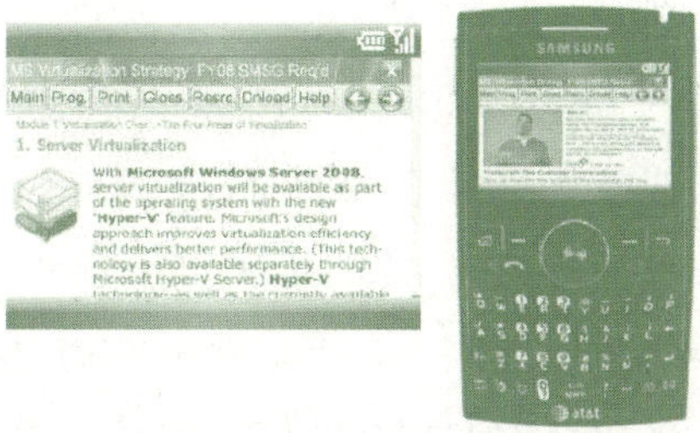

<그림 11-3> 마이크로소프트社 모바일 코스와 IVR 세일즈 자료 프로젝트

3) 나의 스포츠 펄스(My Sports Pulse)

나의 스포츠 펄스 프로젝트는 모바일, 웹 테크놀로지, 스포츠를 결합한 것이다. 과학과 수학분야에 관심과 이해도를 증진시키기 위해 혁신적인 방법으로 스포츠 주제를 사용하였다. 학습자들은 물리, 영양, 대수학, 기하학 등에 관해 스포츠 상황 하에서 제시된 질문을 얻기 위해 프로그램에 등록한다. 질문은 메시지, 이메일 그리고 My Sports Pulse 웹사이트에서 직접적으로 받을 수 있다. 학습자들이 질문에 대답하면서 그들은 다양한 지식영역에서 포인트를 획득할 수 있고 다른 학습자들이나 학교들과 경쟁하기 위해서 그들 자신만의 아바타를 형성할 수도 있다. 나의 스포츠 펄스 프로그램은 미국 내외 학교들에서 좋은 평가를 받고 있다.

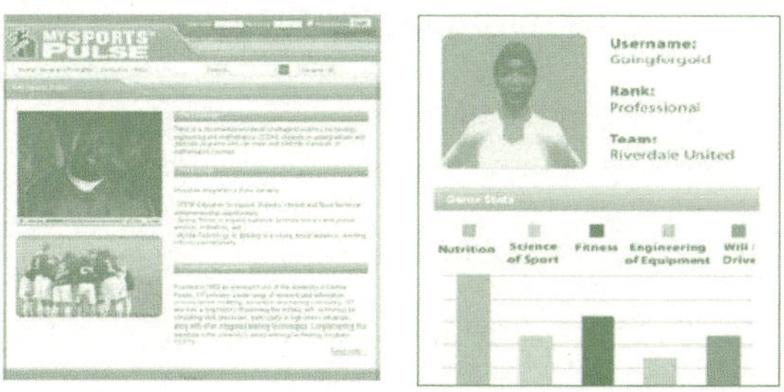

<그림 11-4> My Sports Pulse

4) 모바일 웹 게임

'그린으로 가자(Go for the green)'는 모바일 웹 게임이다. 이 게임은 세일즈 개념을 익힐 수 있게 하는 교육용 게임으로서 구안되었는데 골프 주제를 사용했다. 골프 코스의 9홀은 세일즈 과정에서의 9단계로 나타내진다. 각각의 홀은 여러 가지 질문과 다음 단계로 나아가기 위한 피드백으로 구성되어 있다. 이용자들은 모든 질문에 답하여 모든 코스를 마치도록 노력해야 하는 한편 세일즈 과정의 일반적인 함정에 빠지지 않도록 유의해야 한다. 어떤 특정한 게임 애플리케이션을 창조하기보다 현대적인 모바일 웹을 이용하여 사용자가 사용하는 다양한 모바일 기기들인 아이폰, 블랙베리, Symbian과 윈도우 모바일 플랫폼에 내용을 전달할 수 있는 것이 특징이다.

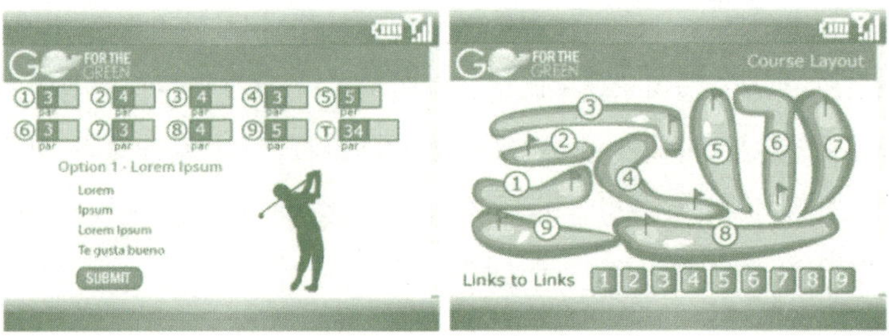

<그림 11-5> Go for the Green

<사례 1> CISCO 社

CISCO 社는 훈련을 지원하기 위해 모바일 기기를 사용하는 주요 하이테크 기술 기업이다. CISCO 社는 처음에 훈련을 위해 범용적으로 PDA(Personal Digital Assistant)를 도입했는데 시간이 지나면서 이러한 정책은 변화하였다. PDA 사용범위가 넓어짐에 따라 다수의 문제가 발생하였기 때문이었다. 종업원들이 이미 노트북을 가지고 있었기 때문에 PDA 구입은 비용 추가를 의미하는 것이었다. 또한 다양한 운영체제와 모델을 지원하는 것이 어려웠고 사용자의 주의집중 지속 시간이 문제였다. CISCO 社는 뉴스 속보를 내보내거나 운전 중 토론이 가능하도록 하였다. 그런데 내용이 아주 재미없다면 직원들은 바로 '스위치를 꺼버린다'는 것을 알게 되었다.

출처: Kukulska-Hulme & Traxler(2005). 장은정 · 정영란 · 이영민(공역).

<사례 2> 대학 모바일 러닝

모바일 학습에 대한 관심과 전략이 대학가에서도 뜨겁다. Perkins와 Saltsman(2010)에 따르면 Abilene Christian 대학은 2008년 모든 신입생들에게 아이폰(iPhone)과 아이포드(iPod)를 제공한 후 Mobile Learning Fellow 프로젝트를 수행했다. 이러한 노력의 결과로 대학은 교수법 실험 및 혁신의 대학문화를 형성하게 되었다.

지역 사회적 접근법을 사용한 Wright State 대학에서는 학습 사회 환경을 구축하고 교수들이 그들의 학습환경에 모바일 학습 전략(팟캐스팅과 디지털 스토리텔링에 초점을 둔)을 실행하는 것을 도왔다. 교수자들로 하여금 테크놀러지 사용에 익숙하게끔 하고 학습 자원을 형성하는 데 있어 다양한 새로운 기술을 익히도록 하는데 그 목적이 있다(Kukulska-Hulme, 2012). Seo 외(2010)의 연구에 따르면 내용을 전달하기 위한 전략으로서 팟캐스팅은 원격교육과 전통적 교실수업 모두에서 새로운 모바일 학습 사회를 구현하는데 유용하였다.

출처: Kukulska-Hulme(2012).

5. 모바일 러닝의 장단점

모바일 러닝은 직장, 지역사회, 집 장소를 막론하고 교육을 할 수 있다는 점에서 매우 유용하다. 자발적이고 이동성이 있다. 그러나 모바일 러닝의 테크놀러지의 교육적 사용은 아직 걸음마 수준이고 여러 가지 가능한 장애요소들을 배제할 수 없는 현실이다(Ljungdahl, 2011). 또한 모바일 러닝의 학습의 효과 또한 공식적으로 검증된 것이 없다(Lykins, 2012).

이러한 단점이외에도 모바일 학습자인 종업원들이 언제 어디서나 배우고 훈련을 받아야 한다는 압박감을 느낄 수 있고 위치인식 기술이 그들의 움직임을 감시한다고 느낄 수 있다. 그들은 또한 개인적, 전문적 차원의 약속, 과제, 연락처 등을 보관하는 모바일 기기들이 그들의 프라이버시를 위협할 뿐만 아니라 단지 그들의 전문 지식을 컴퓨터에 입력하는 것이 그들을 단순 작업자로 만든다고 느끼게 할 수 있다(Kukulska-Hulme & Traxler, 2005). 또한 인터넷 브라우저는 웹 강의에 참여하기 위하여 필요한 장치이고 미디어 플레이어는 웹 강의의 서면 자료와 함께 오디오-비주얼 학습기기가 사용될 수 있게 지원하기 때문에 모바일 러닝 학습자는 인터넷 브라우저와 미디어플레이어가 갖추어진 스마트폰이나 대부분의 모바일 기기의 표준인 포켓 PC를 필요로 한다. 이러한 제반환경이 갖추어지지 않은 학습자들에게는 모바일 러닝의 접근성이 낮다고 할 수 있다. 김찬옥(2008)은 KT사의 모바일 러닝 적용사례의 단점으로 3~5"의 적은 단말기 화면, 자료입력의 불편, 네트워크 접속 불안정, 학습 수요 지속적 감소, 학습사이트 관리 및 개선 관심도 저하 등을 지적하였다. 특히 제도적으로 고용보험 환급 지원이 안 된다는 점은 모바일 러닝의 확산을 위한 제도적 뒷받침이 미흡함을 시사해주는 대목이다.

대학에서의 활용 시 단점을 살펴보면 교수학습을 진행하기에는 너무 짧은 대화형식, 팟캐스트 내용이 유용하기는 하나 모바일 러닝 학습의 연장선에서 보기는 어렵다는 점, 비밀보장과 윤리적인 문제 등을 들 수 있다(Kukulska-Hulme, 2012).

CHAPTER 12

SNS를 활용한 평생교육방법

제 1 절 블로그

1. 블로그

웹 1.0의 시대의 자기 소유 공간으로서 대표적인 것은 홈페이지이다. 최근 들어 홈페이지는 웹 2.0 플랫폼의 응용으로 인해 블로그로서 발달되었다. Blog는 웹(Web)과 로그(log)의 합성어로서 인터넷에 기록을 남기는 도구라는 뜻을 내포하고 있다. 과거의 홈페이지는 제작이 어려운 반면 블로그는 누구나 쉽게 만들 수 있다는 점에서 교육적 활용도 면에서 그 가치가 높다고 할 수 있다. 블로그, 위키, 팟케스트, 인터넷 포럼 등은 소셜 미디어(social media)로서 사람들이 자신의 생각과 의견, 경험, 관점 등을 서로 공유하고 참여하기 위해 사용하는 개방화된 온라인 틀과 미디어 플랫폼이다.

마이크로 블로그란 장문의 글 위주인 블로그와 달리 자기 생각을 더 간편하게 표현할 수 있는 소셜 미디어로서 다음 절에서 다루는 트위터, 페이스북, 미투데이 등이 있다. 이러한 마이크로 블로그의 급성장 원인은 글자 수를 140자로 제한함으로서 사용자들의 글쓰기에 대한 부담이 없어졌고 휴대전화, 모바일과의 원활한 연계성, 즉 이동 중에 많은 시간 투자 없이 글쓰기가 가능하다는 점에서 찾을 수 있다.

2. 블로그의 교육적 활용

블로그는 개인이 자신의 생각과 느낌을 적어 웹에서 발행하는 1인 미디어 기능을 한다. 그러나 사적인 공간이자 사회성을 갖는 공간이다. 단순 검색에서 한 단계 발전하여 정보를 조합하여 재구성하는 과정에서 개인의 의견이 반영된다. 송재신 외(2011)은 블로그의 교육적 활용 기능을 다음과 같이 설명하고 있다.

1) 토론 수업

블로그에서는 텍스트 기반이기는 하나 토론 수업이 가능하다.

표 12-1 학습자와 교수자의 역할

학습자 역할	교수자 역할
• 주제에 대해 자유롭게 사고하기 - 브레인스토밍한 아이디어를 유목화하거나 우선 순위를 정하고 필요 없는 내용은 제거한다.	• 학습자에게 토론할 주제와 이에 대해 자유롭게 생각할 수 있는 기회 제공하기 예) 아이들의 옷차림의 문제점과 까닭
• 블로그에 자신의 의견 정리하기 - 주장과 근거가 구별되게 드러나도록 글을 쓴다. - 개요를 미리 써서 글의 틀을 구조화시키고 내용을 덧붙인다.	• 학습자 사고 내용의 구조화를 보조하기 - 주장과 근거를 구별할 수 있도록 그 특징을 알려주고 구별하는 과정 중에 안내한다.
• 친구들의 블로그 내용 읽어보기 - 자신의 주장이나 근거와 비교 · 대조하며 읽는다.	• 학습자가 다른 주장을 바르게 참고하도록 보조하기 - 주제와 관련해 참고, 토론할 수 있는 다른 사이트나 블로그 안내하기

• 관련된 내용을 트랙백으로 연결하기 - 트랙백의 개념과 필요성을 이해한다. - 자신의 글에서 트랙백을 직접 연결해본다. - 자신의 글에 걸린 친구들의 트랙백을 확인한다.	• 학습자가 트랙백 연결을 잘 할 수 있도록 보조하기 - 트랙백이 무엇이며 왜 필요한지 설명한다. - 어떤 경우에 트랙백을 연결하는 것이 좋으며 어떻게 하는지 절차를 설명한다. - 학습자가 트랙백을 연결하는 모습을 모니터링하며 보조한다.
*(환경설정에서 트랙백을 공개해야 한다)	

출처: 송재신(2011). p. 29.

2) 트랙백을 활용

블로그는 자기 소유의 공간에 자발적으로 글을 올리므로 기존 게시판과 달리 콘텐츠의 질이 높으며 같은 주제의 글을 연결하여 서로 다르거나 비슷한 의견들을 수집하는 역할을 하는 트랙백은 학습자들로 하여금 자신의 글과 관련된 아이디어, 정보 등을 보게 하고 이를 자신의 글과 비교함으로써 부족한 부분에 대해 스스로 인식할 수 있는 기회를 가지게 한다. 또한 자신의 글 이외에 다른 친구들의 글을 제공받음으로서 같은 주제를 여러 가지 방식으로 생각하고 표현할 수 있는 가에 대해서도 경험하게 된다. 이와 같이 피드백을 제공받음으로서 학습지도의 일관성이 유지되고 학습자로 하여금 합리적인 결론을 이끌어 내는데 도움이 된다. RSS 구독을 하면 블로그에 방문하지 않고도 나에게 새 글이 배달된다.

3) 취소선을 활용한 글쓰기 연습

기존의 워드 프로세서가 제공하던 문서 검토 기능 중 가장 기본적인 취소선을 블로그에서도 사용할 수 있다. 블로그 글쓰기에서 취소선을 이용하면 원본 글에는 '취소'가 표시되고 원본 글을 그대로 유지한 채 새로운 글을 쓸 수가 있다. 학습자가 자신의 글의 변화를 보기 위해서는 취소선을 활용하면 논지의 발전과정을 확인할 수 있다. 교수자는 학습자들이 취소선을 활용하여 자신의 글을 스스로 검토할 수 있도록 하고 왜 특정 내용에 취소선을 그었으며 수정된 내용이 그 전의 내용보다 좋은지 그 이유를 물어 탐구의 깊이를 더하도록 유도할 수 있다.

블로그는 서비스 형태에 따라 가입형 블로그와 설치형 블로그가 있다. 가입형 블로그에는 이글루스, 프리로그, 다음, 네이버, 파란, 야후, 싸이, 블로그스팟 등이 있으며 대형 포털사이트에서 서비스 중이므로 가입만 하면 되나 포털사이트에서 제공하는 서비스만을 활용해야 된다는 단점이 있다. 반면에 설치형 블로그는 테터툴즈, 워드프레스, 이즈블로그 등으로 자유롭게 블로그를 관리하고 디자인 할 수 있는 장점이 있다.

◈ 참고 URL

네이버블로그: http://blog.naver.com
이즈블로그: http://www.isblog.net
다음블로그: http://freelog.net/
워드프레스: http://ko.wordpress.org
이글루스: http://www.egloos.com
프레스블로그: http://www.pressblog.co.kr
프리로그: http://freelog.net
블로그코리아: http://www.blogkorea.net

출처: 송재신 외(2011).

3. 실습해보기

(1) 교수자는 자신의 교육과정이나 교과목에 자신 소유의 블로그를 연결시킨다. 작게 시작하나 너무 오랫동안 방치하면 안 되고 정기적으로 글을 올려야 한다.

(2) 학습자들에게 가능한 블로그 사이트를 제공하고 다른 사이트들도 찾아보게 한다. 학습자들은 그들의 글을 올리기 시작할 것이고 미디어에 친숙해 질 것이다.

(3) 교육과정과 관련이 있고 학습자들의 흥미를 끄는 주제에 관련하여 그들의 블로그를 운영해보도록 권장한다.

(4) 학습자들 서로가 블로그를 방문하여 코멘트를 달고 주제에 관해서 종합 · 정리하는 것을 의무사항으로 하기 위하여 공식적인 평가 측정도구를 만든다.

4. 블로그의 장단점

블로그는 글쓰기의 기술과 자기 표현능력을 기르는데 유용하게 쓰일 수 있고 새로운 자원들과 생각들은 공유와 피드백을 위하여 토론에 추가될 수 있다. 따라서 블로그는 새로운 자원에 접근을 용이하게 한다. 교실 밖의 전문가나 의견들에 연계성을 구축, 비평적이고 분석적인 사고를 증진시킬 수 있다. 이상과 같이 개인적 일들과 사회적 상호작용의 결합으로 풍부한 학습환경에서 비평적인 자기 성찰을 유도할 수 있다는 점이 블로그의 장점이라고 할 수 있다. 단점으로는 블로그는 대부분 공개되기 때문에 자신감이 없는 학습자들은 자신의 의견을 포스팅 하는 것에 대해 부담감을 느낄 수 있다. 또한 블로그의 장점이 즉시성이라고 할

지라도 정기적인 메시지의 흐름이 없다면 독자들과 기고자들에 의해 잊혀 질지도 모른다.

제 2 절 트위터

1. 트위터

소셜 네트워크 서비스(SNS: Social Network Service)는 사람과 사람, 콘텐츠 사이를 연결해주는 사회적 연결망으로서 소셜 미디어와 소셜 소프트웨어가 있다. 소셜 미디어에는 블로그, 위키, 팟캐스트 등이 있으며 소셜 소프트웨어는 사용자와 데이터를 공유할 수 있게 상호작용하는 소프트웨어 시스템의 범위로 마이스페이스, 트위터, 페이스북, 유투브, 플리커, 아마존, 이베이 등의 개방형 API(Application Programming Interface) 등을 일컫는다(임철일, 2011). 소셜 네트워크는 개개인으로 하여금 유용한 정보를 제공함으로서 문제를 해결하는 것을 돕는다. 그러므로 학습을 위한 모바일 소프트웨어의 중요성은 많은 연구자들에 의해 지지되어 왔다.

트위트(tweet)는 작은 새가 지저귀는 소리를 나타내는 영어단어이다. 2006년 7월 13일부터 시작되었고 가입하기 쉬워 청소년은 물론이고 매체에 약한 높은 연령대의 성인 학습자도 가입하기가 쉬워 활용이 더욱 늘어날 것으로 기대된다.

2. 트위터의 교육적 활용

1) 계정생성

http://www.twtkr.com/ 으로 들어가서 가입하면 된다.

2) 교육적 기능

주요 교육적 활용기능을 살펴보면 답글 기능과 리학습환경 기능, 쪽지 기능 등이다.

(1) 답글(@)

특정사용자에게 말을 거는 것이다.

(2) 리트윗(RT)

다른 사람의 글을 복사해서 퍼뜨리는 것이다. 의견 첨부형 리트윗과 추천식 리트윗이 있다.

팔로우들에게 보내고 싶은 학습환경의 하단에 있는 리트윗하기를 클릭하면 된다.

<그림 12-1> 리트윗하기

위와 같이 리트윗하기를 클릭하면 아래 그림과 같이 리트윗하기와 취소하기를 선택할 수 있다. 다시 한 번 리트윗하기를 클릭한다.

<그림 12-2> 리트윗하기 & 취소하기

트위터 리트윗 된 글은 RT가 붙어 있으므로 구분이 가능하다.

<그림 12-3> RT보기

(3) 쪽지(DM: Direct Message)

비밀이거나 공개할 필요가 없는 대화일 경우 Follower에게만 쪽지 발송이 가능하다.

(4) 해시태그(#)

한 가지 공통주제로 이야기할 때 검색하기 쉽게 해주는 트위터 고유의 태그이다. 주제어를 지정하여 의견을 교류할 수 있다. 즉, 사용하는 방법은 #주제어 형식이다(예: 한글 해시태그: #주제어_). 특별한 이슈가 있거나 자신의 글에 특정 키워드를 넣고 싶을 때 어떤 주제에 대해 트위터 사용자들과 토론을 하고 싶을 때 소속된 모임을 표시하고 싶을 때 해시태그를 붙일 수 있다. 모임을 공지하거나 설명할 때 마다 해시태그를 붙여서 관심 있는 사람들이 해당정보를 찾을 수 있게 해준다.

<그림 12-4> 해시태그

(5) 멘션맵(http://bit.ly/2GE4UR)

본인과 관련된 사람들이 어떻게 상호작용하고 있는지 관계도를 알려주는 기능이다.

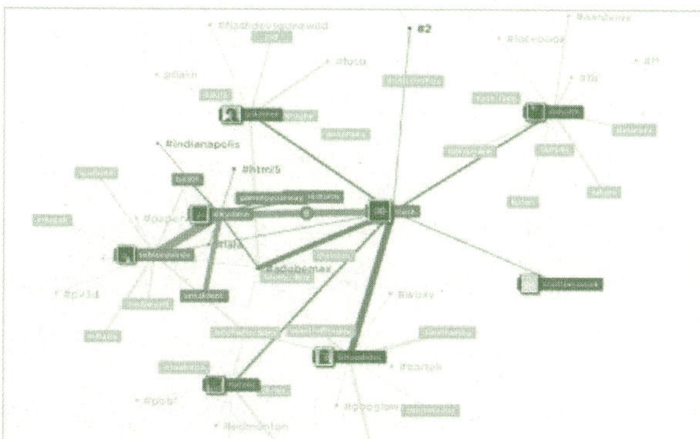

<그림 12-5> 멘션맵

만일 교수자의 개인적 일들과 교수자로서의 수업에 관한 것들이 분리되어야 할 필요가 있음을 느낀다면 다음과 같이 한다.

- Setting〉account〉protect my tweets의 순으로 작업하여 학습자들의 아이디만 승인을 해준다.
- follow 승인-이후 승인된 follower에게만 멘션을 전송한다.

3. 실습해보기

(1) 사람찾기로 특정인물, 학생을 찾아 팔로우하기

(2) 트위터에서 글 입력하기

(3) RT 해보기

(4) 신문기사 또는 정보들을 웹사이트에서 내 트위터로 가져오기

4. 트위터의 장단점

상대방의 허락여부와 상관없이 상대방이 작성하여 올리는 글들을 타임라인(트위터 홈)에서 볼 수 있다는 것이 장점이기에 다른 학습자들의 다양한 의견을 경청할 수 있다는 특징이 있다. 학습자들과의 실시간 대화, 학습자들 간에 소통 및 질의응답, 자료 공유 및 확산이 용이하다.

140자 안에서 이루어져야 한다는 점, 교수자의 개인생활이 노출될 수 있다는 점과 수업 외에도 시공간을 초월해 학생과의 연결고리가 형성된다는 점이 단점이다. 또한 이 애플리케이션이 할 수 없는 것으로는 쪽지 확인하기와 트위터 비밀번호 조회 기능이다.

제 3 절 페이스북

1. 페이스북

2011년 2월 기준으로 6억 명 이상의 사용자가 활동 중인 전 세계 최대의 소셜 네트워크 서비스로서 사람들이 친구들과 대화하고 정보를 교환할 수 있도록 도와준다. 2004년 하버드 대학교 학생 마크 저커버그가 설립하였다. 따라서 초기에는 하버드 교내 이용으로 시작하여 아이비리그 이용, 현재는 이메일을 가진 누구나가 사용이 가능해졌다. 페이스북(http://www.thefacebook.com)은 대표적인 사회적 네트워크 커뮤니티로서 학습자들로 하여금 자신을 표현할 수 있게 해줌으로서 오프라인 수업과 함께 병행하면 학습과정을 더욱 풍성하게 해줄 수 있다. 페이스북은 사회적 관계망 안에서의 동료 피드백 등 반영적 요소들을 가지고 있기 때문에 교육영역에 제공되는 시사점이 많다. 따라서 많은 교수자들이 페이스북의 교육적 기능을 강조하고 있다(Lemeul, 2006).

2. 페이스북의 교육적 활용

싸이월드에서는 다른 친구의 소식이 궁금한 내가 친구의 홈피에 들어가 사진을 클릭해야하지만 페이스 북에서는 새로 업데이트 되는 친구들의 소식이 나에게 배달된다. 이밖에도 페이스 북은 다양한 기능을 가지고 있는데 우선 트위터가 제공할 수 없는 기능으로서 리포트 올리기가 가능하다는 점이다. Docs 앱, Slide Share, Scribd 앱을 설치함으로써 문서공유가 가능하다.

그룹, 페이지 형성이 가능하고 동영상을 공유할 수 있다는 점에서 훌륭한 교수기제로 활용될 수 있다. 그룹 기능을 수업 커뮤니티로 활용한다. 특정 카페와 같이 그룹인을 위한 페이지를 구축하는 것이다. 공개, 비공개, 비밀 등을 설정할 수 있다. 글쓰기(그룹 담벼락), 동영상/사진/인터넷 기사 링크(공유)가 쉽고 채팅 기능을 통해 실시간 상호작용이 가능하다. 또한 문서기능을 통해 그룹 멤버 모두의 공동 결과물 제작이 가능하다.

1) 수업운영을 위한 그룹 만들기

그룹을 만들어 나와 친구인 사람들을 초대할 수 있다.

페이스북 초기 화면 왼쪽 메뉴 중 '그룹 만들기'를 클릭한 후 그룹의 이름과 그룹에 추가하고 싶은 친구를 입력한다. 이름을 입력하면 자동완성으로 나타나는 이름을 선택한 뒤 개인정보의 공개와 비공개를 설정한다. '만들기' 버튼을 클릭하여 그룹을 만든다.

<그림 12-6> 그룹만들기

2) 그룹 멤버의 문서 만들기

그룹의 문서기능을 통해 그룹 멤버들이 협업을 할 수 있다. [그룹]화면 우측에 위치한 [문서만들기]버튼을 클릭한다. 문서의 제목과 내용을 입력 후 [문서작성]을 클릭한다.

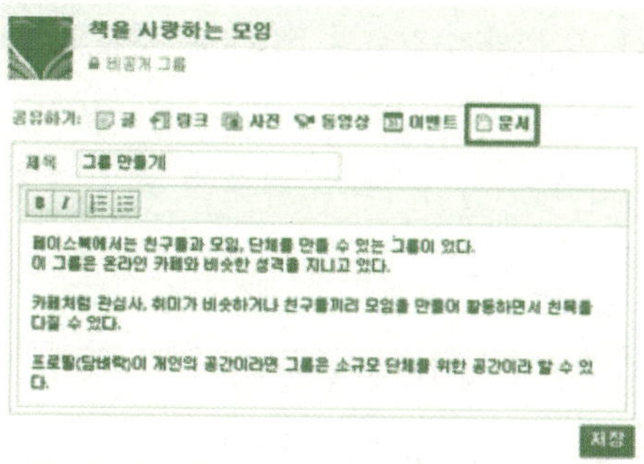

<그림 12-7> 문서만들기

3) 그룹멤버의 문서 수정하기

노트는 본인 이외 다른 사람은 수정이 불가능하지만 문서는 다른 멤버가 수정가능하다. 따라서 그룹 멤버들이 문서내용을 자유롭게 수정가능하며 화면 우측 [최근 변동사항]항목에서는 누가 문서의 내용을 수정했는지 확인할 수 있다. 단, 문서삭제 기능은 문서를 제일 처음 만든 사람에게만 부여된다.

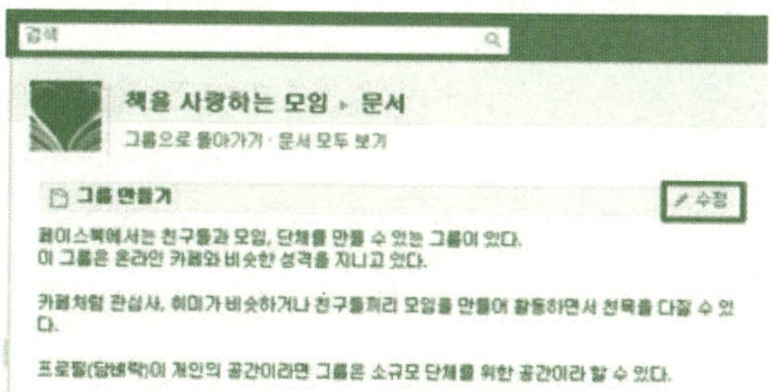

<그림 12-8> 수정하기

◈ 유의사항

담벼락은 주로 나와 다른 이들의 의사소통 창구로서 자신이 페이스북에 쓴 글, 동영상, 사진과 다른 사람이 내 페이스 북에 와서 써준 글, 동영상, 사진이 있다. 담벼락에 글을 남기기에 글의 길이가 길거나 향후에 수정보완 하는 등 자료로 남기고 싶은 경우에는 노트를 활용하는 편이 좋다. 노트는 장문의 글을 쓸 수 있어서 블로그의 역할을 한다. 외부 블로그 게시글을 자동으로 연동시킬 수 있다.

4) 수업운영을 위한 페이지 만들기

(1) 페이지로 수업커뮤니티를 만들 수 있다.

주소 위 표시줄에서 www.facebook.com/pages 를 입력하고 엔터를 친다. 오른쪽 하단에 페이지 만들기를 클릭한다.

<그림 12-9> 페이지 만들기

(2) 두 번째 회사, 기관, 연구소를 클릭하고 위 분류에서 하고자 하는 사업 분류를 선택한다. 비즈니스 명칭 혹은 페이지 명을 입력하고 페이스북 약관 동의 체크한 후 시작하기 클릭한다.

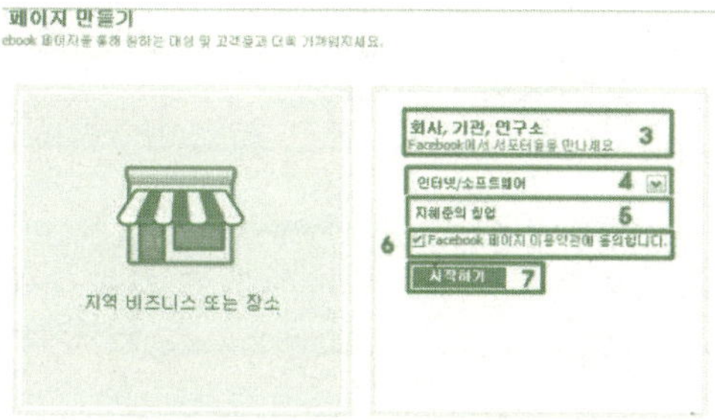

<그림 12-10> 사업분류 선택하기

(3) 프로필 사진은 건너뛰기 하고 다음에 해도 된다.

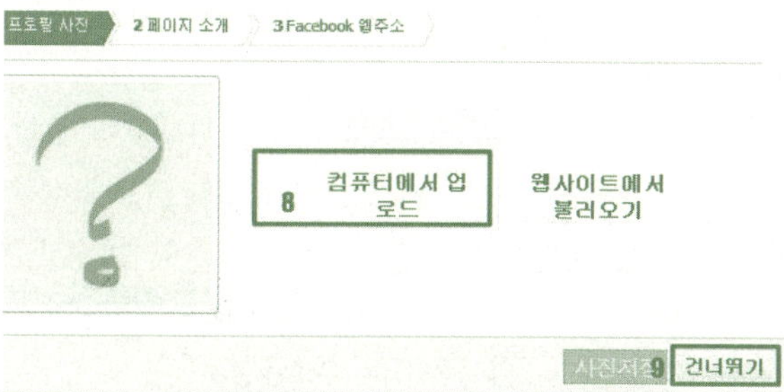

<그림 12-11> 프로필 사진 만들기

(4) 페이지 소개

페이지에 대한 간단한 소개와 홈페이지 및 블로그 카페 주소가 있으면 다른 사이트 추가를 클릭해서 입력한다. 다음으로 정보저장을 클릭한다.

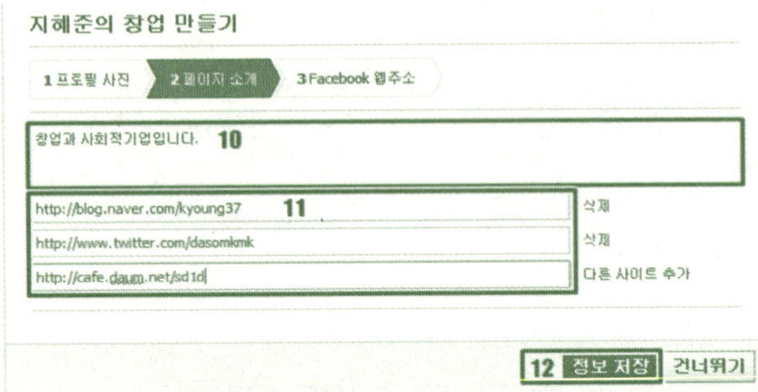

<그림 12-12> 정보저장

(5) 주소설정을 클릭하면 된다.

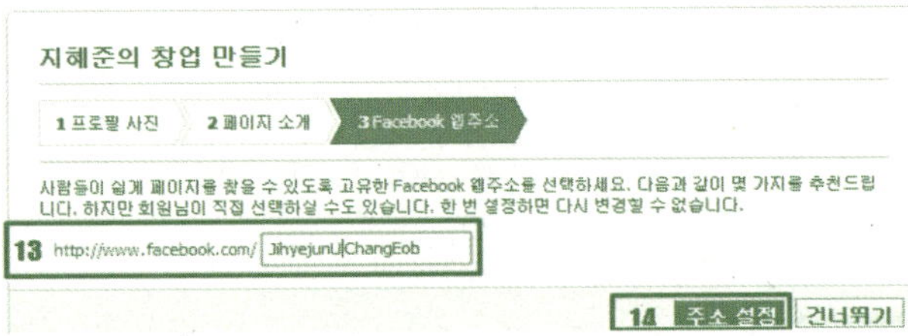

<그림 12-13> 주소설정

3. 실습해보기

(1) 사람 찾기로 특정 인물, 학생을 친구추가하기

(2) 프로필 수정하기

(3) 페이스북에서 글 입력하기

(4) 팀 프로젝트를 위한 그룹, 페이지 형성하기

4. 페이스북의 장단점

온라인 커뮤니티에 실시간으로 참여하여 가상공간에서 사회적 상호작용을 할 수 있다는 장점이 있으나 학습자들이 심지어 강의 시간에도 새로운 코멘트나 뉴스거리를 보기위해 지속적으로 모니터를 주시할 수 있다. 특히 많은 청소년들에게는 SNS가 중독성이 있는 소일거리가 될 수 있다는 점이다. 또한 교수자나 고용주들에게 기대했던 것보다 너무 다른 개인적인 단면들을 노출시킬 수 있다는 위험부담을 안고 있다. 이러한 다름은 부정적인 결과를 가져온다(Rudestam & Schoenholtz-Read, 2010).

CHAPTER 13

기타매체를 활용한 평생교육방법

1. Google Docs

구글 문서도구는 온라인에서 파워포인트, 엑셀, 워드 등의 문서작업과 설문을 가능하게 하는 서비스이다. 구글 문서도구는 다른 사람과 실시간 혹은 비실시간으로 협업 작업을 지원하므로 공동의 결과물을 만들어 내는데 유용하게 활용할 수 있다.

1) Google 계정 만들기(가입하기)

다양한 서비스를 이용하려면 http://www.google.co.kr로 접속 후 우측상단 [로그인]을 클릭하면 로그인 및 계정 생성페이지로 자동 연결된다. 구글 계정이 없을 경우 화면 좌측 'Gmail'을 클릭한다. 이미 계정이 있다면 우측에서 곧바로 아이디(Gmail ID)와 비밀번호를 입력해 로그인해야 한다. 구글 캘린더 및 문서도구를 사용하려면 계정을 만들어야 한다.

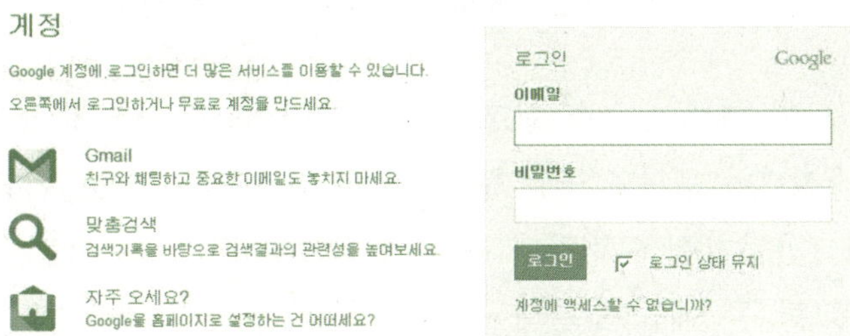

<그림 13-1> 구글 계정 만들기

2) Google 문서도구 접속하기

http://www.google.com으로 접속해 로그인을 한 상태로 상단 '더보기' - '문서도구'를 클릭하거나 주소창에 직접 http://docs.google.com을 입력해 접속할 수 있다.

3) Google 문서도구 초기페이지

새로 만들기를 클릭하면 다양한 형태의 문서를 만들 수 있다. 작업하고자 하는 형태를 선택해 문서작업을 진행할 수 있다. 문서는 MS Word의 기능, 프리젠테이션은 Powerpoint의 기능, 스프레드시트는 Excel의 기능을 한다. 업로드 버튼을 클릭하면 별도로 오피스에서 작성했던 문서도 구글 문서도구에 업로드 해 작성·편집할 수 있다.

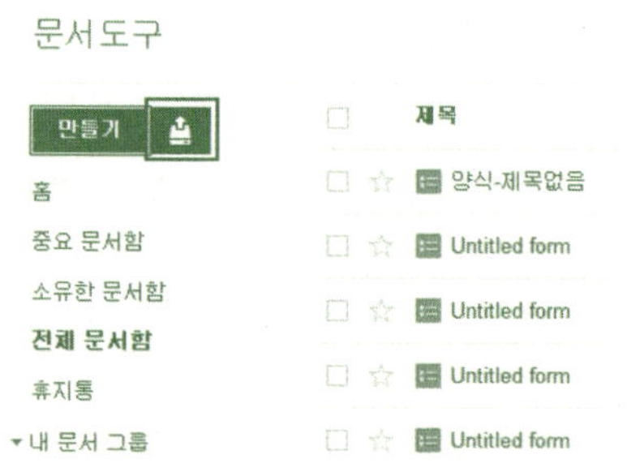

<그림 13-2> Google 문서도구 초기페이지

만들기 버튼의 우측 업로드 버튼을 클릭하며 별도로 오피스에서 작성했던 문서도 구글 문서도구에 업로드 해 작성, 편집할 수 있다. '만들기'를 클릭하면 문서, 프리젠테이션, 스프레드시트, 양식, 그림 등 메뉴가 뜬다.

4) Google 문서도구의 기본 기능

문서 공개 옵션을 설정하고 우측상단의 '공유' 버튼을 눌러 협업작업을 함께하고자 하는 사람을 초대할 수 있다.

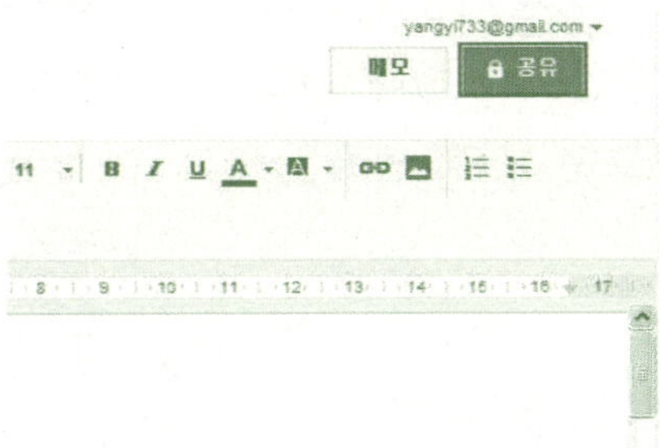

<그림 13-3> Google 문서 공유하기

문서도구를 모든 사용자가 엑세스 할 수 있게 공개할 수도 있고 비공개로 친구만 엑세스하도록 할 수도 있다. 아래 화면은 비공개로 설정된 경우이다. 친구 추가에 공유하고 싶은 사람의 이메일 주소를 입력한다.

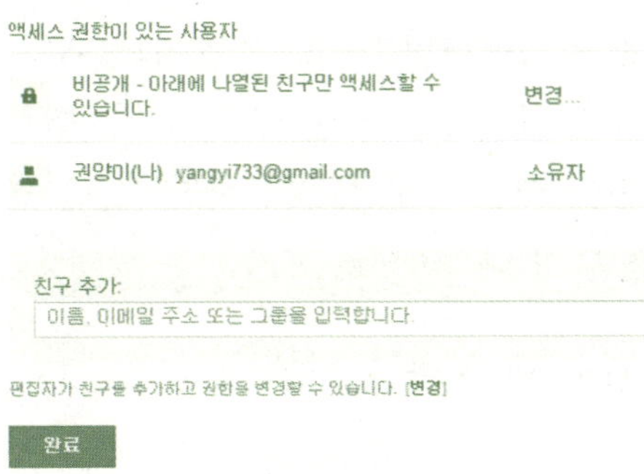

<그림 13-4> 친구 추가하기

5) Google 문서도구의 메모기능

문서의 내용 중 다른 사람과 토론이나 논의가 필요한 경우 해당 내용 뒤에 커서를 위치한 후 [삽입]-[메모]를 차례로 클릭해 내용을 입력한다. 문서 내 메모나 댓글이 남겨진 부분은 글자에 음영 바탕이 나타나며 해당 음영 부분을 클릭하며 다른 사용자가 남긴 메모를 확인할 수 있다. 메모나 댓글에 다른 사용자가 답장을 하거나 새로운 메모, 댓글을 남길 수 있다.

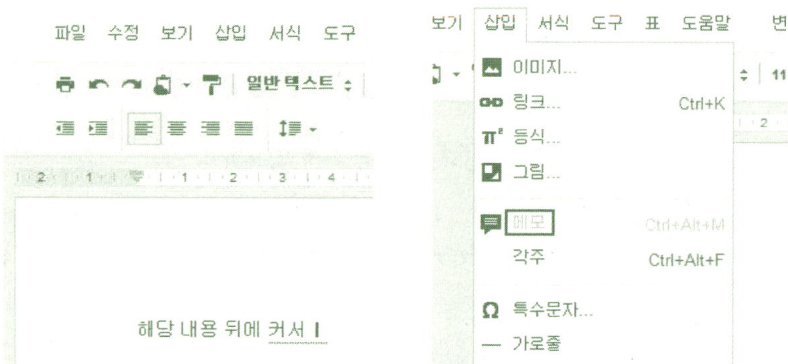

<그림 13-5> 문서도구의 메모기능

협업과정을 확인하려면 [파일]-[업데이트 내역 보기]를 클릭한다. 화면 우측에 업데이트 내역이 나타난다. 협업에 참여한 사람들의 변경사항이 색깔로 구분된다. 버전복원을 클릭해 해당 버전으로 복원할 수 있다.

6) Google Docs의 장단점

표 13-1 Google Docs의 장단점

장점	단점
• Google서버에 바로 저장이 되므로 USB등 이동식 디스크가 필요 없다. • 기존 MS-Word나 PowerPoint 등의 프로그램과 인터페이스가 유사하다. • 어디에 있든, 아무 PC에서나 문서를 열 수 있다. • 컴퓨터뿐만 아니라 스마트폰, 아이패드로도 문서수정이 가능하다. • 문서의 공유 용이: 어디서든 실시간 공동작업이 가능하다.	• 인터넷이 불가능한 지역에서는 문서 공유가 어렵다. • 웹을 통해 입력하는 방식이므로 다소 적응이 필요하다. • 기존 MS-Word나 PowerPoint 등과 비교하여 지원하는 기능이 제한적이다.

2. 신문활용교육

신문활용교육(NIE: Newspaper In Education)은 신문의 기사나 사설, 칼럼 등의 자료를 학습에 활용하여 학습자의 사고력 및 창의력을 신장시키는 교육방법을 의미한다. 검증된 교육 효과로는 ① 종합적인 사고 및 학습능력 향상, ② 독해 및 쓰기능력 향상, ③ 논리성과 비판력 증진, ④ 창의력 증진, ⑤ 문제해결 및 의사결정 능력 배양, ⑥ 올바른 인성 함양, ⑦ 정보 및 자료의 검색 · 분석 · 종합 · 활용 능력제고 등을 들 수 있다.

3. 상호작용적인 화이트 보드

Turel와 Johnson(2012)에 따르면 화이트보드를 사용함으로써 학생들의 학습과 동기를 고무했을 뿐만 아니라 교사 자신들의 교수법도 개발되었음을 보고하고 있다. 교수자와 학습자들은 화이트 보드의 비디오 컨퍼런싱 도구로서 텍스트 대화 기능을 선택하여 긴밀하게 상호작용할 수 있다. 쓰고, 그리고, 문서나 이미지들, 파워포인트 슬라이드를 업로드할 수 있다(Hockly & Clandfield, 2010). 화이트보드는 중요한 내용을 강조하고 컬러링하고 인용하게 할 수 있고 다양한 미디어를 제공할 뿐만 아니라 여러 개의 웹 화면을 캡처하고 조작할 수는 기능이 있다. 또한 시각에 문제점을 가진 학생들에게 그림, 사물, 사진 등을 확대해서 보여주는 기능도 제공하고 있어 교실공학에 많은 변화를 가져온 교수 매체로 인정받고 있다(Turel & Johnson, 2012).

4. 시뮬레이션

학습자에게 실제와 유사한 상황을 제공하여 실제에서 있음직하지만 위험 부담없이 학습을 할 수 있는 환경을 의미한다. 실제 직무수행과 동일하게 구성된 훈련으로서 실습장훈련과 유사하지만 훈련을 위해 시뮬레이션기기가 필요하다는 점이 특징이다. 예컨대 항공회사에서 조종사를 양성하기 위해 실제 조종실과 동일한 시뮬레이션 교육을 시키는 경우이다. 최근에 개발된 시뮬레이션으로 가상현실(virtual reality)을 들 수 있다. 피훈련자의 두뇌에 다양한 메시지를 전달하여 실질적인 교육활동을 수행시키는 방법이다. 특히 컴퓨터를 통해 3차원의 경험학습이 가능하다. 가상현실에 대한 예를 든다면 피훈련자는 우선 특수 제작된 헬멧을 쓰고 그 안에 부착된 센서에 의해 대처하게 된다. 상황은 헬멧 안에서 비디오 스크린과 오디오를 통해 연출된다. 예컨대 스키교육을 위해 특수 제작된 스키플랫위에 올라서고 폴대를 잡게 되면 헬멧 안의 스크린에서는 스키를 타는 것과 동일한 화면이 나타나게 된다. 그리고 자신이 플랫과 폴대를 어떻게 작동하는지에 따라 스키를 즐길 수 있다. 이와 같이 시뮬레이션을 통해 학습자를 실제와 유사한 상황에 몰입시켜 그 상황에서 개념, 규칙, 원리를 스스로 발견할 수 있도록 하는 것이고, 이렇게 발견학습이 이루어지면 실생활에 적용하기 쉽다는 장점이 있다(예: 비행훈련, 화학실험 등).

5. 인바스켓훈련

인바스켓훈련(In Basket Excercise)은 중간관리자들의 분석적인 문제해결능력을 배양시키기 위해 고안된 방법이다. 그 절차는 우선 피훈련자들은 직무에 관련된 보고서나 전화 메시지 그리고 메모 등을 받는다. 예컨대 노조위원장의 남녀고용차별에 관한 상의요청메시지, 부하직원이 부모님병환으로 인해 일주일간의 휴가를 허락해달라고 남겨놓은 메모, 평소 신임하고 있는 부하직원의 사직서, 또한 신제품의 불량품 발생으로 인한 환불소송 등이다. 이에 피훈련자는 제시된 사안들과 제약된 시간 내에 무엇이 가장 먼저 처리되어야 하는 지를 파악하고 결정해야 한다. 결정이 끝난 후 참가자들이 함께 해결과정에 대해 토론한다. 그리고 교육자로부터 피드백을 받는다.

참고문헌

권대봉(1996). 산업교육방법연습. 학지사.

______(2003). 인적자원개발의 개념 변천과 이론에 대한 종합적 고찰. 원미사.

______(2006). 성인교육방법론. 학지사.

고재희(2009). 통합적 접근의 교육방법 및 교육공학. 교육과학사

권이종 · 김승호 · 소창영 · 심의보 · 안승열 · 양병찬 · 이관춘 · 임상록 · 조용하(2010). 평생교육방법론. 학지사.

기영화(2004). 평생교육방법론. 학지사.

김경숙 · 이성엽(2011). 직장인들의 SNS 활용학습사례연구: H기업을 중심으로. 2011년 한국직업능력개발원 · 한국인력개발학회 공동 춘계학술대회. 3-35. 서울: 한국직업능력개발원 · 한국인력개발학회.

김종표 · 이복희(2006). 평생교육방법론. 양서원.

김지자 · 정지웅(2001). 경험학습의 개념 및 이론과 발전방향. 평생교육학연구, 7(1), 1-18.

김찬옥(2008). U-learning: 유비쿼터스 HRD. 2008년 한국인력개발학회 창립 10주년 기념 학술대회. 95-106. 서울: 한국인력개발학회.

류지헌(2007). 이러닝 환경에서의 개별화 학습. 미래 학습환경에서의 개별화 학습방법과 전망. 2007 한국교육방법학회 추계 학술 심포지움. 67-81. 서울: 한국교육방법학회.

문철우 · 김재현(2011). 전자정부 서비스 사용에 있어 온라인 신뢰에 관한 연구. 한국인터넷정보학회논문지, 12(3), 57-67.

박성익 · 임철일 · 이재경 · 최정임(2011). 교육방법의 교육공학적 이해. 교육과학사.

박숙희 · 염명숙(2010). 교수학습과 교육공학. 학지사.

박정환 · 김형준 · 조정원(2007). 알기쉬운 유러닝. 학지사.

박준영(2011). 교육학개론. 학지사.

배현기(2005). e-Learning, u-러닝 사회와 학교교육. 세진사.

백영균(2010). 가상현실공간에서의 교수-학습. 학지사.

백영균 · 박주성 · 한승록 · 김정겸 · 최명숙 · 변호승 · 박정환 · 강신천 · 김보경(2010). 유비쿼터스 시대의 교육방법 및 교육공학. 학지사.

변영계 · 김영환 · 손미(2010) 교육방법 및 교육공학. 학지사.

선우미란(2009). 코칭역량의 구성요인 탐색 및 진단도구 개발. 호서대학교 석사학위 논문.

송재신 · 김유리 · 김정원 · 노정민 · 명창훈 · 문무상 · 백종명 · 변태준 · 서정희 · 신명호 · 이창훈 · 정광훈 · 정의석 · 정지윤 · 조용상 · 채보영 · 홍철기(2011). 최신 교육정보화론. 교육과학사.

안병룡 · 김혜의(2012). 전략적 스마트러닝 시스템 구축 및 운영사례 연구. 2012 한국산업교육학회 연차학술대회. 181-202. 서울: 한국산업교육학회.

이무근 · 김재식 · 김판욱(2012). 실기교육방법론. 교육과학사.

이성호(2010). 기업교육에서의 M-learning 전략. 2010 한국 HRD연합회 연합학술대회. 221-238. 서울: 한국 HRD연합회

이웅달(2012). 방과후학교의 스마트교육 도입 전략과 방안. 민간 차원의 방과후 스마트스쿨 프로그램 중심으로. 제1회 한국 방과후학교학회 춘계학술대회. 141-160. 서울: 한국방과후학교학회.

이종만(2012). 스마트기기 이용자의 이러닝 서비스 사용 동기에 관한 실증적 연구. 한국인터넷정보학회논문지, 13(2), 119-126.

이지연(2002). 자기주도성 활성화를 위한 컴퓨터 컨퍼런싱의 교육적 활용에 관한 연구. 교육공학연구, 18(4), 57-78.

이철승(2008). 청소년 사역을 위한 신학적(theological) 해석학적(hermeneutical)제안. 기독교교육정보, 제 21집, 191-219.

임철일(2003). 원격교육과 사이버교육 활용의 이해. 교육과학사.

장정아 · 박성익(2002). 이러닝 환경에서 '문제해결학습'의 교육적 함의. 서울대학교 師大論叢 제64집, 43-64.

정문성(2012). 토의 · 토론 수업방법. 교육과학사.

정윤호(2011). 우편원격훈련기반 스마트러닝 개발 및 운영사례. 2011년 한국직업능력개발원 · 한국인력개발학회 공동 춘계학술대회. 111-118. 서울: 한국직업능력개발원 · 한국인력개발학회.

정지웅(1998). 지역사회교육론. 서울대학교 교육연구소 편. 『교육학대백과사전』. 서울:하우동설.

정진호(2008). 기업교육 이러닝 10년, 앞으로 10년. 전략적 HR의 도전과 과제: 동반자 관계 형성과 수행성과 향상. 2008 한국 HRD 연합회 연차학술대회 발표자료. 55-66. 서울: 한국 HRD 연합회.

조대연(2012). 2012 ASTD Debriefing. 2012년 한국인력개발학회 춘계학술대회. 15-26. 서울: 한국인력개발학회.

조성연 · 박미진 · 문미란(2010). 성인학습 및 상담. 학지사.

조승제(2011). 역량기반 교육과정과 실기교육방법의 쟁점. 교육과학사.

조정아 · 김선영(2012). Application of collective intelligence in e-learning. 2012 한국산업교육학회 연차학술대회. 233-251. 서울: 한국산업교육학회.

중앙공무원교육원(2007). HRD 담당자 업무 매뉴얼.

지식경제부(2009). 이러닝 산업실태조사. 서울: 지식경제부.

차갑부(2004). 평생교육의 이해. 학지사.

_____(2009). 텔리아고지. 교육과학사.

_____(2010). 명강의를 위한 40가지 이야기. 교육과학사.

_____(2012). 평생교육론 -모든 이를 위한 평생학습- 교육과학사.

최정임 · 장경원(2011). PBL로 수업하기. 학지사.

최종국(2009). 고성과 팀과 리더십 코칭. 2009 한국 HRD연합회 연합학술대회. 351-360. 서울: 한국 HRD연합회

한숭희(2010). 학습사회를 위한 평생교육론. 학지사.

한정선 · 김영수 · 주영주 · 강명희 · 조일현 · 이정민(2010). 21세기 교사를 위한 교육방법 및 교육공학. 교육과학사.

한정선 · 오정숙(2005). 웹 기반 학습자의 온라인 토론에서 교수자의 참여에 따른 학습자의 토론 참여 양상에 대한 연구. 교육공학연구, 21(4), 123-142.

홍의숙(2009). 비즈니스 코칭의 체계적 확산 및 대안적 접근 방안. 2009 한국 HRD연합회 연합학술대회. 61- 65. 서울: 한국 HRD연합회

Allen, E. I., & Seaman, J. (2005). Growing by degrees: Online education in the United States, 2005. Available from http://www.aln.org/publications/survey/pdf/growing_by_degrees.pdf

Bell, S. (2010). Project-based learning for the 21st century: skills for the future. *The Clearing House,* 83, 39-43.

Berry, D., Cadwell, C. & Fehrmann, J. (1996). *Coaching for results: A skills-based workshop.* Amherst, MA: Human Resource Development Press, Inc.

Bielawski, L., & Metcalf, D. (2003). *Blended Learning.* Amherst, MA: HRD Press.

Biggs, B., & Justice, R. (2011). Mobile learning: the next evolution. *Chief Learning Officer,* 10(4), 38-41.

Bischoff, A. (2000). The elements of effective online teaching. In K. W. White & B. H. Weight (Eds.). *The Online Teaching Guide*. Needham Height, MA: Allyn & Bacon.

Boaler, J. (1999). Mathematics for the moment, or the millennium? *Education Week*, 17(29), 30-34.

Bonk, C. J., Angeli, C., Malikowski, S., & Supplee, L. (2001). Holy COW: Scaffolding case-based "Conferencing on the Web" with preservice teachers. Education at a Distance, United States. Distance Learning Association. available at http://www.usdla.org/html/journal/AUG01_Issue/article01.html

Bos, N., & Shami, N.S. (2006). Adapting a face-to-face role-playing simulation for online play. *Educational Technology, Research and Development,* 54(5), 493-521.

Boyle, T. (2005). A dynamic, systematic method for developing blended learning. *Education, Communication & Information,* 5(3), 221-232.

Brett, P. (2011). Students' experiences and engagement with SMS for learning in Higher Education. *Innovations in Education and Teaching International,* 48(2), 137-147.

Chao, G. T.(1998). Invited reaction: Challenging research in mentoring. *Human Resource Development Quarterly,* 9(4), 333-338.

Chen, C. C., & Huang, T. C. (2012). Learning in a u-Museum: developing a context-aware ubiquitous learning environment. *Computers & Education,* 59(2012), 873-883.

Christianson, L., Tiene, D., & Luft, P. (2002). Web-based teaching in undergraduate nursing program. *Nurse Educator,* 27, 276-282.

Collins, T. P.(2011). An insider's view to meeting the challenges of blended learning solutions. *Training and Development,* 65(12), 56-61.

D'Abate, C. P., Eddy, E. R., Tannenbaum, S. I.(2003). What's in a name? A literature-based approach to understanding mentoring, coaching, and other constructs that describe developmental interactions. *Human Resource Development Review,* 2(4), 360-384.

Duffy, T. M., & Cunningham, D. J. (1996). Constructivism: Implications for the design and delivery of instruction. In D. H. Jonassen (Ed.), *Handbook of research for educational communications and technology* (pp. 170-198). New York: Macmillan Library Reference.

El-Bishouty, M. M., Ogata, H., Rahman, S., & Yano, Y. (2010). Social knowledge awareness map for computer supported ubiquitous learning environment. *Educational Technology & Society,* 13(4), 27-37.

Fry, H., Ketteridge, S., Marshall, S. (2006). *A handbook for Teaching & Learning in Higher Education. Enhancing Academic Practice.* 대학의 최신 교수-학습 방법. 전남대학교 교육발전연구원 (공역). 학지사.

Garrett, R., & Verbik, L. (2004). Sylvan buys K.I.T. and strikes ten year deal with University of Liverpool. The Observatory on borderless higher education. available from http://www.uol.ohecampus.com/presscoverage/2004/Observatory_08_04_04.pdf.

Gilbert, L., & Gale, V. (2008). *Principles of E-learning systems engineering.* Chandos Publishing.

Gray, W. A. (1988). Developing a planned mentoring program to facilitate career development. *Career Planning and Adult*

Development Journal, 4(2), 9-16.

Gustafson, K. L., & Tillman, M. H. (1991). *Instructional design: Principles and applications.* Englewood Cliffs, NJ: Educational Technology Publications.

Hashemi, M., Azizinezhad, M., Najafi, V., & Nesari, A. J.(2011). What is mobile learning? Challengs and capabilities. *Procedia-Social and Behavioral Sciences,* 30(2011), 2477-2481.

Hilbert, M. (2011). 『좋은수업이란 무엇인가?』 손승남 · 정창호 (공역). 삼우반. (2004년 원저 발간)

Hockly, N., & Clandfield, L. (2010). *Teaching online. Tools and techniques, options and opportunities.* Delta Publishing.

Hou, H.T. (2012). Analyzing the learning process of an online Role-Playing discussion activity. *Educational Technology & Society,* 15(1), 211-222.

Hsi, S., & Hoadley, C. (1997). Productive discussion in science: Gender equity through electronic discourse. *Journal of Science Education and Technology,* 6(1), 23-36.

Huckstadt, A., & Hayes, K. (2005). Evaluation of interactive online courses for advanced practice nurses. *Journal of the American Academy of Nurse Practitioners,* 17(3), 85-89.

Jacobs, R. L. (2003). *Structured On-the-Job Training: Unleashing Employee Experience in the Workplace.* 2nd Edition. Berrett-Koehler Publishers

Jacobs, R. L., & Park, Y. H. (2009). A proposed conceptual framework of workplace learning: implications for theory development and research in Human Resource Development. *Human Performance Development Review,* 8(2), 133-150.

Jonassen, D. H. (2000). "Toward a design theory of problem solving." *Educational Technology: Research and Development,* 48(4), 63-85.

Jonassen, D. H. (2009). *Learning to solve problems.* 문제해결학습. 조규락 · 박은실(공역). 학지사.

Jones, R. A., Rafferty, A. E., & Griffin, M. A. (2006). The executive coaoching trend: towards more flexible executives. *Leadership & Organization Development Journal,* 27(7), 583.

Joo, B. K. (2005). Executive coaching: a conceptual framework from an integrative review of practice and research. *Human Resource Development Review,* 4(4), 462-488.

Keller, J. M. (1983). Motivational design of instruction. In C. M. Reigeluth (Ed.), *Instructional Design theories and models: An overview of their current status.* Hilsdale, NJ: Lawrence Erlbaum Associations, Publishers.

Keskin, N. O., & Metcalf, D. (2011). The current perspetives, theories and practices of mobile learning. *The Turkish Online Journal of Educational Technology,* 10(2), 202-208

Khan, B. H. (2005). *E-learning strategies.* 이러닝(e-Learning) 성공전략. 강명희 · 이미화 · 송상호(공역)(2005). 서현사.

Knowles, M. S., HoltonIII, E. F., & Swanson, R. A.(2005). *The adult learner*(6th ed.). California: Elsevier Science and Technology Books.

Kolb, D. A.(1984). *Experiential learning: Experience as the source of learning and development.* Englewood Cliff, NJ: Prentice Hall.

Kukulska-Hulme, A. (2012). How should the higher education workforce adapt to advancements in technology for teaching and learning? *Internet and Higher Education*, doi:10.1016/j. iheduc.2011.12.002.

Kukulska-Hulme, A., & Traxler, J. (2005). *Mobile learning: A handbook for educators and trainers.* 유비쿼터스 사회와 모바일 러닝. 장은정 · 정영란 · 이영민(공역). Jinhan M&B.

Lai, H. J. (2011). The influence of adult learns' self-directed learning readiness and network literacy on online learning effectiveness: A study of civil servants in Taiwan. *Educational Technology & Society*, 14(2), 98-106.

Lee, J. (2012). Patterns of interaction and participation in a large online course: Strategies for fostering sustainable discussion. *Educational Technology & Society,* 15(1), 260-272.

Lemeul, J.(2006). Why I registered on Facebook. *The Chronicle of Higher Education,* 53(2), 113-113.

Lim, D. H., & Morris, M. L. (2009). Learner and instructional factors influencing learning outcomes within a blended learning environment. *Educational Technology & Society,* 12(4), 282-293.

Liu, C.-C., & Milrad, M. (2010). Guest editorial-one-to-one learning in the mobile and ubiquitous computing age. *Educational Technology & Society,* 13(4), 1-3.

Ljungdahl, L. (2011). Mobile Technologies: Enhancing teaching in Australian literature. *The International Journal of the Book,* 8(3), 77-85.

Lykins, L. (2012). Creating a viable mobile learning strategy remains a challenge. *T+D,* 66(6), 26-26.

MacNamara, M., & Weekes, W. H. (1982). The action learning model of experiential learning for developing managers. *Human Relations,* 35(10), 879-902.

McLean, G. N., Yang, B., Kuo, M. H. C., Tolbert, A. S., & Larkin, C. (2005). Development and initial validation of an instrument measuring managerial coaching skill. *Human Resource Development Quarterly,* 16(2), 157-178.

Murphy, K. L., & Gazi, Y. (2001). Role plays, panel discussions and simulations: project-based learning in a web-based course. *Educational Media International,* 38(4), 262-270.

Nanjappa, A., & Grant, M. (2003). Constructing on constructivism: The role of technology. *Electronic Journal for the integration of Technology in Education,* 2(1), available from http://ejite.isu.edu/Volume2No1/nanjappa.htm.

Newby, T., Stepich, D., Lehman, J. & Russell, J., & Ottenbreit-Leftwich, A. (2011). *Educational technology for teaching and learning (4th ed.).* Upper Saddle River, NJ: Pearson.

Panoutsopoulos, H., & Sampson, D. G. (2012). A study on exploiting commercial digital games into school context. *Educational Technology & Society,* 15(1), 15-27.

Revans, R. W. (1986). Action learning and the cowboys. *Organizational Development Journal,* 4(3), 71-80.

Rudestam, K. E., & Schoenholtz-Read, J. (2010). *Handbook of Online Learning.* SAGE Publications, Inc.

Sadik, A. (2008). Digital storytelling: a meaningful technology-integrated approach for engaged student learning. *Educational Technology, Research and Development,* 56(4), 487-506.

Saettler, P. (1990). *The evolution of American educational technology.* Englewood, Col.: Libraries Unlimited.

Sancho, P., Moreno-Ger, P., Fuentes-Fernandez, R., & Fernandez-Manjon, B. (2009). Adaptive Role Playing Games: An Immersive Approach for Problem Based Learning. *Educational Technoloogy & Society,* 12(4), 110-124.

Schifter, C.C., Ketelhut, D.J., Nelson, B.C.(2012). Presence and middle school students' participation in a virtual game environment to assess science inquiry. *Educational Technology & Society,* 15(1), 53-63.

Sensiper, S. (2000). Making the case online. *Information, Communication & Society,* 3(4), 616-621.

Seo, K. K., Curran, A., Jennings, N. A., & Collins, C. M. (2010). Creating a new mobile learning community with podcasting. *International Journal of Continuing Engineering Education and Life Long Learning,* 20(1), 103-114.

Shaftel, F. & G. Shaftel (1982). *Role playing in the curriculum.* Englewood Cliffs, N.J.: Prentice-Hall.

Sharma, P. (2010). Blended Learning. *ELT Journal,* 64(4), 456-458.

Shih, W.C., Tseng, S.S., Yang, C.C., Lin, C.Y., Liang, T.(2012). A folksonomy-based guidance mechanism for context-aware ubiquitous learning: a case study of Chinese scenic poetry appreciation activities. *Educational Technology & Society,* 15(1), 90-101.

Sperry, L. (1996). *Executive consulting, psychotherapy, and coaching.* In L. Sperry(Ed.), Corporate therapy and consulting. Philadelphia: Brunner/Mazel.

Tapscott, D. (1998). *Growing up digital: The rise of the net generation.* New York: McGraw Hill.

Turel, Y. K., & Johnson, T. E. (2012). Teachers' belief and use of interactive whiteboards for teaching and learning. *Educational Technology & Society,* 15(1), 381-394.

Uribe, D., Klein, J. D., & Sullivan, H.(2003) The effect of computer-mediated collaborative learning on solving ill-defined problems. *Educational Technology, Research and Development,* 51(1), 5-9.

Wang, G. G., & Holton E. F., III. (2005). Neoclassical and institutional economics as foundations for Human Resource Development thoery. *Human Resource Development Review,* 4(1), 86-108.

Wang, M. J. (2004). Correlational analysis of student visibility and learning outcomes in an online setting. *Journal of Asynchronous Learning Networks,* 8(4), 71-82.

Wang, M., Ran, W., Liao, J., & Yang, S. J. H.(2010). A performance-oriented approach to E-learning in the workplace. *Educational Technology & Society,* 13(4), 167-179.

Waterman, M. A. & Stanley, E. D. (2005). Case Based Learning in Your Classes. Retrieved October 11, 2007 from http://cstl-csm.semo.edu/waterman/CBL/

Yoo, S. J., & Huang, W. H. D. (2011). Comparison of Web 2.0 technology acceptance level based on cultural differences. *Educational Technology & Society,* 14(4), 241-252.

Zhu, C.(2012). Student satisfaction, performance, and knowledge construction in online collaborative learning. *Educational Technology & Society,* 15(1), 127-136.

색 인

인명색인

내용색인

ㅇ

ㅎ

저자소개

권양이

권양이는 Eastern Michigan University 대학원 에서 교육 리더십 및 행정 전공으로 SpA학위를 취득했고 고려대학교 대학원에서 교육사회학 및 성인계속교육학 전공으로 교육학 박사 학위를 취득했다.

- Eastern Michigan University, OIS Intern
- 고려대학교, 홍익대학교, 상명대학교, 국민대학교 출강
- 고려대학교 교육문제연구소 연구교수 역임
- 現) 서울여자대학교 바롬교양대학 교직과정부 초빙강의교수

【논문】

- 평생교육사 관련 교과목 이수 대학생들의 일반적 자기효능감과 특수적 자기효능감에 관한 연구(2011)
- 대학부설 평생교육원 종사자들의 개인 및 조직풍토 변인이 직무수행에 미치는 영향(2012)
- Factors affecting international students‘ transition to higher education institutions in the United States. -From the perspective of office of international students(2009)
- The Developmental history of Labor education in South Korea from a sociopolitical and economic perspective(2011)
  이외 다수가 있음.

인 지

청소년 및 성인학습자를 위한
유비쿼터스 러닝 시대의 통합적

평생교육방법론

2012년 8월 25일 인쇄
2012년 8월 30일 발행

저 자 권 양 이
발행자 박 준 식

발행처 도서출판 원미사
서울 성북구 장위 2동 65-192호 우남빌딩 202호
전화 : 02) 919-9630, 942-1276
등록 : 1994년 1월 18일(제6-192호)
E-mail : wonmisa9630@daum.net

※ 잘못된 책은 교환해 드립니다. 정가 17,000원

ISBN : 978-89-5544-175-8